KB152593

오늘도 자기만의 한줄을 써내려가는
일터의 문장가인 당신께

_____ 님께 이 책을 드립니다.

일터의 문장들

일터의 문장들

업의 최고들이 전하는 현장의 인사이트

김지수 인터뷰집

어떻게 살 것인가, 어떻게 일할 것인가

 나는 기꺼이 일하는 사람은 아니었다. 할 수만 있다면 여생을 마음껏 탕진하고 싶을 만큼 충분히 게으를 준비가 되어 있었다. 유년기부터 '생계'라는 퍅진한 단어가 나를 압박하지 않았다면 일의 기쁨과 슬픔에 대해 그토록 오래(대체로 비통이 섞인 채로) 생각하지 않았을 것이다.

 고사리손으로 나전칠기에 자개 조각을 붙였던 여덟 살 가내수공업 시절부터, 프로야구 스티커를 떼다 학급에 팔던 열두 살 자영업자 시절, 학비를 벌기 위해 목이 쉬도록 과외를 하던 스무 살 비정규직 시절, 몇 번의 실직과 재취업에 이르기까지, 일은 내게 피할 수 없는 고된 노동의 얼굴로 다가왔다.

 '일을 한다'와 '돈을 번다'는 동일한 생활의 무게로 나를 짓눌렀다.

그건 나름대로 내가 평소 바라던 일, 글 쓰는 직업을 갖게 된 후에도 이상한 방식으로 나를 작아지게 만들었다. 일의 즐거움보다 돈의 절박함이 앞설 때 나는 일터에서 종종 비굴해졌다.

생계를 위해 일을 한다는 것과 사명을 갖고 일을 한다는 것이 어긋나지 않게 어울리게 된 건 '김지수의 인터스텔라'라는 인터뷰 칼럼을 쓰며 일터의 좋은 어른들을 만나고부터였다.

철학자 김형석 선생과 디자이너 노라노 선생은 합창하듯 말했다. "100년을 살아보니 인생의 가장 큰 행복은 일하는 것"이라고. 일하는 인간으로 우리의 말년은 해피엔딩이라고.

'죽을 때까지 일할 팔자'라는 저주받은 운명에서 벗어나고 싶었던 나는 "평생 일하는 게 가장 큰 복이었다"는 현자들의 말에 햇빛을 본 광부처럼 탄성을 질렀다. 그분들은 지금도 여전히 정해진 시간에 책상에 앉아 글을 쓰고 옷을 짓는다.

일의 완성도에 대해서는 어떤가. 윤여정 선생에게 "가장 좋은 연기는 돈이 궁할 때 나온다"는 말을 들었을 때는 쾌재를 불렀다. "싱글맘으로 두 아들의 생계를 책임져야 했기에 열심히 일했고, 그 결과 74세에 아카데미 여우조연상을 받게 되었다"는 그의 간증은 일과 돈에 관한 가장 정직하고 우아한 협업으로 다가온다. 돈을 벌어야 했기에 일을 했지만 그 일을 사랑하며 최선을 다하다 보면 어느새 더 나은 나에 도달해 있더라는 믿을 만한 결말.

그렇게 변화하는 세계의 최전선에서 행복하게 오래 일하는 분들을 만나면 확연해지는 게 있다. '어떻게 살 것인가'와 '어떻게 일할 것인가'는 다르지 않다는 것. 삶이 곧 일이며 일이 곧 삶인 사람은 행복하다. '나는 누구인가'라는 큰 덩어리의 질문을 '나는 무엇을 하는 사람인가'로 바꾸면 보다 명료해진다. '어떻게 살 것인가'라는 삶의 철학은 '어떻게 일할 것인가'라는 직업 철학으로 구체화된다.

종종 삶과 일이 어긋날 때, 일은 제멋대로의 독선으로 나를 조종하거나 짓누르기도 했다. 한때 내가 워커홀릭이었을 때 나는 얼마나 불안에 떨며 나와 타인을 끔찍하게 통제하는 우를 범했던가.

삶과 일이 통합될 때 일터의 인간들은 빛난다. 그냥 사는 인간으로서가 아니라 어떤 형태로든 일하는 인간으로 나를 정의한 사람들은 변화하는 이 세계를 이해하기 위해 서늘한 긴장 속에 기꺼이 자신을 내어놓는다. 자신이 속한 공동체에 보탬이 되기 위해 기쁘게 바지런을 떤다. 감각이 뒤지지 않도록 인격이 녹슬지 않도록 매일매일 '익숙한 새것'이 되어 간다. 그렇게 직업은 자연스럽게 생존이자 소명이 되어 간다.

"일하는 동력이 무엇이냐?"는 질문에 여전히 나는 "생계"라고 답한다. 나부터 아이들까지 부양의 압박이 없다면 양치질도 귀찮아하는 나 같은 인간이 어떻게 매일 새벽 5시에 눈을 뜰 수 있었을까. 26년째 인터뷰어를 지속하는 이유도 그와 다르지 않다.

안타깝게도 나는 '자연인 김지수'를 그다지 예뻐하지 않았다. 속 좁고 유치한 나를 싫어하지 않기 위해 손 놓지 않고 계속한 일이 인터뷰였다. 인터뷰를 하는 동안은 한 인간이 가진 아름다움과 지혜의 최대치를 볼 수 있었다. 드넓은 시야로 상대를 포용하며 그들의 삶을 써내는 나를 자랑스러워할 수 있었다. 나 자신에게 실망하지 않을 수 있었다.

그렇게 '자연인 김지수'는 인터뷰이들과 섞여서 더 크고 담대해진 '인터뷰어 김지수'를 쫓아가기 위해 노력하고, '일하는 김지수'는 '먹고 기도하고 사랑하는 자연인 김지수'의 철학적 민원을 해결해 주기 위해 뛸 수 있었다.

습관적인 좌절 속에서 나를 구원한 것은 더 나은 언어였다. 일터의 나를 선명하게 밝혀줄 더 나은 언어를 충전하고 나면 흡사 에너지 코어를 흡수한 캡틴마블처럼 용감해졌다. 그렇게 최종 무기로 쓸 만한 일터의 코어 콘텐츠를 모아 『일터의 문장들』을 구성했다.

이 책은 주어의 손바꿈으로부터 시작한다. 코로나 이후 디지털 문명화가 가속화되면서 일터의 주어가 바뀌었다. 디지털 문맹자들이 설 땅은 점점 사라지고 자기만의 콘텐츠로 신대륙 플랫폼에 입점하는 디지털 시민권자의 세상이 왔다.

1장은 달라진 일터의 주어들을 위한 디테일한 선언문에 가깝다. '당장, 소박하게'로 시작하는 이 세계의 문장을 써 내려갈 일터의 현자는 김미경, 김용섭, 송길영 그리고 알베르토 사보이아다. 디지털 우주가 열어젖힌 진정성 사회에서 우리는 소박하고 평등한 소울을 가진 행동주의자로 거듭나게 될 것이다.

2장은 플레이어로서 일을 대하는 태도에 관해서 다뤘다. 옥주현, 백현진, 정구호, 장기하, 백종원이 인터뷰이로 등판했다. 즐거움과 잘함과 계속함(지속 가능성)의 삼위일체 속에서 우리가 어떻게 자기를 착취하지 않고 즐겁게 성장할 수 있는지, 공동체와 성취의 기쁨을 나눌 수 있는지에 대한 진솔한 간증이 이어진다.

탁월함을 향해 끝없이 질문했다는 옥주현, 완성은 없고 적정 순간에 손을 뗄 뿐이라는 백현진, 창조의 핵심은 정리라는 정구호, 못하는 것은 빨리 포기했다는 장기하, 욕심을 버려야 멀리 보인다는 백종원의 문장에서 여러분에게 맞는 적정한 태도의 법칙을 추출하길 바란다.

3장은 새롭게 발견되는 협업의 가치에 대해 다뤘다. 카카오 대표 조수용, 경영저술가 대니얼 코일, 이날치 밴드 리더 장영규, 봉준호 감독, 영국의 소방대장 사브리나 코헨 해턴······ 각 분야 최전선의 리더가 가슴을 울리는 협업의 문장가로 활약했다. 신뢰, 존중, 공감, 안전, 수용이라는 단어가 우리가 속한 팀을 얼마나 위대하게 만드는지 목격하게 될 것이다.

4장은 개인적으로 내가 일터에서 받았던 가장 큰 위로를 담았다. 압박과 자존의 문제를 어떻게 할 것인가. 마감이 있던 금요일 새벽마다, 자기 비하의 충동에 굴복해 덜덜 떨던 나는 압박감 전문가 데이브 알레드와 인정 강박 카운슬러 오타 하지메의 코칭으로 다시 일어설 수 있었다. 변화무쌍한 일터에서 "사람이 아닌 상황을 보라"는 데이비드 데스테노 박사의 조언과 "나는 잘못되지 않았다"는 정신과 의사 전미경의 자존감 선언을 끝으로 '일터의 문장들'은 마침표를 찍는다.

현자들을 찾아다녔던 지난 몇 년간 일터의 주어도 목적어도 동사도 모두 바뀌었다. 유능한 주어와 선한 목적어, 함께하는 동사를 만나 행복했다.

좋은 다이얼로그는 누구 혼자만의 것이 아니라 함께 낳는 것이다. 나의 질문과 당신의 대답, 당신의 지혜와 나의 환대가 섞여서 더 높은 순도로 나아가는 그 현장에 '일터의 문장가' 열여덟 명이 동행해 주었다. 온몸으로 감사를 드린다.

마지막으로 그동안 일과 삶의 담담한 기록자로 성장한 이 시대의 찬란한 주어들, 업의 본질을 통과하는 당신의 선한 결심들이 또 하나의 '일터의 문장들'로 뻗어나가기를 기대하며. 당신의 일터에 건투를 빈다!

2021년 8월
김지수

3장 협업

성장하는 사람들은 함께 일한다

4장 자아

내 삶의 컨트롤 타워는 바로 나

* 일러두기_ 본문 속 인터뷰이의 정보 및 상황은 인터뷰 당시 시점을 기준으로 합니다.

1장

환경

판이 이동할 때는
나의 중심축도 옮겨라

코로나로 한동안 우리는 온 세상이 꺼진 것 같은 방전의 시간을 보냈다. 바이러스는 시간의 흐름을 비정상적인 속도로 엉클어 놓았다. 한때 현실의 텅 빈 거리는 일시 정지 버튼을 누른 화면처럼 시간이 멈춰 있었다.

바이러스가 훑고 간 미국과 유럽의 황량한 도시 풍경은 재난 영화보다 리얼했고, 한동안 사람들은 피아(彼我)를 식별할 수 있는 좀비 영화에 열광했다. 그 순간 넷플릭스와 아마존 등 디지털 시티의 시계는 빨리 감기하듯 엄청난 속도로 돌아가며, 2025년의 미래를 눈앞에 당겨 놓았다.

과거와 현재와 미래가 타임머신 오작동하듯 동시에 한 공간에 부딪혔다. 물리적 세계가 숨죽이는 동안, 바이러스 항체가 튼튼한 디지털시계가 아날로그 시계를 추월한 것이다. 나는 얼음판을 공회전하다 5년의 순간 이동에 폭삭 늙어버린 노인처럼 현기증을 느꼈다.

어느새 디지털 시티로 변해 버린 이 세계, '뉴노멀'이라는 말조차 낡은 언어로 느껴질 만큼 비대면으로 순식간에 '가치관의 액상화'가 일어났다. 이 세계의 새로운 룰을 이해하기 위해 서둘러 일터의 현자들을 찾아 나섰다. 김미경, 김용섭, 송길영 그리고 알베르토 사보이아(Alberto Savoia). 그들은 소박한 소울, 평등한 소울, 진정성의 소울, 데이터 소울을 달라진 일터의 핵심 언어로 제시했다.

김미경TV의 김미경은 일터의 판이 디지털로 이동하는 과정에서 가장 먼저 피해를 보고, 가장 크게 수혜를 본 자였다. 몸으로 직접 겪은 디지털 진통은 창조적 산통이 되어 '5퍼센트 완성도와 열 명의 응원군'이라는 구체적 신생 언어를 탄생시켰다. 가만히 있으면 아날로그의 내 땅은 점점 줄어든다.

그러나 일단 '5퍼센트 완성도와 열 명의 응원군'으로 디지털 우주에 발을 디디면 일터에서 나의 신분이 달라진다. 디지털 시민권자가 되는 것이다. 디지털 시민권자란 무엇인가. 학교, 기업, 은행, 미디어 등 중간거래상을 거치지 않고 온라인 직거래 시장에서 스스로 빛나는 지분을 만들어내는 창조계급을 뜻한다. 밤하늘의 별처럼 그곳에 반드시 내 몫이 있다는 현자의 말은 과도기를 사는 우리에게 희망을 준다. 달라진 세계의 행동 구호는 "당장 그리고 소박하게!"

트렌드 분석가 김용섭은 가장 먼저 언컨택트(uncontact) 사회로의 전환을 심도 깊게 짚어내며 일터의 환경 변화에 주목했다. 연결될 타인을 세심하게 가리겠다는 '적정 컨택트'의 핵심 소울은 평등이다. 더욱 평등하고 더 깊어진 실력 사회에서 우리는 어떻게 생존해야 하는가. 직장 내 위계와 사내 정치, 꼰대와 짬짜미 문화를 빛 가운데 노출시킨 이 수평화의 물결 속에서 진정한 베스트 플레이어가 속속들이 가려질 것이다.

빅데이터 전문가 송길영은 우리 시대 가장 핫한 코드인 진정성 사회로의 진입을 선언한다. 가속화된 진정성 사회에서는 기업도 개인도 룰을 지키지 않으면 퇴출당한다. 각 개인이 업의 본질을 묻고 소명을 다하는 사회, 그런 개인들이 소비자이자 생산자이자 유통자가 되는 초연결 사회에서 우리의 영혼은 더욱 맑고 투명해진다. 오랫동안 페타(PB)급 데이터를 다뤄온 현자의 메시지는 "깨어 있거나 깊게 가거나."

달라진 세상에서 구체적으로 무엇을 어떻게 할 수 있는지는 구글의 현자 알베르토 사보이아가 도움을 줄 것이다. "의견은 됐고 데이터로 말하라"는 구글의 급진적 슬로건이 일상으로 스며든 지금, 정확한 좌표에서 나만의 싱싱한 데이터를 채굴하는 프리토타이핑의 마법이 당신을 기다린다.

당장 그리고 소박하게 시작하라

김미경

연남타운크리에이티브 대표.
구독자 116만 명 '김미경TV'의 지식 큐레이터이자 MKYU 학장.
전 국민의 꿈과 도전, 성장을 북돋우는 대한민국 최고의 인생 강사.

달라진 세계에서 개인은 어떻게 살아갈까? 수많은 전문가가 포스트 코로나에 대한 거시적인 예견을 쏟아내는 가운데 116만 명의 구독자를 자랑하는 지식 유튜브 '김미경TV'의 김미경이 내놓은 '코로나 솔루션 노트'가 유독 강렬하다.

작심한 듯 『김미경의 리부트』라는 타이틀로 출간된 그의 책은 학자의 현란하고 희뿌연 언어가 아니라 코로나로 폐업에 몰린 자영업자, 실직한 회사원, 불안에 떠는 개인의 몸에 '착붙'해서 일으키는 공감의 언어, 코치의 언어, 생계의 언어로 선명하다.

모든 강의가 중단되고 경영 위기에 처한 그는 스스로 이 코로나 재난 영화의 주인공이 되었다. 그래서 그가 혼돈 속에 숨어 있던 질서를 하나씩 찾아내는 스토리텔링 과정은 생동감이 넘친다.

그는 온몸으로 안개 속을 헤맸다. 수천 장의 해외 기업 리포트와 인류학, 미래 트렌드 서적을 읽었다. 학자와 금융가, 스타트업 혁신가, 자영업자를 인터뷰했다. 광고면까지 샅샅이 신문을 훑으며 안개 속을 더듬다 보니 희미하던 형체가 또렷이 보이기 시작했다. 모든 지식 정보가 부딪혀 소용돌이치는 미치광이 상태로 두세 달을 보낸 후 그는 쾌재를 불렀다.

나이가 많아도 아이를 키워도 좋은 대학을 못 나와도 시장과 직거래할 수 있는 세상이 열렸다. 수억 원의 보증금과 몇천만 원의 권리금 없이도 온라인에서 내 가게를 열 수 있다. 기업이라는 중간 거래상 없이도 내 능력을 값지게 홍보하고 팔 수 있다.

김미경은 낯선 세상과 내 인생을 연결하는 네 가지 끈을 온택트(on-tact), 디지털 트랜스포메이션(digital transformation), 인디펜던트 워커(independent worker), 세이프티(safety)로 정돈했다.

그가 추출해 낸 이 네 가지 생존 공식은 개인 커리어의 핵심을 관통하면서도 서로 연결된 가이드라인으로 유용하다. 디즈니를 회생시킨 CEO 로버트 아이거(Robert Iger)의 세 가지 기업 비전 '콘텐츠, 기술, 글로벌'처럼 말이다. 그의 공식을 나침반 삼아 나아가면 모든 것이 멈춰버린 것 같은 우리의 인생도 재시동이 걸릴까?

내가 나를 구해가는 과정이 너무 기뻐서 커피 탈 때도 뛰어다녔다는 김미경. 위기 때마다 공부로 돌파한다는 성실한 국민 강사, 지식 유튜버 김미경에게서 일터의 문장들을 추출해 보자. 그가 가장 많이 사용한 언어는 '직거래'와 '나만의 시나리오'였다.

현장의 젊은 생각이 들어오면 흥분된다고요? 새로운 지식을 받아들이는 걸 즐기는 듯합니다.

젊은 친구들 생각을 배우면서 많이 깨졌어요. 기성세대는 과거 방식대로 일하면서 시장이 작아지고 있는 걸 몰라요. 가령 출판만 해도 그래요. 우리는 300페이지 안 나오면 책도 못 내는 줄 알잖아요. 와디즈 플랫폼에 지식 크라우드 펀딩을 한번 보세요. 직장 생활 노하우 30페이지만 있어도 펀딩 받아 PDF로 출간해요.

구글 혁신가 알베르토 사보이아도 자신의 아이디어를 간략한 PDF 파일 형태로 공유하다가 나중에 『아이디어 불패의 법칙』이란 책으로 출판했어요. 그의 핵심 조언도 일단 가볍게 출발해서 나만의 데이터를 모으라는 내용이었죠.

맞아요. 처음엔 소박하게 출발하는 게 달라진 세계의 행동 강령이에요. 사실 이전 세계에서는 일정 물량이 안 되면 안 들어갔죠. 책도 초판 3천 부는 기본이고요. 그런데 청년들은 자기 생각에 열 명만 동의해도 시작해요. 언젠가 티핑 포인트(tipping point)를 만나면 열 명이 천 명되고 백만 명이 되는 건 순식간이에요. 그게 스타트업의 힘이죠. 그 열 명의 배짱이 디지털 시티의 본질이죠. 청년들은 블로그에서 열 명만 좋아해 줘도 기뻐하고 그걸로 자기 갈 길을 찾아가요. '소확행'이라고 깔보면 안 돼요. 그걸 서로 지지하는 엄청난 운동 에너지가 있어요. 요즘 소비자는 황석영, 김훈 같은 대작가의 이름만으로 콘텐츠를 구매하지 않아요. 그 어떤 유명한 작가라도 책 내고 안 보이다 3년 만에 나타나면 팬들은 이미 다른 데 가 있죠.

맞습니다. 과거의 영광이 시장에서 빛을 발하지 못하는 경우가 많아요. 제품의 마케팅 공식도 많이 바뀌었고요.

제품의 생산자와 소비자 사이 끊어진 끈을 연결하려는 노력이 마케팅이잖아요. 예전엔 신문이나 TV광고가 전부였죠. 요즘엔 디지털 마케팅 도구만 100가지가 넘어요. 유튜브, 블로그, 인스타그램에서도 스토리, 배너, 커머스 파트너스……. 카테고리별로 태워 보내는 방식에 따라 효과가 다 달라요. 달라진 세계의 판을 이해하려면 역시 공부해야죠. 데이터 사이언스도 디지털 마케팅도.

그 공부는 20~30대 젊은이보다 40~50대 이상의 중년들에게 더 절실합니다.

청년은 그들의 방식대로 우리에게 누누이 변화를 예고해 왔고, 지금 우리 눈앞에 미래를 끌어왔어요. 50대는 은퇴 압박에, 달라진 환경에, 지금 정신이 없어요. 분명한 건 우리는 2020년이 아니라 2025년에 살고 있다는 거예요.

갑자기 들이닥친 다른 세계

우리는 2025년에 살고 있다?

코로나로 딱 5년이 빨라졌죠. 2025년을 준비하던 사람들은 이미 질문과 답이 끝났어요. 가령 '왜 책은 꼭 300페이지야? 30페이지면 안 돼? 종이책 읽으면 나무한테 죄책감 느껴져. 왜 꼭 정제된

것만 세상에 나와야 해? 난 e북이 좋아. 영상에 그림에 필기까지 인터랙티브가 되잖아.'

청년들은 문제점 다 파악했고 해결할 디지털 도구까지 활용하고 있어요. 지금은 기존 시장과 달라진 시장이 격돌하는 상황이고요. 그런 상황에서 기성세대는 뉴페이스가 뜨면 거드름 피우며 깔보죠. "쟤, 누구야?" 그런 청년들은 이미 디지털 세계에서 10년 전부터 쌓인 구력과 팬덤이 어마어마한데 말이죠.

격차가 크군요!

두고 보세요. 정부도 개인도, 앞으로 이 디지털 격차가 큰 사회적 소용돌이를 만들 거예요. 디지털 격차는 내가 이 시대를 살면서도 속해 있지 않다는 느낌을 줘요. 일상에서 느끼는 불편함은 커져만 가죠. 은행도 현금도 점점 사라져가요. 머지않아 디지털 머니와 프로그램 머니로 거래가 될 거예요. 믿고 있던 재테크 공식도 바뀌죠. 그 태풍의 눈 속에 금융과 교육이 있어요.

교육과 부동산 공식이 깨지고 강남 불패의 신화도 사라질 거라고 예견했어요. 현재 시장을 생각하면 다소 급진적이라는 생각도 듭니다.

모든 변화의 중심에 금융이 있어요. 돈에 대한 개념, 돈 버는 방식이 변하면 산업과 교육이 연쇄적으로 반응을 해요. 돈에 최적화된 물건, 그것을 파는 공급 방식이 싹 다 바뀌고 있어요. 가령 버버리는 자기 정체성을 명품 패션 회사가 아니라 디지털 미디어 기업이라고 선언한 후 지금 정점에 올랐어요. 많은 회사가 앞다

튀 인공지능, 빅데이터, 플랫폼을 기반으로 '우리는 테크 기업'이라고 선포하고 있죠.

동의합니다. 디즈니는 디즈니 플러스라는 플랫폼으로 넷플릭스를 추격 중이죠. 현대카드도 고객 데이터로 수익을 내는 플랫폼 기업이라 선언해서 놀랐습니다. 월마트도 IT로 체질 개선한 월마트 플러스를 내세워 아마존 프라임에 승부수를 던졌더군요.

그렇죠. 기업은 그 데이터 사이언스의 길을 닦고 물품을 데커레이션(decoration)하는 인재를 학교에 요구해요. 학교가 그 교육을 감당하지 못하면 개인은 인터넷에서 스스로 그 지식 파이프를 연결해서 뚫을 겁니다.

기업은 이제 학력 불문 실력을 원해요. 좌절 경험 없는 수재가 아니라 실패 경험을 갖춘 현장 실력자를 찾죠. 요즘 아이들은 유튜브를 보고 스스로 코딩 배우고 자율 주행하는 드론까지 공부해요. 그러니 강남 8학군이나 대치동 학원가로 결속된 강남 부동산 불패 신화가 계속될까? 의심해 봐야죠.

과거의 교육을 믿고 20년을 투자했던 부모들은 분명 자녀 교육 방식을 바꿀 거예요. 돈 버는 방식, 교육 방식, 결혼하고 집 사고 애 기르는 가정의 형태가 다 바뀌어요. 지금까지는 스물다섯 살에 대학 졸업하고 사회 생활했다면 이제 열일곱 살 청소년도 원하면 일할 수 있어요. 고구마 줄기처럼 금융, 교육, 가정이 다 줄줄이 연결돼서 반응이 터져요.

그러고 보면 전 세계인의 사고방식이 대형 파이프로 연결돼서 엄청난 속도로 진화를 이뤄내는 것 같습니다.

코로나 이후 모든 기준은 생명과 생존으로 좁혀졌거든요. 얼마 전 CNN을 보니 한 미국 의사가 아이들을 학교에 보내지 않겠다고 해요. 부모들의 선택도 훨씬 급진적으로 됐죠. 예전엔 '무조건 학교는 가. 졸업장은 따!'였다면 이젠 '학교 안 보내겠다'는 거예요. 바이러스 위협에서 자유로운 사람은 없잖아요. 학원을 보낼까? 행사를 열까? 거기 몇 명 모인대? 안전하대? 모든 게 다 코로나 필터를 거쳐요. 그러면서 아는 거죠. 진짜 다른 세상이 왔구나.

나만의 리부트 시나리오를 쓸 때

김미경은 달라진 세상에서 필요한 게 '나만의 리부트 시나리오'라고 했다. 영화 용어로 리부트란 어떤 시리즈에서 그 연속성을 버리고 작품의 주요 골격이나 등장인물만 차용해서 새로운 시리즈로 다시 시작하는 것이다.

〈배트맨〉이 〈배트맨 비긴즈〉로 리부트됐듯이, 우리가 할 수 있는 최선은 '모든 것을 껐다가 다시 켜는 것'이다.

이미 코로나 때문에 일시 정지된 상태였기에 남은 건 시동을 다시 켜는 것뿐이다. 김미경이 말하는 인생의 재시동에는 조건이 있다. '나'라는 등장인물은 같지만 새로운 이야기를 써야 한다.

자기만의 시나리오를 쓰라는 말이 인상적이었어요. 지금껏 세상 규칙에 떠밀리듯 살다 보니, 내 인생에서 내가 주인공이라고 생각을 거의 못 했어요.

규칙이 무너지고 혼돈이 가득 찬 지금이 기회죠. 자꾸 상상하고 써봐야 해요. 무섭다고 몸 사릴 것도 없어요. 어차피 사는 건데요, 뭘. 사는 노력은 다 똑같아요.

그 자신, 여태껏 오프라인 강의 로드를 달리느라 다른 길을 못 봤다. 새벽부터 밤까지 그 길만 가다 보니 점점 반경이 좁아진 것. 코로나로 그 생활이 다 정지되니까 이제야 루틴이 생기고, 거리에서 허튼 시간 안 버리니 쳇바퀴 돌듯 운동하고 공부하게 되더라고.
"세상에! 내가 모르는 세상이 이렇게나 많았나? 지금 내 몸 안에는 놀라는 시스템이 만들어졌어요. 새로운 사람 만날 때마다 제 생각도 확확 달라져요. 일주일에 한두 번 스타트업 친구들을 만나 유튜브에 올려요. 여러분들도 충격 좀 받으시라고! 하하."

낯선 사람들과 어울리는 소셜 믹스(social mix)가 창의와 기회의 원천이라고 유현준 건축가도 강조하더군요.

저도 아날로그에서 달렸던 사람이잖아요. 20~30년 강의 분야에서 코어 콘텐츠가 있는 사람인데, 그걸 달라진 세상에서 써먹으려면 신기술에 익숙한 사람들과 협업해야 해요. 아직도 '세상은 곧 예전으로 돌아갈 거야' 하시는 분들, 그 생각 버리세요! 나는 달라진 세상과 협업해야 해요. 달라진 세상에 내 몫이 있을까? 있어요!

달라진 세계에서 살아가는 공식을 네 가지로 정리했죠?

　　원래 제 솔루션 노트에는 열 가지가 넘었는데 확 줄여서 핵심만 남겼어요. 첫째, 온택트로 비대면 관계를 활성화하고 둘째, 디지털 트랜스포메이션으로 온라인에 다양한 내 가게를 입점시키고 셋째, 인디펜던트 워커로 조직에 연연하지 않는 독립적인 인재가 돼서 넷째, 세이프티를 기준으로 안전한 고급 브랜드로 자리매김하자는 거죠. 이 네 가지 공식에 맞춰서 자기 시나리오를 쓰면 됩니다.

나만의 코어 콘텐츠, 추격자 등 영감을 자극하는 발견도 꽤 많습니다. 결국 이게 다 직거래 시장에서 경쟁력 있는 인디펜던트 워커가 되자는 건데요. 혹시 이 인디펜던트 워커가 자칫 허울 좋은 긱 노동자(gig worker, 경제 플랫폼에서 수시로 일거리를 구하는 임시 노동자)가 될 우려는 없을까요?

　　인디펜던트 워커는 이름만 바꾼 프리랜서가 아니에요. 일단 디지털 판 자체가 인디펜던트 워커와 핏이 잘 맞게 바뀌었어요. 최적화된 디지털 서비스 안에서 내가 일의 주도권을 쥐는 거죠. 중요한 건 '무엇을 할 것인가'와 '어떻게 살고 싶은가'가 일치되어야 자존감 있는 인디펜던트 워커가 된다는 거예요.

자기 가치를 실력으로 실현하려면 어떻게든 내가 잘하는 핵심 역량, 코어 콘텐츠를 발견하는 게 우선이죠. 내가 하면 남과 다르다는 걸 믿어야 해요. 그리고 제가 제안한 네 가지 공식에 맞춰서 계속 자기 커리어 시놉시스를 상상하고 써봐야 해요.

가령 헤어디자이너라고 가정해 보죠. 코로나 시대에 미용실 쉽지 않아요. 일단 세이프티를 생각하면 대형 미용실 안 가겠죠? 1인 예약제나 방문 서비스로 가보면 어떨까 상상해 볼 수 있죠. '안전하다, 편리하다'를 강조한 카피로 블로그 만들고, 예약 앱 다운받아서 바로 운영을 시작할 수 있어요. 거기에 데이터가 쌓이면 그게 자산이 돼요. 디지털 트랜스포메이션은 한 걸음씩 몸으로 움직여서 하는 거예요.

그러고보면 세상은 넓어지는데 내 입지는 좁아지는 이 불길한 느낌은, 디지털 육체 노동을 계속 회피해서군요.

판이 흔들려서 그래요. 특히 어르신들이 '난 쓸모없는 존재야' 라고 느끼기 시작하면 여러 사회 문제가 생겨요. 내 쓸모를 남에게 강요하면 안 돼요. 내가 찾아야 하는데 그러려면 협업을 해야 해요. 말이 좋아 협업이지 실은 빡세게 공부하는 거죠.

이전 세상과 달라진 세상의 차이는 디지털 기술이에요. 디지털 마케팅 몰라도 알아서 해주는 앱 다 나와 있어요. 카톡 말고 다른 앱 다운받으면 스마트폰 폭발하는 줄 아는 분들(웃음). 그런 세상에 사니 나는 가만 있어도 내 땅이 작아지는 거죠.

소박하게 다시 시작하는 힘

50대 후반인 당신은 어떻게 달라진 세상에 바로 적응했나요?

새벽 5시까지 유튜브 책 읽다가 다음 날 아침, 바로 시작했어요. 핵심은 당장 그리고 소박하게.

진짜 다른 세상이 왔다.
내 쓸모를 남에게 강요하면 안 된다.
나의 핵심 역량을 발견하고 한 걸음씩 몸으로 움직여서
달라진 세상과 협업해야 한다.

당장! 소박하게! 시니어에겐 태도의 변화가 관건이겠습니다.

저는 일단 마음가짐을 바꿨어요. 김미경은 오프라인에서는 유명해도 온라인에서는 미미한 존재예요. 바꿔 생각하면 오프라인 관객들은 '김미경이 오래 해먹는다' 싶지만 디지털 세상에서 나는 신제품이란 말이죠. 달라진 세상에선 5퍼센트와 열 명만 있으면 된다는 소박한 소울이 필요해요.

달라진 세계의 법칙이 뭔지 아세요? 시작하는 힘이에요. 청년들은 '성격 나쁜 직장 상사 대처법'이라는 사소한 노하우도 시장에 내놓아 팔고 최소 열 명은 그걸 사가요. 직장 생활 전체가 아니라 상사 대처법이라는 5퍼센트의 노하우를 서로 인정하면서 '소셜'이라는 시장이 큰 거예요.

생산자는 5퍼센트만 완성되어 있어도 좀 어설퍼 보여도 공동체를 위한 선한 마음이 있으면 그걸 공개하고 피드백을 통해 조금씩 성장해요. 그걸 소셜 펀딩의 소비자들이 지켜봐 줘요. 디지털에 그 5퍼센트 사람들의 열망이 가득하고, 그들의 응원이 모여 펀딩으로 가는 거예요. 이걸 모르고 '내가 삼성에서 30년 있었는데 말이지……' 이렇게 나오면 말짱 도루묵이죠.

'왜 이래? 나 이래 봬도 저쪽 세상에서 잘 나갔던 사람이야' 같은 괜한 힘 다 빼고, 디지털 세상의 신입생으로 들어가야 한다는 말씀인데요. 5퍼센트와 열 명으로 캐주얼하게 시작하면 왠지 실패해도 용서가 되고 상처도 덜 받을 것 같습니다만.

실패가 배움의 포인트죠. 대신 반응이 미미하다고 실망하지 말고 계속 꾸준히 하면 정말 아주 조금씩 늘어요. 어느 순간 티핑 포인트가 와서 빵 터지면 단숨에 1만 명 팬덤이 모이는 세계로 올라가는 거예요.

이제까지 우리는 그 시장에 진입하려고 중간거래상을 거쳐야 했어요. 일명 미들맨(middleman) 격인 회사에 취업하기 위해 청소년 시기를 대학 진학에 다 바쳤잖아요. 이제 밤하늘의 우주가 열렸어요. 거기서 내가 계정 파고 자리 잡고 빛을 내면 거기가 시장이에요. 그걸 몸으로 깨달아야 해요. '5퍼센트와 열 명'이라는 소박한 정신으로 디지털 세계로 와서 다시 시작해야 하는 거예요. 이 시장에선 프리미엄도 없고 제작비도 안 들어요.

김미경TV도 완제품으로 들어오지 않았다고 했다. 5퍼센트만 갖고 3년 동안 천천히 해왔다. 그리고 구독자는 어느 순간 110만 명을 넘어섰다.

디지털 세계로 와서 어떤 점이 가장 놀랍던가요?

기성세대는 밑바닥부터 굴렀다고 하잖아요. 자랑삼아 자수성가했다고. 여기선 아녜요. 먼저 시작한 사람이 바탕을 다져놓고 그 노하우를 다 까요. 자기 기술을 공짜로 하나라도 더 나눠주려고 해요. 더 좋은 세계를 위해서 디지털 도시를 함께 세우겠다는 거죠. 확진자, 마스크 약국 앱도 2~3일 만에 나왔잖아요. 개발자들이 오픈 소스로 프로그램을 다 열어놔서 가능한 거예요. 그 공유의 스피릿이 얼마나 놀라워요?

네 거, 내 거 따지는 배타적인 아날로그 정신으로는 디지털의 개방성과 공유 정신을 이길 수 없죠.

자기 재능을 공짜로 시장에 내놓는데 그걸 어떻게 이겨요. 그래서 시장이 무진장 빠르게 성장하는 거예요. 지금 40~50대들은 맘 잡고 디지털로 가기만 하면 돼요. 오픈 마켓에 모든 게 다 공짜로 구비돼 있어요.

인스타그램 마켓? 들어가기만 하면 돼요. 블로그? 매일 글 한 줄씩만 꾸준히 올려도 돼요. 당장 내 휴대전화 업그레이드만 해도 되죠. 더는 나를 인증해 줄 미들맨에 목매지 마세요. 내 주변의 믿을 만한 열 명만 고객으로 만들어서 큰 시장에서 직거래하세요. 우리는 이제 달라진 세계에 던져졌어요.

디지털 소외 계층도 가능할까요?

그래서 제가 구상한 게 디지털 코디예요. 앞으로 전자정부가 되면 투표도 온라인으로 할 텐데 노인분들 교육이 시급해요. 공공 영역에서 40~50대 전업주부를 온라인으로 채용하고 교육해서 5만 명 정도 디지털 코디로 활동하게 하는 거죠. 페이도 디지털 머니로 지급하고요.

디지털 코디만 상상해도 거기 온택트(온라인 교육), 디지털 트랜스포메이션(디지털 머니), 인디펜던트 워커(고용 창출), 세이프티(안전 방문 매뉴얼)가 다 들어있어요.

30퍼센트는 땅에, 70퍼센트는 클라우드에 발 딛고 있는 세상에서 우리는 빌딩 지을 생각 말고 서버 지을 생각을 해야 한다고 그가 목소리를 높였다.

내가 나를 도와야 해

수많은 미래학자와 전문가들이 '세상이 이렇게 흘러간다'고 큰 그림만 보여주는데, 당신은 '나는 어떡해?'에 대한 세심한 가이드를 주고 있어요. '먼저 살아보고 솔루션을 준다'는 큰 언니의 긍휼이 느껴집니다. 오프라 윈프리가 떠올랐어요.

　　오프라 윈프리가 자신을 끌고 가는 그 힘을 좋아해요. 자기 삶을 실험하는 데 거리낌이 없잖아요.

난관에 봉착할 때 즉각적으로 공부하고 실험해서 문제를 해결하는 건 기질인가요?

　　네. 전 그게 가장 재밌어요. 생존 공부. 나를 위해서 내가 일하는 게 생존 공부예요. 코로나로 강의 끊겨서 울고 있는 나를 도울 사람이 누가 있어요? 나밖에 없잖아. 내가 나를 돕는 가장 확실한 방법이 공부예요.

어른들은 생존 공부한다지만 지금 학교도 못 가는 아이들은 앞으로 무슨 공부를 할까요?

　　기후 변화와 철학에 관한 공부가 큰 흐름이 되지 않을까 싶어요. 코로나가 던진 숙제는 우리가 먹고사는 데 급급한 나머지 아이들이 살 미래 환경을 망쳐놨다는 거예요. 이대로 가면 더 큰 문제가 온다는 거죠.

우리는 그동안 미세먼지도, 긴 장마도, 폭염이나 전염병의 위협도 없는 좋은 기후에서 잘 살았잖아요. 광장에서 천 명, 만 명 함께 모이는 행사하면서 울고 웃으며 인간 존재의 희열을 느꼈죠.

요즘 초등학생들, 학교 가면 칸막이 치고 떨어져서 혼밥 먹어요. 타인을 의심해야 하는 상황에서 인간의 존엄성이 뭔지, 행복이 뭔지, 함께 사는 게 뭔지 탐구하지 않으면 공존을 해체하는 선택을 할지도 몰라요.

저는 요즘 고등학교 1학년인 저희 집 막내딸하고 인간의 자유에 관해 토론해요. 사실 아이들이 말은 안 해도 지금 상처를 엄청 받았어요. 자유를 박탈당하고 감염되면 낙인이 찍히죠. 어른들도 약해져서 조금만 찌르면 악 소리를 내고 두려움에 빠져 잘못된 판단을 해요. 내 상처에 내가 답하는 게 철학이잖아요. 달라진 세상에서는 다시 철학이라는 학문이 떠오를 거예요.

둘째 아들은 고등학교 자퇴 후에 일본으로 가서 뮤지션이 된 걸로 알아요. 현재 고등학생 막내와도 진로에 대해 구체적으로 얘기했나요?

막내도 고등학교를 끝까지 안 다닐 확률이 높아요. 저는 아이에게 가장 중요한 교육 생태계는 엄마라고 생각해요. 부모가 먼저 씩씩하게 잘 살아야죠.

얼마 전엔 아이가 『호밀밭의 파수꾼』을 읽고 사회의 가치와 내 가치가 충돌할 때 어떤 선택을 할지에 대해 썼더라고요. 어쨌든 이 아이는 학교, 회사 같은 미들맨을 거치지 않고 직거래를 할 수 있다고 봐요.

중간거래상을 거치지 않는 직거래의 신대륙 아래엔 '블록체인'이라는 핵심 기술이 받치고 있다. 공공 장부 개념인 블록체인 기술이 사용되면 모든 것이 더 투명해진다.
온라인상에서 동시에 구축된 신뢰를 기반으로 개인은 미들맨의 보증 없이 각자 기회의 땅에 서게 된다는 것이 김미경의 예측이다. 권위를 갖춘 전통 조직에 들어가려고 아등바등하고, 나눠 먹자고 충성을 맹세하는 과정이 생략되는 것이다.

때론 생각의 속도가 세상의 속도보다 너무 빠르면 헛바퀴만 과하게 돌리다 기운이 빠질 수도 있습니다. 현실 감각은 어떻게 갖출 수 있습니까?
그래서 나만의 시나리오가 절실한 겁니다. 개인화된 리부트 시놉시스. 내 직업에서 앞으로 변할 것과 변하지 않을 것을 구체적으로 써봐야 해요. 거기서 자신이 지금 해야 할 일을 온택트, 디지털 트랜스포메이션, 인디펜던트 워커, 세이프티 공식에 맞게 정리해 나가야죠.
미래학자라고 해서 대단한 기술을 쓰는 게 아니에요. 변하는 것과 변하지 않는 것을 일단 다 적어보고 정교하게 다듬는 게 미래 예측의 시작이죠.

우문이지만 다시 한 번 묻습니다. 정말 우리는 코로나 이전으로 돌아가지 못할까요? 진심으로 지금이 기회의 시기라고 느낍니까?

변화를 따라가지 못하면 위기, 속도를 내면 확실한 기회예요. 이번엔 정말 판이 크고 빠릅니다. 전 국민이 다 같이 변하니 그 속도가 어마어마해요. 안타까운 것은 위기가 오래되면 '나는 왜 이것밖에 안 되지?' 하며 자존감 하락으로 이어져요.

당장 돈을 좀 못 버는 건 큰 문제가 아니에요. 자칫하면 내가 쓸모없는 인간이 된다는 게 더 무섭고 우울하죠. 이번 판은 내가 나를 부지런히 도울 필요가 있어요. 디지털 시장은 이미 포화상태 아닌가? 포화 상태지만 내 자리는 있습니다. 전속력으로 추격하면 돼요.

속상한 게 기업들은 이미 경영 리포트로 솔루션이 다 나왔어요. 개인은? 스스로 상상하고 솔루션을 만들어야죠. 절대로 예전으로 못 돌아갑니다. 의심을 버리고 안개 속으로 들어오면 서서히 윤곽이 보일 겁니다.

내 상처에 내가 답하는 것이 철학이며, 내가 나를 돕는 가장 확실한 방법이 공부라는 그의 말이 귀에 명징하게 남는다. '당장' 그리고 '소박하게'라는 디지털 시장의 행동 강령은 그 단어의 본질대로 쉽기도 하고 어렵기도 하다.

그것은 어쩌면 인간의 영원한 딜레마인 욕망과 행동 사이의 거리다. 게으른 인간은 '당장 행동하기'가 죽기보다 싫고, 교만한 인간은 '소박하게 시작하기'가 안 하기보다 어렵기 때문이다.

디지털 세상이 내가 모르는 딴 나라의 율법으로 운행될 것 같지만 오히려 에덴에서 시작된 일터의 근본을 두드리고 있다는 게 새삼 신기하다. 달라진 세상에서 소박한 소울로 시작한 김미경 콘텐츠의 폭발력은 갈수록 커지고 있다.

규칙이 무너지고 혼돈이 가득 찬 지금이 기회다.

무섭다고 몸 사릴 필요 없다. 어차피 사는 것이다.

우선 내가 잘하는 핵심 역량을 발견해야 한다.

내가 하면 남과 다르다는 걸 믿어야 한다.

내 쓸모를 남에게 강요하면 안 된다.

나의 핵심 역량을 발견하고 한 걸음씩 몸으로 움직여서

달라진 세상과 협업해야 한다.

30퍼센트는 땅에 70퍼센트는 클라우드에 발 딛고 있는 세상에서
빌딩 말고 서버를 지어라.

일단 변하는 것과 변하지 않는 것을 다 적어보라.
이것을 정교하게 다듬는 것이
현실 감각이자 미래 예측의 시작이다.

울고 있는 나를 도울 사람은 나밖에 없다.
내가 나를 돕는 가장 확실한 방법이 공부이다.

더욱 평등해진 세상에서 일할 준비를 하라

김용섭

날카로운상상력연구소 소장.
사회 변화를 심도 깊게 진단하는 트렌드 분석가.
코로나19 이후의 길을 제시하는 『언컨택트』의 저자.

가장 무서운 게 경험이다. 하기 전까지는 막연히 두렵고 불편해 보이던 것이 해보고 나니 장점이 보인다. 언컨택트 사회가 도래했다. 어쩔 수 없이 원격 근무, 온라인 수업, 무관객 라이브 공연 등을 경험한 사람들은 '비대면'이라는 이 연결 방식이 꽤 똑똑하고 흥미롭다는 걸 깨달았다.

일상이 바뀌면 욕망이 바뀌고, 욕망이 바뀌면 일상도 바뀐다.

언컨택트는 전염병이 만든 트렌드가 아니라 이미 확장되려는 트렌드였다. 사회적 거리 두기는 편한 단절이 일상화된 밀레니얼에게는 이미 익숙한 풍경이다. 코로나 이전에도 구내식당엔 1인 좌석이 늘어났고, 매장에선 말 걸지 않는 서비스가 인기였다. 드라이브 스루 결혼식과 장례식장이 곳곳에 생겨나고, 유럽에선 퇴근 이후 상사와 '연결되지 않을 권리'가 발족됐다.

2020년은 과잉 컨택트를 지나 적정 컨택트로 가는 중요한 분기점이 됐다. 날카로운상상력연구소 소장이자 트렌드 분석가인 김용섭은 『언컨택트』라는 책을 썼다. 그는 삼성, 현대, 롯데 등 여러 대기업과 정부 기관에 자문을 하는 경영 전략 컨설턴트이며, 2013년부터 매년 통찰력 깊은 '라이프 트렌드' 시리즈를 발행하고 있다.

비대면 사회의 변화를 깊이 있게 짚어낸 그의 책 『언컨택트』는 코로나로 갑작스럽게 재택근무와 온라인 개학을 실험 중인 한국 사회 시간에 맞춰 정확하게 도착했다.

오랜 세월 우직하고 깊게 트렌드의 우물을 파온 전문 연구자답게 그에게는 어떤 질문의 두레박을 내려도 찰랑이는 정보가 흘러나왔다. 미래를 아는 자의 침착한 눈동자, 웬만한 비바람에는 끄떡도 않을 튼튼한 나무 같은 태도가 인상적이었다.

접촉은 줄이고 접속은 늘리는 언컨택트는 "연결될 타인을 좀더 세심하게 선별하겠다는 결정"이며, "언컨택트가 가속화될수록 수평성, 투명성이 높아져 실력자와 밀도 높은 콘텐츠만 살아남을 것"이라고 했다.

언컨택트를 어떻게 해석하지요?

줄여서 '언택트'라고 썼는데, 정확한 표현은 '논컨택트(noncontact)' 입니다. 제가 쓴 '언컨택트(uncontact)'는 '접촉하지 않는다'가 아니라 '접촉하는 방법을 바꾼다'라고 해석하는 게 맞습니다. 더 많은 연결을 위한 새로운 시대의 진화 코드지요.

빨리빨리와 끈끈함이 이종 교배된 한국 사회에서 언컨택트의 변화가 놀랍습니다. 코로나로 비대면 사회가 확 당겨졌어요.

언컨택트가 거스를 수 없는 추세라는 건 다들 알고 있었죠. 다만 준비를 못 하다가 코로나 때문에 갑자기 직면했어요. 인간은 본능적으로 변화를 두려워합니다. 특히 과거를 살고 싶어 하는 힘 있는 사람들은 최후까지 익숙한 걸 안 놓고 싶어 해요.

예를 들어보죠. 2000년대부터 기업에서 호칭, 직급 없애고 조직 문화 수평화를 시도했지만 바뀐 게 거의 없었어요. 쇼윈도 조직만 늘었죠. 위계는 여전하고 후배는 주눅 들어 있었어요.

지난 20년간 경영자 신년사가 초지일관 '혁신, 변화, 위기'였잖아요. 가끔 소통과 수평이 양념처럼 들어갔죠. 윗사람들 생각은 한결같아요. '밑에서부터 바뀌어야지.' '윗사람에게 잘해야 소통이지.'

그런데 코로나로 언컨택트가 실행되면서 순식간에 위계가 걷혔어요. 원격 근무하면서 얼굴이 안 보이면 오로지 일만 보여요. 만나면 직함, 나이 때문에 주눅 들지만 화면에선 20명 얼굴이 균등 분할이에요. 비로소 수평화가 실현된 거죠.

비대면 환경이 깨는 조직 문화의 악습들

반강제적 비대면이었는데 그 쇼크가 부정적이지 않아서 놀랐어요.

앨빈 토플러가 오래전에 주장했던 재택근무(일명 '전자오두막')를 유럽과 미국은 받아들였는데 한국은 유독 더뎠어요. 위계 문화가 강해서였어요. 요즘엔 평생 직장이 사라지면서 후배가 일 잘하면 선배들이 불안해 해요. 생존의 최우선 조건이 능력이거든요. 밀레니얼 세대는 비합리적인 선배들에게 저항해요. IT기술과 밀레니얼의 요구로 조직 문화 수평화가 목전에 와 있었는데 코로나가 언컨택트로 그 불을 지핀 셈이에요.

하지만 원격 근무도 코로나 이후 원상 복귀를 전제로 하고 있습니다. 여전히 관리자들은 통제와 감시를 위해서 출퇴근이 필요하다고 생각하는데요.

더는 사람을 직접 보고 감시할 필요가 없어요. 과거엔 그게 맞았지만 지금은 아니에요. 지금의 사무실 공간의 기초는 1904년, 미국의 기계공학자 프레더릭 테일러(Frederick Taylor)의 테일러리즘(Taylorism)을 기초로 완성한 거예요.

효율적 감시를 위해 오픈된 공간 안에 빼곡히 책상을 넣고 상사가 고개를 들면 다 볼 수 있도록 했죠. 1980년대까지 그 구조였어요. 1990년대 PC가 들어오면서 파티션이 쳐지고 독립 공간이 생겼죠. 이젠 그것도 필요 없어요. 내가 한 일이 다 데이터로 남잖아요. 신기하게도 안 보고 일하면 효율이 더 높아요.

카카오를 비롯해서 IT회사들은 코로나 이전에도 자율 출퇴근제를 시행하고 있었죠. 하지만 일반 회사에서도 출퇴근이 점점 사라질까요?

조직 문화는 끝까지 기존의 전통을 유지하다가 저항 세력이 더는 저항할 빌미가 없을 때 확 바뀝니다.

누가 저항 세력이지요?

경영자는 모든 플레이어가 베스트를 다하는 상태를 좋아해요. 베스트를 다하지 않고 버티는 그룹은 중간층이에요. 머릿수에 비해 업무 기여도는 적으며 월급은 많이 가져가는 사람들이죠. 컨설팅을 하다 보면 원격 근무를 원하는 쪽은 경영자들이에요. 수평화가 진행되면 근무량이 투명하게 보이거든요. 경영자는 '좋은 사장님' 소리 듣는 건 소용없다는 걸 알아요. 이익을 내고 비전을 보여줘야죠.

젊은이가 원하는 조직은 하나예요. 자기 에너지를 다 쏟아부으면 클 수 있다는 비전을 보여주는 조직. LG가 서른네 살 여성을 상무로 승진시킨 건 그래서 고무적이에요. 연고 없어도 일 잘하면 승진한다는 메시지죠. 그런 환경에서는 다 베스트를 해요. 2030은 미래가 있어서, 4050은 밀려날까 봐요.

세대에 따라 희비가 엇갈리는군요.

어쩔 수 없어요. 권위적인 사람은 어린 사람을 내려보며 '새파랗다'고 하죠? 한 번 새파라면 영원히 새파랗다고 우겨요. 나이로 우려먹는 건 연차뿐이죠. 언컨택트가 퍼뜨린 수평화가 본격적으로 연차의 성벽을 깨고 있어요. 비대면이 깨는 또 하나의 악습이 있어요. 기성세대의 '짬짜미' 문화예요. 만나면 부정, 청탁, 편먹기가 쉬워요. 안 만나면 못하죠.

거칠게 이분화하자면 기성세대는 못 만나서 불편하고, 젊은 세대는 안 만나서 좋다?

　만나서 이득 본 사람들은 한국식 인맥 쌓기에 능한 분들입니다. 아는 사람끼리 술 마시고 밀어주는 문화는 비겁한 문화예요. 공정 사회에 어긋납니다. '정'이라고 우겨도 글로벌 스탠더드와 안 맞아요. 젊은 세대는 연장자 비위 안 맞추고 막말 안 들어도 되니 안 만나는 게 좋죠.

그동안 성희롱, 인격 비하를 비롯해서 막말하던 사람들이 얼마나 많았어요. 그들이 사악한 사람들이었나? 아니에요. 사회가 그걸 용인했어요. 지금은 착해졌나? 룰이 바뀐 거죠. 청년들은 어디서든 스마트폰 녹음기를 켜잖아요. 근거가 남아서 안 한다는 건 나쁜 짓인 줄 안다는 거예요.

비대면 접촉이 얼마나 편하면 다들 페이스북, 인스타그램에서 놀잖아요. 혼술하고 SNS에서 노는 건 그동안 만났을 때 불편함이 계속 있었다는 거죠. 비대면 문화가 갑자기 튀어나온 게 아니에요.

한국 사회는 한 살 많아도 왕 노릇 하려고 해요. 나이 어리면, 여자면, 못생기면, 피부색이 다르면, 함부로 해요. 반발하면 '관심'이라고 하죠. 나쁘다는 걸 알면 바꿔야 해요.

한 사회의 욕망이 진화하면서 자연스럽게 '비대면'이라는 방향을 만들었다고 했다. 방향은 정해졌고, 다만 속도의 문제였다고.

결국 언컨택트와 컨택트의 적정 비율을 어느 정도로 맞추는가의 문제겠지요?

맞아요. 자꾸 오해하는데 언컨택트가 컨택트를 버리자는 게 아니에요. 인간은 사회적 진화가 숙명이라 뭉쳐 살고 섞여 사는 게 맞아요. 다만 과잉 컨택으로 나쁜 기억을 만들지 말자는 거죠.
한국 문화가 대학교 1년 선후배도, 유치원 한 살 차이도 깐깐하게 따져 서열을 매기잖아요. 나이로 통제하는 건 우리 문화가 아니에요. 학교를 군대로 조직해서 선배가 상사로 군림한 건 일제 강점기 문화죠.

서당이나 유림의 문화가 아니라고요?

장유유서는 분별이지 '윗사람이 짱 먹어라'가 아닙니다. 조선시대에는 위아래로 열 살은 친구였어요. 오성과 한음은 절친이지만 다섯 살 차이예요. 친구는 나이와 무관하게 신뢰를 나누는 사이죠. 마음이 통하면 70대 노인과 20대 청년이 친구가 될 수도 있습니다. 존칭과 화법은 함께 정하면 돼요. 꼰대가 갑자기 나온 게 아니에요. 예전엔 뒤에서 욕하다 이젠 대놓고 저항하기 시작한 거죠.

일단 시작된 변화를 보라

당신은 매년 '라이프 트렌드' 시리즈 출간으로 사회 흐름을 읽어왔습니다. 특별히 최근 몇 년간의 키워드가 선명해요. 2017년 적당한 불편, 2018년 아주 멋진 가짜, 2019년 젠더 뉴트럴에 이어 2020년엔 느슨한 연대까지. '느슨한 연대' '혼자 사회' '초연결' '언컨택트'는 포인트만 다를 뿐 사실 모두 한 방향의 라이프를 가리키고 있어요. 공정, 투명, 개인이라는 시대정신인데요. 기업은 이런 라이프 트렌드를 진지하게 받아들이고 있나요?

저는 소비자, 기술 동향만 보는 게 아니라 산업, 소비, 인문, 라이프 스타일 전반을 엮어서 봅니다. 기업에는 몇 년 전부터 그 신호를 쳤어요. 지속 가능성, 젠더 뉴트럴(gender neutral) 등의 전략을 짜야 한다고요. 앞으론 기업의 사회적 책임이 생사를 가를 수 있다고요. 이런 이슈들이 거짓말처럼 코앞에 닥쳐왔죠. 생색을 내자면 저의 메시지를 진지하게 받아들인 기업들은 이미 준비를 마쳤어요. 잘하고 있습니다.

밀도 높은 인사이트를 쏟아내는 트렌드 분석가로서 김용섭의 내적 뿌리는 어린 시절에 있다. 초등학교 때 조지 오웰의 『1984』를 읽은 그는 미래의 '빅 브러더' 사회에 공포를 느끼고, 그때부터 SF와 미래 관련 보고서, 신문, 잡지를 광적으로 탐독했다.

'미래를 알아야 한다'는 절박감과 함께 신문의 정치, 사회, 경제, 문화면을 키워드로 연결해서 읽는 '통섭력', 농업, 자동차, 미술 등 다양한 전문 잡지를 깊이 있게 읽어온 '독해력'은 전 세계에 점점이 흩뿌려진 미래의 단서를 한데 모으는 데 유효했다.

대중의 욕망을 앞서 읽는 것만큼 시장에서 현재 대중의 마음을 사로잡은 히트 상품을 연구하는 데도 시간을 쓴다. 얼마 전 펭수에 꽂혀『펭수의 시대』라는 책도 썼다.

펭수가 직장인의 대통령으로 뜬 것도 밀레니얼의 목소리를 대변했기 때문이지요?

그렇습니다. 펭수의 히트 코드는 안티 꼰대예요. 면접관에게 큰 소리치고, 사장에게 반말도 불사하죠. 그랬던 펭수는 지금 갈림길에 섰어요. '물 들어올 때 노 저어라' 식으로 2021년의 펭수가 2019년의 언행을 반복하면 사람들은 금세 싫증을 느껴요.

한국 장사만 할 생각 말고 글로벌로 나가야 해요. 글로벌로 가려면 젠더와 환경 문제를 건드려야죠. 뽀로로를 이은 캐릭터지만 운 좋게도 요즘 시대에 펭귄은 할 말이 많아요. 펭귄은 암수 구별이 어렵고 남극에 사니 기후 변화에도 민감하죠. 그 정체성이 얼마나 트렌디해요. 그래서 펭수는 홈쇼핑에서 펭귄 먹이인 크릴새우를 팔면 쓴소리도 해야 합니다.

이슈를 만들면서 계속 유니크한 짓을 벌여야 한다고 했다. 그래야 펭수가 밀레니얼의 진짜 대통령이 된다고. 언컨택트와 수평 사회, 밀레니얼과 펭수는 그렇게 서로가 힘의 지렛대가 되어 변화의 수레바퀴를 돌리고 있었다.

한편으로는 걱정도 됩니다. '안 보고 싶으면 안 본다'는 언컨택트의 간편 설정이 다음 세대의 상호작용 능력을 저하시키진 않을까요?

　　대면은 친밀하고 소셜은 친밀하지 않은가요? 아니죠. 처음부터 소셜로 만나 마음을 나눈 사람은 오프라인 친구보다 정서적으로 더 친밀해요. 옛날의 환경 의제로 지금 환경을 해석하면 안 돼요. 언컨택트는 오히려 상호 존중, 수평, 예의에 기반한 만남을 촉구해요. 상호작용에서 예의는 기본이고, 예의의 출발은 인권이잖아요. 예의의 출발을 나이나 권력으로 두고 공경을 강제하는 분들이 오히려 상호작용 재교육을 받아야 하는 거죠.

다양한 사람을 접촉해야 감정 조절 능력이 키워진다는 생각도 역시 편견일까요? 위험사회, 피로 사회에 이어 요즘엔 감정 사회가 화두인데요.

　　감정도 여러 가지죠. 풍부한 감정 표현도 있지만 상대의 감정을 상하게 하는 표현이 더 많아요. 명절 때 친척들이 자꾸 '결혼했냐, 취업했냐?' 물으면 피하잖아요. 반복적으로 감정을 상하게 하면 그 만남은 줄여나가는 게 맞아요. 그래서 젊은이들이 친척, 선후배, 회사 모임 말고 취향 공동체를 찾는 거죠. 자기와 코드가 맞는 사람들과 예의 갖춰서 접점을 늘리겠다는 거죠.

언컨택트 사회는 단절이 아니라 연결될 타인을 좀더 세심하게 가리겠다는 거예요. 나쁜 경험을 줄이고 좋은 경험을 더 쌓겠다는 거죠. 중요한 건 만남의 선택권이에요. 회식이 싫은 게 아니라 선택권이 없다는 걸 못 견디는 거니까. 예전엔 선택권이 없었고 지금은 선택권이 있어요.

전통적인 톱다운 방식의 문화를 버리고 자발적으로 재조립한 느슨한 공동체에서 수평 문화를 즐기겠다는 거죠. 그런데 그게 또 긱 노동, 비혼, 저출산 문화로 연결되는 것 같습니다. 공동체 안에서 안전을 확보받던 인간이 '튼튼한 개인'으로 독립 선언을 한 셈인데요.

맞습니다. 집단의 구성원에게 요구되던 취업, 결혼, 출산이 다 선택권 안으로 들어온 거죠. 세상에 제일 시시한 게 뭡니까? 결론을 아는 소설을 읽는 거잖아요. 그런데 기성세대는 몇 살에 결혼하고 집 사고 애 낳고…… 이런 정답을 청년들에게 강요했어요. 그들이 멈추고 가만히 추적해 보니 '정해진 대로 살라'고 주장하던 사람들이 막상 행복해 보이지 않거든요. 거기서 '내 길은 내가 갈게'의 결단이 시작된 거예요. 변화는 할지 말지가 아니에요. 일단 시작된 변화는 기성세대도 긴 호흡으로 지켜봐야 해요.

평등한 소울로 살아가는 세상

사회문화적인 변화를 긴 호흡으로 관찰하는 동안 혹시 전염병이라는 변수는 감지가 안 됐나요?

연구자들은 다 알고 있었어요. 전염병은 당연한 순서였어요. 지난 100년간, 아니 20년간만 봐도 전염병이 더 자주 발생했어요. 광우병, 돼지 독감 등 가축 질병이 끊임없이 뉴스를 장식했어요. 사람도 가축도 좁은 공간에 밀집해 있으면 위험성이 증폭돼요. 한군데 문제 생기면 다 폐쇄해야죠.

1990년대부터 전 세계가 글로벌화되면서 공장 네트워크가 가동됐잖아요. 생산 연결망만 촘촘해진 게 아니에요. 한 도시에서 어떤 스타일이 뜨면 순식간에 글로벌 트렌드로 유행이 퍼져요. 시간 차가 거의 없어요. 여행 인구도 폭발적으로 증가했어요.

도시를 키우고 자연을 파괴하면서 인간과 야생의 거리가 확 좁혀졌죠. 야생과의 거리 지키기를 무시한 건 인간이에요. 인간이 야생의 에어리어(area)에 쳐들어간 거죠. 전염병의 70퍼센트 이상이 인수공통 전염인 건 아시죠? 코로나 이후에도 이런 바이러스는 계속 나올 거예요. 비대면으로의 변화는 필연이고요.

감염 위험성이 커지면서 전통적인 산업은 상당히 위축되었어요. 앞으로 경제 환경은 어떻게 변화될까요?

위기 때 기업이 어디에 돈을 쓰는가를 보면 일자리의 방향을 알 수 있어요. 9·11 이후에는 금융사들이 백업 시스템을 만드는 데 돈을 썼어요. 2008년 외환 위기 때는 IT에 돈을 썼죠. 지금은 리스크를 줄이는 데 돈을 써요. 당장 생산 공장을 중국에서 다른 나라로 분산시키고 있어요.

안타까운 것은 사람이 가장 큰 리스크라는 걸 알게 됐어요. 감염자가 생기면 공장을 멈춰야 하니 자동화 속도가 더 가속화돼요. 기업은 이미 로봇 프로세스 자동화(RPA), 생산, 물류 자동화에 돈을 쏟아붓기 시작했습니다.

에어비앤비의 대규모 감원, 항공사 무급 휴가 등이 이어졌어요. 관광 산업의 전망은 어떻게 예상합니까?

여행 산업은 당분간 힘들어요. 그동안 관광 산업이 기하급수적으로 커진 건 가격이 싸져서예요. 종사자의 헌신, 환경의 희생을 저당 잡아서요. 코로나를 겪으면서 각종 검사로 국경의 장벽은 더 높아졌어요.

비행기가 배출하는 탄소 문제도 점점 심각하게 받아들여져요. 코로나 이전에 조사했는데, 많은 승객이 돈을 더 내고라도 바이오 연료로 전환한 비행기를 타겠다고 했어요. 좌석 간격 넓히고 바이오 연료 사용하면 당장 항공권 가격이 크게 올라요. 단체 깃발 드는 저가 여행 시장은 죽고, 부자 여행이 남겠죠.

싸게 누리면서 희생하고 파괴했던 것들이 제자리를 찾을 겁니다. 기후 변화가 그렇게 뼈아픈 거예요. 코로나가 편리함을 걷어내고 함께 오래 가는 과제를 내준 셈입니다.

혼란과 위기 상황에서 더 성장한 기업도 있겠지요?

아마존, 페이스북은 다 매출이 올랐죠. IT 업계가 유리한 건 당연하지만 산업 전반에 IT화가 더 가속화됐어요. 특히 캐나다의 쇼핑몰 구축 서비스 쇼피파이(Shopify)가 시가 총액 최고치를 경신했어요. 우리나라로 치면 신생 기업이 순식간에 삼성전자를 잇는 2위로 성장한 거죠.

지금은 플랫폼 기업의 황금기예요. 동네 쌀가게 아저씨도 마음만 먹으면 온라인으로 전국에 쌀을 팔 수 있는 시대죠. 소비자들의 기호에 맞춰 먼저 변화한 기업이 열매를 땄어요. 던킨도너츠는 던킨으로 이름을 바꾸면서 커피 브랜드가 됐어요. 도넛이 안 팔리니까 재빠르게 몸을 바꿨죠. 작년부터 스마트 오더로 드라이브 스루를 했는데 패스트푸드 업계에서는 가장 먼저 준비해서 이미 1년 치 고객 데이터가 쌓였어요. 그 차이가 굉장히 커요.

비대면 욕구의 흐름에서 일본 택시의 '침묵 서비스'와 '혼자 볼게요 바구니'를 비치한 화장품 매장이 인상적이더군요. 비대면이 장기화되면서 물류와 배송 시장도 폭증했는데 부작용은 없습니까?

　　확실히 '미안함'이라는 감정이 줄었어요. 얼굴 안 봐도 새벽에 문앞에 물건이 와 있으니까요. 배송 시장이 커지고 택배 노동자가 많아지면 비용은 상승해요. 그게 정상이죠. 뼈 빠지게 고생한다고 안쓰러워하면서 임금 인상 얘긴 쏙 빼면 그거야말로 무례죠. 전 세계에서 한국이 택배비가 가장 쌉니다. 곧 적정 가격으로 상승할 거예요.

공연이나 강연 등 콘텐츠 시장의 변화도 크지요?

　　SM에서 온라인으로 슈퍼M 'Beyond LIVE' 콘서트를 했어요. 이 공연에 티켓 값 3만 원을 낸 7만 5천 명의 유료 관객이 등판했어요. SM은 관객을 화면에 배경으로 띄우고 인터랙티브를 구현했습니다. 우리가 과거의 경험치에 갇혀 있는 동안 경이로운 세계가 펼쳐지고 있어요. 공연 라이브는 실황으로 팔고 이후 녹화 콘텐츠도 유료로 팔 수 있어요. 몇몇 행사에서는 기자 회견도 홀로그램으로 했어요. 영화 〈킹스맨: 골든서클〉의 홀로그램 회의가 현실이 됐어요.

강연 시장도 몸살을 앓고 있긴 마찬가지예요. 이제 기업은 꼭 필요한 콘텐츠만 선별해 스트리밍 강연을 하죠. 교양은 직원들이 각자 쌓으라는 거예요. 전체 시장은 죽었지만 기준은 더 엄격해졌어요. 대학과 교회의 온라인 강연은 더 수평화가 진행됐죠. 오프라인에선 높은 단상에서 이야기하면 10년 전 노트로 강의해도 대충 참아줬지만 이젠 아닙니다. 등록금 돌려달라고 해요.

온라인에선 숨을 틈이 없어요. 실력이 더 선명하게 드러나요. 쉴 새 없이 메시지를 줘야 하니 밀도 높은 콘텐츠만 살아남죠. 결국 실력 있는 자가 이겨요.

소비자 입장에서 경험의 질과 빈도도 달라지겠군요.

접촉을 줄인다고 경험이 줄어드는 건 아니에요. 물리적인 공간과 시간의 제약을 줄이고 경험의 질을 극대화하려는 거죠. 뉴욕 출장을 여러 번 가야 했다면 이젠 한 번으로 이슈를 흡수하고 나머지는 온라인으로 대체 가능해요. 유명 변호사에게 더 쉽게 상담받고, 셀러브리티와 더 가깝게 접속하죠. 온라인을 자주 경험할수록 오프라인은 더 활성화돼요. 경험 시장은 좀더 비싼 비용을 지불하는 선택지가 되는 겁니다.

진정성의 문제는 없을까요?

만난다고 진정성이 확인될까요? 태도 문제는 사회 문제예요. 내 눈앞에 있고 없고로 분별 못 해요. 선악과 진위의 행태는 온(on)이냐 오프(off)냐가 아니에요. 진짜는 그냥 진짜고 가짜는 가짜예요.

언컨택트 시대의 가장 환상적인 풍경을 그려본다면 어떤 모습일까요?

　　환상적인 풍경은 투명하고 공정한 관계로 신뢰를 구축하는 거예요. 쓸데없는 데 낭비하지 않고 합리적으로 시간을 써서 자아 성취한 개인들이 많아지는 거고요. 각자 기준에 따라 컨택트와 언컨택트를 자율적으로 관리하면서요.

TV에서 여행 프로그램을 자꾸 보면 가고 싶잖아요. 가령 루브르 박물관의 모나리자는 직접 눈으로 보고, 몇몇 미술관은 또 시간 줄여서 온라인으로 즐기면 돼요. 과잉 접촉 사회에서는 상사가 일 잘하는 후배는 모른 체하고, 직계 후배 몰고 다니며 사내 정치를 했잖아요. 그런 라인에 연연해 줄 안 서도 되니 언컨택트 사회는 더 실용적이고 안전해요.

보통 사람들은 비대면 사회를 맞아 어떤 태도를 취해야 합니까?

　　이 변화가 당황스러운 분들은 사실 일반인입니다. 기업은 다 알고 있었어요. 코로나가 또 올 수도, 더 빨리 올 수도 있다는 것도요. 당장은 어색하고 내가 손해 보는 것 같아도 이 흐름을 빨리 따라가야 해요.

사회적 욕망은 과잉 컨택트가 줄어드는 쪽으로 진화해 왔어요. 5년, 10년, 20년 단위로 더 나은 욕망을 찾아 사회는 확확 변해요. 더 괜찮은 사회를 향해서요. 핵심은 하나예요. 변화를 받아들이세요. 기업이든 사람이든 먼저 대비하는 자가 열매를 땁니다.

달라진 세상은 평등한 소울로 살아가는 세상이다. 70대 노인과 20대 청년이 친구가 되는 세상, 상호 존중과 예의에 기반한 '적정 컨택트'의 세상. 김용섭은 묻는다.

"나는 과연 달라진 세상에서 살아갈 준비가 되어 있는가. 평등한 소울을 지녔는가. 실력도 인성도 투명하게 드러나는 온라인 실력 사회에서 생존할 준비가 되어 있는가."

사회를 변화시키는 건 권위자의 절대 명령이 아니라 느슨한 연대의 건강한 압박이라는 사실이 새삼 새롭게 다가온다.

		김	용	섭	의		
		일	터	의		
		문	장	들		

언컨택트는 단절하는 게 아니라
연결될 타인을 좀더 세심하게 선택하는 것이다.

변화는 할지 말지가 아니다.
일단 시작된 변화는 긴 호흡으로 지켜봐야 한다.

온라인에선 숨을 틈이 없다.
실력이 더 선명하게 드러난다.

접촉을 줄인다고 경험이 줄어드는 건 아니다.
진정성은 만난다고 확인할 수 없다.

선악과 진위의 행태는 온이냐 오프냐가 아니다.
진짜는 그냥 진짜고, 가짜는 가짜다.

달라진 세상은 평등한 소울로 살아가는 세상이다.

과연 나는 평등한 소울을 지녔는가.
실력도 인성도 투명하게 드러나는 사회에서
생존할 준비가 되어 있는가.

진정성 사회, 룰 지켜야 생존한다

룰 지켜야 생존한다

생존한다

송길영

바이브컴퍼니 부사장.

사회 변화를 읽고 해석하는 빅데이터 분석가.

소셜 빅데이터를 분석해 기업의 미래를 제시하는 경영 전략 컨설턴트.

코로나19 기세가 거세져 몸을 낮춰 숨죽이듯 새해를 맞았다. '방콕'으로 인류의 동선은 짧아졌으나 데이터 가속도로 세상의 변화 속도는 눈 돌아갈 정도로 빨라졌다. 대중 언어가 탁월한 빅데이터 분석가 송길영 박사와 '디지털 토정비결'이라는 화두로 이야기를 나눠보기로 했다.

새해가 왔다고 세상이 달라지지는 않지만 2020년을 겪은 2021년의 인류는 확연히 다르다. 말하자면 우리는 영화 〈매트릭스〉의 빨간 알약을 삼켰다. 진실을 알면 이전으로 돌아가지 못한다. 재택근무로 시간의 주인이 된 순간, 인생을 바라보는 뷰가 달라졌기 때문이다.

우리가 딛고 섰던 가치관의 액상화가 시작된 지금, 변화의 이치를 알고 변하지 않는 근본을 챙겨야 넘어지지 않는다.

송길영은 바이브컴퍼니(구 다음 소프트)의 부사장으로, 매월 1억 2천만 건의 소셜 빅데이터를 분석해서 기업을 컨설팅한다. 그는 20년째 디지털 발자취(동영상과 이미지, SNS 뉴스피드와 커뮤니티 댓글까지)를 추적해서 페타(PB)급 빅데이터를 분석해 왔다.

수년간 인과의 흐름 속에서 그가 올해 길어 올린 키워드는 세 가지다. 과학적 사고, 업의 진정성, 성숙한 공존. 인간화된 데이터는 인간 행동의 거짓과 허위를 가차없이 까발리며, 느슨하게 살던 사람들에게 '진정성'이라는 의무를 던졌다. 진정성 사회에서 사람들은 이제 목표를 이야기할 때도 권력이나 성공이라는 단어보다 '선한 영향력'이라는 말을 쓴다.

업의 진정성에서 시작된 진정성은 최근 일상의 진정성으로 범위를 넓혀 가고 있다. 차별에 격분하고 차이에 열광하는 다양성의 상자도 크게 열렸다. 다양성과 진정성의 키를 쥐고 소비자를 파트너로 만드는 그룹이 시장의 리더가 될 것이라고 송길영은 단언했다. 공동 창작과 리스크 방어의 전선에서 팬덤과 덕후는 더욱 중요해졌다.

'디지털 래퍼'의 공연을 보듯, 속사포 같은 언어가 1월의 차가운 공기를 가르고 축포처럼 터졌다. 포니테일로 묶은 머리카락은 빈틈없이 단정했고, 뿔테 안경 속의 눈은 더욱 먼 곳을 내다보고 있었다.

요즘은 토정비결보다 올해 트렌드를 먼저 찾습니다. 갈수록 시대 변화에 민감해져요.

　네. 하지만 트렌드는 현상만 좇으면 허기지고 목마릅니다. 단 거 많이 먹으면 조갈 나는 것과 같아요. 뭐가 유행하는지만 보면 끝도 없어요. 큰 줄기를 보면서 왜 이런 현상들이 생기는지 유추해야 합니다.

사실 올해는 모든 것이 멈추고 디지털 시계만 빠르게 돌아갔어요. 2020년을 제대로 살지도 못했는데 전문가들은 우리가 이미 2025년에 와 있다고들 하죠. 새해를 맞았지만 이런 시차 때문에 더욱더 어지럽습니다. 송 박사가 느끼기엔 어떤가요?

　제가 늘 하는 말이지만 새해가 왔다고 삶이 바뀌지 않습니다. 2021년이 왔다고 확 바뀌는 건 없어요. 다만 '코로나19'라는 전 지구적 공통 경험이 2021년을 살아갈 새로운 합의를 끌어냈어요. 인류 역사상 이런 공통의 경험은 없었어요. 세계 대전만 해도 후방이 있었고 비참여 국가가 있었죠. 지금은 전 지구인이 최전선에서 일상의 전쟁을 치렀어요.

인류는 어떤 새로운 합의를 했습니까?

　첫째는 데이터를 통한 과학적 사고, 둘째는 업의 진정성, 셋째는 성숙한 공존입니다. 중세 흑사병 이후로 가톨릭의 권위가 의심받고 인본주의 시대가 시작됐잖아요. 코로나 이후 기존의 권위가 의심받으면서 데이터를 바탕으로 한 과학적 판단의 시대가 열렸어요.

시작은 역시 데이터인가요?

그렇죠. 각 국가는 곧 지난 1년간 코로나에 어떻게 대응했나 성적표를 받을 거예요. 검역 강화, 교역 중지, 록다운(lockdown) 등 대응이 다 달랐죠. 마스크 분배는 대만이, 드라이브 스루는 한국이, 백신과 R&D는 미국과 영국이 앞섰어요.

전 지구적 검증 프로세스가 돌아가겠죠. 적정 시기에 백서가 나오면 인류는 국가별로 좋은 걸 취할 거예요. 전통과 관행은 사라지고 증거와 데이터를 기반으로 한 의사 결정 시스템이 가속화될 겁니다. 과학적 의사 결정이 생활화되면 반사적으로 다음 질문이 터집니다. 각자가 최선을 다하고 있나?

개인의 최선조차 데이터로 투명하게 잡히니까요.

맞습니다. 한 해 동안 재택근무를 하면서 우리는 다른 세상을 봤어요. 직원들 채근만 하던 관리자는 당황합니다. 진짜 내가 하는 일이 뭐지? 내 일이 필요한 일이었던가? 사회와 조직에 보탬이 되는 일이었나? 내 일의 근본이 무엇인가?

과거에 직업의 의미는 효율적인 분업이었어요. 누군가가 쟁기를 만들면 누군가는 빵을 굽는 식이죠. 지금 직업의 이슈는 소명이에요. 모든 사람에게 소명이 요구돼요. 이젠 서로 강하게 묻고 있어요. 저널리스트는 사회의 공기 역할을 하고 있나? 공무원은 공동체에 헌신을 다하고 있나?

업의 근본을 파고들어 가는군요.

"너는 회사에서 뭐 해?" "그냥 근무." 이런 대답으로는 만족이 안 된다는 거죠. 그동안 공무원도 가성비 좋은 직업으로만 여겼잖아요. 그런데 그 안정성은 공동체를 위해 힘들게 일한 결과로 사회가 주는 보상이었거든요. 그 업의 진실에 가닿도록 공동체가 질책하고 감시해요. 각자 그리고 서로 치열하게 묻습니다.

나는 뭘 하고 있지? 너는 뭘 하고 있지? 왜 하고 있지?

나는 지켰는데 너는 지켰니?

진정성이란 무엇인가. 진정성은 자기다움의 윤리다. 자기가 한 말과 행동이 진짜 자기의 것이어야 하고 서로 어긋남이 없어야 한다. 그 핵심은 약속의 이행과 공동체의 신뢰에 달려 있다. 이게 무너지면 위선이다. 그래서 '도덕성보다 실천하기 어려운 과제가 진정성'이라고 실리콘밸리의 대부 존 헤네시(John Hennessy)도 『어른은 어떻게 성장하는가』에서 토로하지 않았던가.

진정성은 자신뿐 아니라 타인, 공동체, 인류 전체를 진정으로 대하는 품성이다. 앞뒤가 맞아야 하고 말과 행동이 일치해야 한다. 공인이나 리더뿐 아니라 사회 구성원 전체가 그 진정성을 요구받고 있다는 게 신기했다.

진정성 의무가 커진 계기가 있나요?

그것도 데이터의 흐름에서 나왔죠. 가령 5인 이상 집합 금지 명령 나오니까 다들 다섯 명이냐? 네 명이냐? 카운팅하잖아요. 문제 생기면 책임져야 하니까요. 코로나 2차 파동 때 이태원에 모인 사람들, 수기 기록 없으니 기지국을 털어서 전수조사했어요. 일상이 기록되면 '늘 내가 잘살아야 한다'가 디폴트가 돼요.

일상의 투명함을 『중용』에서는 '신기독야(愼其獨也)'라고 했어요. 군중 속에서나 홀로 있을 때나 고결해야 한다는 거죠. 이젠 어떤 공간에서건 나와 너의 공정함을 검증하는 시스템이 막강해요. 마스크 없이 지하철 타면 마스크 빌런으로 찍혀서 올라가죠.

한국은 그런 식의 사회적 압력이 매우 큰 사회예요. 숨을 곳이 없어요. 공공의 책무를 서로에게 묻습니다. 나는 지켰어. 너는 지켰니?

거짓말하면 바로 신상이 털리죠. 특히 정치와 기업은 진정성 분야에 사활이 걸린 거로 알고 있어요.

맞아요. 이젠 기업의 사회적 책임 활동(CSR)도 낡은 언어가 됐어요. 기업은 ESG(Environment, Social, Governance)를 요구받아요. 과거엔 '돈 버니까 좋은 일 좀 해'였지만 이젠 전제가 달라요. "소비자인 나는 사회적 책무를 다했는데 기업인 너는 지켰니?"라고 묻죠.

ESG 룰을 못 지킨 조직은 미래가 어두워요. 환경, 사회적 공존, 지배 구조의 건전성이 그 기업의 지속 가능성을 가늠하는 경영 능력이 됐어요. 룰을 못 지키는 기업은 이 사회가 용납을 안 해요.

그야말로 무늬만 공존이 아니라 공존의 진정성을 요구받는 거네요.

성숙해지라는 거죠. '돈 벌었으니 베풀게'가 아니라 사회 일원으로 '공동체 규약을 준수했니?'에 대한 증거를 만들어 가라고요. 이미지용으로 선심 쓰지 말고 공존을 입증하라는 겁니다.

변화를 끌어낸 건 밀레니얼입니까?

아무래도요. 밀레니얼은 투명한 세상에서 태어났어요. 어릴 때부터 일탈할 수 없는 환경에서 자랐습니다. 부모에게 동선이 공개되니 학원 땡땡이도 안 되고, 학교에서 친구들에게 막 대해도 안 돼요. 일진으로 신상 털려 곤욕을 치르는 유명인들을 얼마나 많이 봤어요.

그들은 몸으로 규칙 준수를 배웠으니 감수성의 레벨이 다르죠. 그 와중에 사회 전체가 코로나 방역 과정에서 더 많은 규칙을 생존의 문화로 받아들였잖아요.

그는 2021년의 상황에 대해 '가치관의 액상화'라는 표현을 썼다.

액상화라니요?

지진 나면 지반이 유동화돼서 건물이 설 수가 없잖아요. 코로나가 전 세계를 뒤흔들면서 우리의 가치 기반이 그렇게 액상화됐어요. '학교 가야지. 출근해야지. 병원 가야 해.' 하다못해 '일해야 돼'도 재난 지원금으로 절대 진리를 의심받아요.

주니어 세대는 모든 관행에 대해 '왜 해야 되지?' 치열하게 물어요.

그냥은 없어요. 소크라테스의 산파술처럼 반복적으로 '왜?'라고 묻죠. 코로나 이후 미국의 많은 기업이 운영비는 낮고 효율은 높은 항구적 재택근무를 고려하면서 부동산의 가치 기반도 액상화되고 있어요. 업종 변화가 어마어마할 거예요.

시간의 주인은 나

땅의 가치가 액상화되는 동안 디지털 우주가 확 열렸어요. 저는 가장 큰 변화가 시간과 공간, 정보의 소유권이 개인에게로 넘어온 것이 아닌가 합니다. 지금 기업은 소비자의 시간을 뺏기 위해 안간힘을 쓰고 있어요. 어떻게든 자기 플랫폼에, 자기 공간에 끌어와 잡아두려고요.

맞습니다. 그게 바로 주목 경제죠. 계속 머무르게 하려고 알고리즘과 공간 설계에 사활을 걸어요.

결국 최고의 자원은 시간이 아닐까요? 이제 개인은 누가 내 시간을 함부로 침범하는 걸 못 견디잖아요.

못 견디죠. 직장인이 회식을 싫어하는 것도 그게 강제적 시간 침범이기 때문이었어요. 부장님이 고깃집에서 강제로 술 파도 태우고 건배사 시키고 마이크를 독점했으니까요.

이대로 비대면 시대가 장기화하면 출근과 회식은 정말 사라진 옛말이 될까요?

비대면이 아니라 선택적 대면의 시대입니다. 부장님 빼고 말 통하는 동료끼리 만나 회식할 거예요. 화상회의 툴도 이미 2003년 스카이프로 열려 있어요. 높은 분들이 안 썼을 뿐이죠. 그분들도 강제로 이 시스템을 경험하면서 혁신이 일어난 거죠.

티핑 포인트는 경험한 모집단이 확 커질 때 생겨요. 파리 오트 쿠튀르가 아무리 멋있어도 대중이 수용 못 하면 확산이 안 되죠. 다래끼 민간요법도 비과학적이면 안 퍼져요. 그런데 출근이라는 관행보다 '효율적 재택'이라는 공통 경험과 데이터가 있는데 과학적 선택을 안 할 이유가 없겠죠.

"의견은 됐고 데이터로 말하라"던 구글의 캐치프레이즈가 생각나는군요.

그러면 어떻게 될까요? 층층시하 결재받는 시스템이 무의미해져요. 더 나아가면 '데이터가 이미 의사결정을 했는데 무슨 결재가 필요해?'까지 가는 거죠. 그러면 개인의 재량권이 축소됩니다. 이게 자동화의 그늘이죠.

온도 재는 기계가 나오면서 온도 재던 알바생들이 순식간에 사라졌잖아요? 로봇 프로세스 자동화(RPA)가 일상화되니 안전하고 따뜻했던 페이퍼 워킹 잡(paper working job)도 줄었어요. 그럼 다시 돌아오는 거죠. 데이터와 AI가 다 하면 '나는 뭐 해야 해?'

뭘 해야 하죠?

자기만의 일을 해야죠. 새롭고 창의적인 생각을 자산 삼아서요.

변화의 큰 방향은 모두가 알고 있습니다. 결국 속도의 문제겠지요? '트렌드 리포트'의 강자인 김난도 교수도 "이젠 방향이 아니라 속도!"라고 주장하더군요.

그런데 속도에 너무 몰입하면 조급증과 갈증이 몰려와요. 유튜브만 봐도 전 지구인이 뛰어들어요. 우리가 그걸 다 들여다볼 순 없잖아요. 참여자가 늘면 각 유튜버의 수익이 줄어요. 한 유명 유튜버가 그러더군요. "알고리즘이 나를 채찍질한다"고.
처음 잭팟이 터지면 금광이지만 다 뛰어들면 골드러시거든요. 분배의 총량이 줄어드니까. 글로벌 마켓이 열리면 그만큼의 경쟁력을 요구받는다는 거죠. 옛날엔 읍내 노래자랑 대상 타면 전기밥통이라도 받아 갔잖아요. 이젠 BTS가 전 지구적인 콘서트로 관심과 시간을 다 뺏어가요. 동네 가수는 직업의 위기를 느껴요. 이젠 동네 가수도 글로벌 시장에서 살아남아야 하는 거예요. 비정하죠.
결론은 더 멀리 더 높이 봐야 해요. 각자 필요한 데이터, 필요한 레이더가 있어요. 내 꿈이 무엇인가에 따라 자기만의 속도와 밀도를 조절해야 해요. 무엇보다 근본이 있어야 움직임이 좋아집니다. 본캐가 확실하면 부캐의 활동 반경이 넓어지죠. 그런데 그 근본이 더 이상 직장은 아니라는 거예요.

근본은 좋아하는 일이죠. 가장 많은 시간을 공들여 해내는 일을 나의 정체성이자 소명으로 받아들이는 모습이 이해가 됩니다.

그 고민을 깊게 할수록 브랜딩이 되는 겁니다. 사실 더 많이 배우고 더 많이 연결되면서 정보의 총량이 얼마나 많아졌습니까? 그 출발은 시간의 주인이 되면서부터예요.

예전엔 '월화수목금'이 한 덩어리였다면, '저녁이 있는 삶'이 생기면서 의미를 생각해 볼 여유가 만들어진 거죠. 이때 기성세대가 분위기 파악 못 하고 "라떼는 소처럼 일했는데……"하시면 안 됩니다. 다음 세대에는 새 삶을 열어줘야죠. 때가 되었어요.

지금의 때에 성실이라는 덕목은 여전히 중요한가요?

여기서도 진정성이 개입돼요. 진정성은 그 일을 왜 하고 있는가에 대한 고찰이지요. '좋아하는 일을 하라'고 권하는 이유는 우린 못했으니까, 다음 세대는 억압 없이 해보라는 부모의 마음이에요. 형식주의적으로 흐르면 어차피 자동화에서 탈락할 테니까. 하고 싶은 걸 해야 자기만의 콘텐츠가 나오니까. 그런데 여기서 농업적 근면성은 불필요해요.

근면과 성실은 다른 범주군요?

달라요. 성실은 의미를 밝히고 끈기 있게 헌신하는 거예요. 근면은 원리를 모르고 무작정 열심히 하는 거죠. 이사님이 8시에 출근하니 신입사원은 7시 반에 나오는 것처럼요.

얼리버드가 절대 진리는 아니라는 거지요?

주체로서의 얼리버드는 좋죠. 사회적 압력에 따른 거라면 높이 못 납니다.

요즘은 내 삶을 건실하게 지켜내기 위한 자발적 루틴이 유행입니다만.

루틴도 삶을 꾸려나가는 전술적인 방법이에요. 일상을 쪼개서 부지런한 프로세스를 만드는 거죠. 그런데 명상, 일기, 산책…… 루틴으로 순서 다 지키려다 보면 삶이 버거워질 때도 있어요. 모든 건 정반합입니다. 빛이 있으면 그늘도 있지요. 조여질 때가 있으면 풀어질 때도 있다는 걸 기억하면 돼요.

루틴과 기록은 그 자체로 개인의 콘텐츠가 되고 아카이브가 되니 순기능 아닌가요?

기록은 '나'라는 존재의 시그널을 보내는 거예요. 블로그, 인스타그램, 틱톡 등 여러 공간에 자기 취향을 알리면 동류가 모여들죠. 하지만 역기능도 있어요. 지우고 싶은 흑역사도 남습니다. 나중에 뒤통수칠 수도 있어요. 그것도 빛과 그늘이죠.

낯선 세계에서 익숙한 사람을 만나고 싶다

진정성에 대한 이야기를 더 해보죠. 디지털 세상에 몸을 맞출수록 내가 사는 진짜 세상을 더 진정성 있게, 감각적으로 느끼고 싶어지잖아요. 로컬에 대한 욕구가 커지는 게 코로나 때문만은 아니지요?

아닙니다. 이웃과 공동체에 대한 시그널이 잡힌 건 2015년부터였어요. 동네 카페 키워드가 붐을 이뤘죠. 예전엔 카페에 가기 위해 명동, 압구정, 가로수길로 갔지만 그즈음부터 평일 낮에 대한 욕구가 생겼어요. 추석에 잘 먹고 설에 좋은 옷 입는 것처럼 몰아서 노는 게 아니라 평소에 잘 쉬고 싶다는 거죠. 월차 내고 평일 낮에 동네 카페에서 맥주 한잔하고 싶다는 일상의 향유! 그러려면 내 동네, 내 공동체가 세련되고 믿을 만해야 해요.

최근 몇 년간 '마켓컬리' '오늘의 집' '당근마켓'이라는 키워드가 폭주했어요. 마켓컬리는 물건보다 내 식탁 플레이팅 그 자체를 전시하고 싶어 하는 컬리족을 만들어냈고, 오늘의 집은 내 집까지 다 보여줬죠. 당근마켓은 거기에 지역성과 신뢰를 결합했어요. 중고사이트에서 노트북 시키면 벽돌이 오지만 당근은 다르다는 경험이 쌓였죠.

당근이 잘 자랄 지역 토양이 생겼군요!

물건을 되팔이하는 업자들은 가고 그 자리에 진짜 이웃이 들어온 거죠. 이웃과 교류하다 보면 예절이 나와요. 그건 단순히 상행위가 아니라 관계니까. 물건을 매개로 했지만 서로를 향한 인심이 예쁘게 올라오는 거죠. 그게 로컬리티예요.

맛집에 둘러싸인 한남동 연남동 주민들은 "우리 동네는 배민이 좋아"라고 자랑하잖아요. 요즘엔 "우리 동네는 당근이 좋아"가 그 동네의 자부심이 돼요. 당근이 좋다는 건 그 동네 물이 좋고 매너가 좋다는 말이죠. 그렇게 각 지역이 서로 더 좋은 집단이 되려고 선한 경쟁을 해요.

당근과 트레바리의 공통점은?

동류를 찾고 싶은 마음. 트레바리에선 미래의 고민을 함께하고 싶고, 러닝크루와는 함께 뛰고 싶고, 당근에선 험하지 않게 생활을 나누고 싶은 거죠.

혼자 사회에서 왜 계속 동류를 찾으려고 합니까?

외로우니까요. 허기지거든요. 하지만 아무나 하고 관계를 맺고 싶진 않아요. 다들 나와 비슷한 사람을 원해요. 그래서 성긴 관계처럼 보이지만 규칙은 엄격해요. 레벨도 있고 퇴출도 있죠. 민폐와 상처를 예방하는 안전장치가 잘 설계돼 있어요.

결국 각자가 여러 형태의 진정성 있는 유닛으로 원하는 관계의 총량을 채워간다는 거군요. 그런데 동시에 빅데이터에서는 가족 언급이 더 늘어났다고 해서 신기했어요.

맞아요. 관계 강화를 위해 사진, 요리 등 가족 루틴 사진이 늘고 있어요. 가족은 경험과 문화 자본, 커뮤니케이션의 출발점이니까 중요하죠. 그동안 앉은뱅이 식탁에 삼대가 같이 모여 식사하던 TV 드라마 속 대가족의 신화가 깨지면서 적정 가족에 대한 생각도 변했고요. 1인 가구라도 언제든 가족과 유닛 라이프를 즐기려고 해요. 사유리 씨 비혼 출산처럼 가족 구성도 더 다양해지겠죠. 최재천 교수가 동물계의 포괄적합도를 얘기하시던데, 일개미들은 자기 유전자를 남기지 않아도 전체 종의 유지를 위해 열심히 일하잖아요. 돌아보면 주변에 조카들을 위해 아낌없이 쓰는 '골드 앤트들'도 얼마나 많아졌습니까.

코로나라는 악재 속에서도 사회구성원들이 제 각자 솔루션을 찾아 진화하고 있다는 게 놀랍습니다. 한편 더 유능하고 재밌는 플랫폼으로 미련 없이 갈아타고 있는 '최적화 욕구'도 빨라지고 높아졌어요.

　말씀드렸잖아요. 끝없는 경쟁의 문이 열렸다고. 소비자들은 계속 새로운 걸 찾아요. 또 다른 모양의 보편성과 독창성을 갖춘 새것을 찾습니다. 그래서 개인도 기업도 적응 이슈가 생기죠. 살기 위한 적응이 곧 혁신이에요.

혁신은 하면 좋은 게 아니라 안 하면 도태되는 거예요. 현재를 유지하는 게 곧 혁신인 거죠. 안 하면 바로 밀리니까. 그 강력하던 인텔도 이젠 한물간 것 같잖아요. 애플이 고성능 저전력 모바일 칩을 자체 설계하면서 인텔 CPU는 힘을 잃었어요.

이렇게 숨 가쁘게 돌아가면 다들 어떤 박자로 호흡해야 합니까?

　깨어 있거나 깊게 가거나. 깊이 가면 역사가 생겨요. 관계라는 자산이 생기죠. 그 팬덤의 불을 꺼뜨리지 않고 명성을 유지하려면 역시 한 우물을 파는 게 답이에요. 오래 하는 게 유리한 거죠. 방법으로는 혁신을 수용하면서 원리는 근본을 챙기는 거예요. 항상 '근본이 뭐였지?'를 묻고 아닌 건 버리면 돼요. 확고한 가치관이 있으면 자기 행동과 관계를 정리하는 기준이 생겨요.

송 박사의 가치관은 뭐죠?

　마이닝 마인즈(mining minds). 저는 빅데이터로 마음을 캐는 광부예요. 사람의 마음을 읽고 싶은 것이 제 가치관입니다.

왜 그렇게 사람의 마음을 읽으려 하지요?

우리 종은 집단생활을 포기할 수 없어요. 섞여서 잘 살려면 상대의 기색을 잘 살펴야죠. 그걸 못하면 서로가 불행해져요. 사고가 형성되는 과정을 알면 배려가 생기고, 시장의 에러(error)도 줄일 수 있어요.

익숙한 동류와 어울리고 싶은 마음, 새로운 낯선 것을 열망하는 마음…… 두 마음을 조화롭게 수용하는 혁신의 태도로 다양성이 올라온다. 섞일수록 새로워지고 섞일수록 강해지지 않던가.
갈수록 한 국가의, 한 집단의 발전 여부는 '얼마나 다양성을 수용하는가'에 달려있다는 생각이 들었다. 대학과 대기업이라는 좁은 문 앞에 단일 기준 적용해서 줄 세우면 그 집단은 퇴보한다고 송길영은 강조에 강조를 거듭했다.

가치를 나누는 사이, '찐'으로 통한다

지금 K팝, 웹툰, 넷플릭스 드라마 등 K 콘텐츠가 대세가 된 바탕에도 다양성이 있다고 봅니까?

그렇습니다. 현재 넷플릭스에 준비된 한국 콘텐츠의 절반이 웹툰 기반입니다. 웹툰 플랫폼의 경우 한국이 처음으로 했어요. 창작자 발굴 시스템을 C to C(Consumer to Customer)로 확 열어버린 거예요. 한국이 월등하게 글로벌 1등이죠.

깨어 있거나 깊게 가거나.
깊이 가면 역사가 생긴다. 관계라는 자산이 생긴다.
오래 하는 게 유리하다.

창작자들이 작품을 올리면 바로 별점과 피드백이 쏟아져요. 그들이 누군가요? 내신, 수능, 정규직이라는 레이스와는 다른 길을 달렸던 사람들입니다. 다양한 인재들이 모여 웹툰 시장에서 재능의 꽃을 피웠어요. 다양성을 수용하면 모집단이 커지고 창의성이 불을 뿜어요. 시스템이 보상해 주면 잭팟 콘텐츠가 무한대로 나옵니다.

모집단을 키우는 또 하나의 방법은 오디션이다. 〈미스 트롯〉이나 〈싱어게인〉을 보면 아마추어든 프로든 가리지 않고 더 나은 실력과 매력으로 붙어보자고, 다 같이 오픈 마켓으로 뛰어든다. 다양성 룰이 콘텐츠에 얼마나 영리하게 발현되었느냐에 따라 시장은 예민하게 반응한다.

글로벌 마켓에서 평등한 주인공으로 살아본 밀레니얼이야말로 '나와 너는 다르다'라는 다양성의 룰이 몸에 밴 종족입니다. 미래를 먼저 산 밀레니얼과는 어떻게 협업할 수 있을까요?

저도 과거엔 후배들에게 제 노하우를 알려주겠다는 마인드가 강했는데 지금은 배웁니다. 밀레니얼이라는 명칭 자체가 사실 기성세대가 편의상 정한 범주예요. 20대와 30대는 자신들을 밀레니얼로 통칭하는 것도 거부해요. 왜? 다 다르니까.

그런데 그 개성을 기존 사회가 어떻게 받아들일지 아직 정리를 못했어요. 대학까지는 개성이 중요하다고 가르쳐 놓고는 회사 들어가면 '김 대리'로 통쳐 버리거든요. 청년들은 이런 이중 메시지를 다 알아요. 그래서 아예 '원하는 개성 게이지를 맞춰줄게'라고 합니다.

이런 조직은 시니어와 주니어가 적당히 서로 연극을 해요.

해결 방법이 있습니까?

처음부터 헌신을 원하는지 창의를 원하는지 입장을 분명히 해야 해요. 그리고 정말로 밀레니얼의 창의성을 원한다면 문화를 바꿔야 합니다. 창의성을 수용할 수 있는 문화로. 그렇지 않으면 직원들은 퇴근 후에만 창의성을 발휘할 거예요.

나의 이익이 동시에 조직의 이익이 되도록 세밀하게 설계하는 것이 21세기 직장 문화의 핵심인 듯합니다. '규칙 없음'이라는 문화를 가진 넷플릭스가 구성원의 창의성을 조직의 이익으로 완전히 흡수한 사례가 아닌가 해요. 그들은 위계 없이 피드백을 주고받고 한계 없는 재량권을 갖더군요.

규칙이 없을 순 없어요. 결국 뽑을 때 잘 뽑아야죠. 뽑는 게 아니라 모시는 거예요. 기업은 유능한 사람을 들이고 구성원이 마음을 다할 수 있도록 일에 의미를 부여해야 합니다. 그래야 상사가 좋아할 만한 아이템이 아니라 고객이 좋아할 만한 일을 벌일 수 있어요. 밀레니얼은 편견 없는 글로벌 센서를 갖고 있어요. 그게 큰 차이를 만듭니다. 시니어들은 직원들, 동창들, 업계 관계자가 센서의 전부지만 밀레니얼은 가진 모집단이 훨씬 커요. 정보 접근성도 넓죠. 그 역할을 소비자에게 주면 소비자와도 협업할 수 있어요.

소비자와의 협업이라니 흥미롭군요!

대중이 창작자보다 모수가 큽니다. 마블도 제임스 캐머런(James Cameron)도 2~3년에 한 번씩 콘텐츠를 만들지만 대중은 그사이에 끝없이 만듭니다.

MBC 예능 〈놀면 뭐하니?〉의 여러 프로젝트는 대중을 공동 창작자로 끌어들여서 다양성을 확보하고 수용성까지 검증했어요. 소비자를 협업자로 받아들이면 댓글로 소통은 기본이고 흥행까지 보증돼요. 같이 만들면 결이 풍성해져요. 다양성의 깊이를 팬덤이 만들어내는 거죠.

피드백 풀을 계속 넓혀가는군요. 게임회사도 세계관은 게임회사가 세우되 게이머의 의견을 계속 반영하면서 브랜드의 신선도를 유지한다고 알고 있어요.

게임이야말로 처음엔 만드는 사람이 '짱'이지만 오픈하면 유저들이 '짱'이 돼요. 처음엔 최대로 공짜로 풀고 사용자들이 준 다양한 피드백으로 완성도를 높여가는 거죠. 참여자가 없으면 크리에이티브의 주체가 빠진 격이 돼요. 기업과 소비자의 공동 창작은 이제 크리에이티브의 핵심이에요.

이젠 누구나 소비자인 동시에 공급자예요. 그럴수록 강력한 참여자인 팬덤의 역할이 정말 중요해요. 요즘엔 기업이 사회적 어려움이 생기면 팬들이 나와서 옹호해 줘요. 팬덤이 댓글로 쉴드를 쳐줘야 리스크 방어가 됩니다.

이런 이유로 기업과 플레이어는 나를 진심으로 믿어주는 팬덤과의 의리를 지켜야 해요. 그 바탕이 진정성입니다. 정직하게 나를 설명하고 일관성을 유지하는 작업이죠.

어떤 말로 시작해도 '기승전 진정성'으로 돌아왔다.

이젠 소비자가 아니라 파트너라고 해야 맞겠네요.

파트너죠. 피아(彼我)가 갈라지지 않아요. 같은 라이프 스타일을 지향하는 공동체로 묶여요. 마켓컬리는 소비자를 '컬리족'이라고 불러요.

앞으로 시장은 단순히 사고파는 공간이 아니에요. 내가 생산하는 제품의 이상을 제시하면 그것에 공감하는 사람들이 모이는 형태죠. "좋은 물건 싸게 드릴게요"라고 하면 사람들은 더 싼 물건 나오면 옮겨가요. 결국 부가가치는 가치를 공유한 관계에서 나와요. 시장 참여자는 그 관계를 만들어 나가는 게 큰일이에요.

혼자 사회에서 파트너 사회로의 변화는 언제 인지했나요?

저는 2003년부터 20년 가까이 우리 사회가 변화하는 데이터를 봐왔어요. 혜안이 생겼다면 데이터를 많이 봤기 때문이 아니라 오래 봤기 때문일 거예요.

오래 보면 인과관계가 보여요. 가령 2010년에 칸막이 식당이 생기면서 혼밥이 나왔고, 2013년에 혼밥 숫자가 의미 있게 상승했어요. 2018년에는 혼밥·혼술·혼영 등 39개 키워드가 나왔고, 2020년에는 65개로 '혼 시장'이 늘었죠. 범상치 않은 신호가 반복되고 증폭

되는 과정, 그 시그널의 처음과 끝을 볼 수 있다는 건 제 직업의 특혜예요.

전 지구적으로 다른 삶이 강제되었고, 변화의 속도가 무진장 빨라졌어요. 그렇게 다 해봤더니 이 방법이 좋더라는 결론이 이제 나왔어요. 튼튼한 개인의 시대와 파트너의 시대는 연결돼 있었던 거죠.

진정한 개인의 지위를 부여받은 지금, 우리는 구체적으로 무엇을 해야 합니까?

우리는 새해를 '송구영신'이라고 하지만, 중국에는 '송고영신(送古迎新)'이라는 말이 있어요. 옛 관리를 보내고 새 관리를 맞이할 때 씁니다. 여기서 중요한 게 있어요. 옛사람을 보내야 새 사람이 옵니다. 쓸모를 다한 걸 버려야 새것이 오지요.

코로나로 일상이 정지됐을 때 멈추고 생각해야 합니다. 무엇을 하고 무엇을 안 할 건지. 요새 집 정리가 인기잖아요. 내 집, 내 조직, 내 관계에서 관행이라는 묵은 짐을 버리세요. '취직은 왜? 출근은 왜?' 관행처럼 해왔던 모든 것을 의심하세요.

사회 변화는 중립적이에요. 인간은 살아남기 위해 어떤 형태로든 적응을 해요. 미래가 있으면 적응력이 높아지고, 미래가 없으면 적응력이 떨어져요. 성취 동기가 높으면 어떤 식으로든 적응하고 솔루션을 찾아요.

모호할 때는 첫째, 이성적 사고 둘째, 업의 진정성 셋째, 성숙한 공존. 이 세 가지를 기준 삼아 버리고 취하면 됩니다.

업의 위기에 봉착할 때마다 나 또한 '근본이 뭐였지?'를 물으며 정신을 차려왔다. 본질에 어긋나는 것을 가차없이 버리면서. 어쩌면 우리는 이미 피아를 식별해야 하는 전쟁터가 아니라, 연결된 무인도에서 각자의 우물을 파며 살기 시작했다. 깨어 있거나 깊게 가거나. 진정한 개인의 시대, 사람의 마음을 캐는 데이터 광부 송길영의 혜안이 반갑다.

		송	길	영	의		
		일	터	의			
		문	장	들			

과학적 의사 결정이 생활화되면 서로에게 강하게 묻게 된다.

각자가 최선을 다하고 있나?

일상이 기록되면 '늘 내가 잘살아야 한다'가 디폴트이다.

더 멀리 더 높이 봐야 한다.

각자 필요한 데이터와 레이더가 있다.

내 꿈이 무엇인가에 따라

자기만의 속도와 밀도를 조절해야 한다.

성실은 의미를 밝히고 끈기 있게 헌신하는 것이다.
근면은 원리를 모르고 무작정 열심히 하는 것이다.

끝없는 경쟁의 문이 열렸다.
현재를 유지하는 게 곧 혁신이다.

깨어 있거나 깊게 가거나.
깊이 가면 역사가 생긴다.
오래 하는 게 유리하다.

일상이 정지됐을 때 멈추고 생각해야 한다.
무엇을 하고 무엇을 안 할 것인지.

의견이 아닌 데이터로 말하라

알베르토 사보이아

구글 최초 엔지니어링 디렉터이자 명예 혁신 전문가.

실리콘밸리 창업자들의 구루.

혁신적인 시장조사법인 프리토타입을 고안한 『아이디어 불패의 법칙』 저자.

데이터는 21세기 원유다. 데이터를 손에 넣은 사람들은 대중의 욕구를 읽고 시장의 패턴을 읽을 수 있다. 당연한 말이지만 소비자에게 원하는 것을 주고 원하지 않는 것을 안 주면 시장의 에러가 줄어든다.

글로벌 기업뿐 아니라 IT 사업가, 골목 식당을 개업하려는 소상공인에게도 데이터는 절실하다. 실패의 늪에서 허우적거리지 않으려면 생각은 접어두고 데이터를 모아야 한다. 요는 하나. 시장이 무엇을 원하는가? 내가 하려는 신사업이, 내가 오픈하려는 공간이, 내가 만들려는 이 제품이 될 놈인가? 안 될 놈인가?

그런데 평범한 우리가 그토록 미묘하고 위대한 데이터의 우주에 어떻게 접근할 수 있단 말인가? 게다가 우리가 원하는 건 페타급 빅데이터도 아니고 내 사업을 위한 특수 데이터가 아닌가?

구글과 스탠퍼드대학교의 혁신 마이스터인 알베르토 사보이아(Alberto Savoia)가 창업 세계의 데이터 문맹자들을 위해 '될 놈'을 테스트하는 시장조사법을 쉽고 간단하게 정리했다.

이름하여 프리토타입(pretotype) 기법. 프리토타입은 당신이 머릿속에서 구상한 그 아이디어를 값싸고 빠르게 검증하는 일종의 속성 테스트이다. 짧게는 두 시간, 길어도 일주일 안에 내가 원하는 제품과 서비스에 대한 직접적인 시장 반응을 확인할 수 있는 기적의 소비자 조사법이다.

그런데 뭔가 이상하다. 시제품이 없이 머릿속의 아이디어만으로 시장조사를 하다니. 문을 열지 않은 서점에 손님이 얼마나 올지, 개발되지 않은 PDA를 사람들이 어떤 방식으로 사용할지 어떻게 예측한단 말인가?

상상력을 발동하자면 프리토타입은 일종의 페이크 테스트다. 행동 경제학자들의 가설 입증 모형처럼, 제품이 실제 세상에 존재하는 것처럼 살짝 속여서 나만의 데이터를 얻는 실험. 알베르토 사보이아는 자신의 저서인 『아이디어 불패의 법칙』에서 몇 가지 프리토타입 기법을 소개했다.

이를테면 IBM은 엄청난 돈을 투자해야 하는 음성 인식 컴퓨터를 개발하기 전에 실험을 했다. 속기사를 옆방에 몰래 숨겨 두고 실험자들이 말하는 대로 언어가 화면에 자동 입력되도록 한 것. 사용자들은 처음엔 음성 인식 컴퓨터를 신기해했지만 얼마 지나지 않아 목이 상하고 기밀 유지가 안 된다는 이유로 이 제품을 거부했다.

알베르토 사보이아는 당장 사업 아이디어를 실현하고 싶어서 투자자를 모으고 제품 개발에 들어가기 전에 반드시 이런 식의 검증의 시간을 거쳐야 한다고 주장한다. 시장이 원하는 건 복잡하고 완성도 높고 독창적인 제품이 아니다. '될 놈'은 그저 그 시대를 사는 사람들의 몸에 맞고 쓰기 쉽고 가깝고 재미있는 것이다.

구글과 스탠퍼드대학교에서 혁신 워크숍을 이끄는 알베르토 사보이아를 인터뷰했다. 스티브 잡스를 닮은 이 실리콘밸리의 사업 구루(guru)는 "코로나 시대는 창업의 적기이니 전문가를 믿지 말고 오직 데이터로 검증하라"고 조언했다.

지난 10년간 당신의 충고가 PDF 파일 형태로 실리콘밸리 벤처 투자가와 개발자들 사이에서 경전처럼 읽혔습니다.

그 문서의 제목은 '프리토타이핑하라(Pretotype It)'였어요. 72페이지의 소책자로 구글에서 일하면서 일주일 만에 뚝딱 쓴 겁니다. 새로운 아이디어가 왜 실패하는지를 분석했어요. 그저 다른 혁신가들의 반응이 궁금했어요. 그런데 알고 보니 전 세계 창업가들이 그걸 읽고 공부하고 번역해서 퍼 나르고 있었어요. 이번에 『아이디어 불패의 법칙』이라는 책으로 다듬어서 내놓았죠.

의도하진 않았지만 출간 전에 시장 반응을 확인한 셈이군요. 이 문제를 파고든 계기가 있나요?

저는 지금은 업계의 거인이 된 두 스타트업(선마이크로시스템스와 구글)을 연이어 성공으로 이끌었습니다. 그래서 자만했죠. 나는 시장이 원하는 것을 안다고. 결과적으로 아니었어요. 5년 동안 무려 2,500만 달러를 투입해서 창업한 회사가 망했거든요. 당시 표적 시장이 우리에게 들려줬던 말은 "만들기만 하면 우리가 사줄게"였죠. 훌륭한 제품을 만들었지만 시장의 약속은 실현되지 않았습니다.

제품은 훌륭하지만 시장 반응이 싸늘한 경우를 종종 봅니다. 일명 저주받은 걸작은 시대를 앞서 태어난 경우가 꽤 많아요. 왜 그런 일이 일어나는 걸까요?

중요한 건 우리가 표적 시장이 원한다고 말했던 바로 그 제품을 만들어 내놓았다는 거예요. 제품이 너무 완벽해서 더 충격이었죠. 훌륭한 투자자들을 확보했고 노련한 엔지니어와 제품 관리자, 마케팅팀을 갖추고 있었으니까요.

어찌 된 영문이었을까. 샅샅이 살펴보니 원인은 하나로 모였어요. "우리가 원하는 제품은 만들었지만 시장이 원하는 '될 놈(the right product)'을 만들진 못했다."

우리가 시장을 착각하고 있다는 건가요?

맞아요. 나를 포함해서 대부분의 기업이 시장조사를 하는 방식에 심각한 결함이 있어요. 몇 달간의 시장조사, 수십 명의 잠재 고객과의 대화…… 모든 게 오류였어요. 시장 데이터를 위한 더 나은 방법이 필요했어요. 그게 바로 제가 발견한 프리토타이핑(pretotyping)입니다.

될 놈이냐 안 될 놈이냐

프리토타이핑을 구체적으로 설명해 주시지요.

프리토타이핑은 특정 서비스나 제품, 공간을 만들기 전에 '이것이 시장에서 원하는 게 맞나?'를 확인하는 소비자 테스트예요. 그러니까 프리토타이핑은 '우리가 정말 이것을 만들어야 하나?'에 답하는 과정입니다. 반면 프로토타입(prototype)은 '우리가 이걸 만들 수 있나'를 시험해 보는 물건이지요.

프리토타이핑을 거친다면 저주받은 걸작을 만들기 위해 어마어마한 돈과 시간을 쏟아붓는 일이 없겠지요.

IBM의 음성인식 컴퓨터 실험 사례는 프리토타입이 복잡할 거라는 선입견을 깨뜨려줬어요. 음성을 타이핑하는 사람을 몰래 숨겨놓고 소비자 반응을 체크하다니! 왜 이런 실험을 할 생각을 못 했던 걸까요?

생각의 함정이죠. 타이피스트(속기사)를 숨겨놓고 음성 인식 컴퓨터의 소비자 반응을 테스트해 봤던 IBM의 실험 덕분에 나는 '프리토타이핑'이라는 핵심 기법을 개발했어요. 시장 반응을 보기 위해 꼭 완벽한 시제품을 만들 필요는 없다는 거죠.

코인 세탁소에서 옷을 개어주는 기계도 마찬가지죠. 개발자와 투자자는 옷 개는 사람을 기계 안에 숨겨놓고 고객 반응을 살폈어요. 옷 개는 로봇 시제품을 만드는 데 수백만 달러를 투자하기 전에 고객들이 그 서비스를 원하는지부터 알아낸 거죠.

세탁과 건조에 2달러를 지불하는 이용객들이 옷 개어주는 데 1달러를 지불할 것인가? 아이디어가 먹히면 먹히는 대로 실패하면 실패한 대로 나만의 데이터(옷 개기에 1달러를 지불한 고객 수)는 유용한 정보가 돼요. 그렇게 얻은 나만의 데이터 1그램은 모두의 데이터 1톤보다 가치 있습니다.

여러 가지 프리토타이핑 기법 중 당신이 가장 좋아하는 것은 무엇인가요?

메커니컬 터크(mechanical turk)입니다. 요즘엔 머신 러닝, 인공지능, 로봇 공학, 자율주행 자동차 등 신기술을 중심으로 사업이 구상되고 있어요.

메커니컬 터크 기법은 기술에 대한 인간 행동을 시뮬레이션하기 위해 구상 중인 기계 대신 사람을 활용합니다. 왜냐? 소비자(표적 시장)

가 그 기계와 상호작용할 의향이 있는지 확인이 필요하기 때문이죠. 자율주행(즉 운전기사가 없는) 버스를 개발하려면 수년간 몇백만 달러가 투입되어야 하지만 메커니컬 터크 프리토타입은 단 며칠 만에 개발할 수 있죠. 버스가 스스로 움직인다고 '믿도록' 일반 버스를 개조해 노련한 운전기사가 숨을 공간을 만들고 승객이 그 버스에 선뜻 타는지만 확인하면 됩니다.

또 하나 제가 좋아하는 테스트 기법은 유튜브 프리토타입이에요. 영상 기술로 마치 그 제품이 진짜 만들어진 것처럼 표적 시장에 영상을 공유하고 시장이 어떻게 반응하는지를 살피는 거죠.

드롭박스는 신생 스타트업이었을 때 자신들의 제품이 어떤 작업을 하게 될지를 시뮬레이션으로 보여주는 동영상을 제작했어요. 마지막에 원한다면 제품 구매 대기 명단에 올릴 이메일을 보내 달라는 자막을 넣었죠. 하룻밤 사이 대기 명단은 7만 5천 명이 넘었어요. 이게 바로 의견이 아닌 데이터입니다. 시장의 실제 목소리죠.

작은 나무 토막에 그린 가짜 PDA를 들고 다니면서 스마트폰 사용 패턴을 스스로 관찰해 나간 '피노키오 프리토타입'이나 빈 건물에 서점 출입구를 그려 넣고 방문자들을 조사한 '가짜 문 프리토타입'도 흥미롭더군요. 사업가에게 공감각적인 상상력은 필수일까요?

　　기업가들은 이미 수많은 상상을 해요. 그들의 상상 속에서 소비자들은 그 제품이 출시되기만을 손꼽아 기다리고 있어요. 현실은 아닙니다. 테스트 과정에서 필요한 것은 상상력이 아니라 현실 감각입니다.

저는 이것을 '불변의 사실(hard facts)'이라고 불러요. 제가 제시한 '피노키오 프리토타입'과 '가짜 문 프리토타입' 같은 기법들은 '내가 그 물건을 실제로 사용한다면' '내가 그곳에 실제로 가본다면'이라는 가정법이에요. 그 이상도 이하도 아닙니다.

생각은 데이터가 아니다

닐슨 리서치에 따르면 신제품의 80퍼센트가 실패한다는 사실이 충격이었어요. 한술 더 떠서 당신은 신제품 아이디어의 90퍼센트가 실패할 거라고 가정하라고 했습니다. 시도해 보기도 전에 실패를 가정하는 태도가 열정에 김을 빼진 않을까요?

거의 모든 새로운 제품과 서비스는 시장에서 실패합니다. 놀랍지만 사실입니다. 통계치가 그 말을 하고 있어도 저 역시 성공만을 가정했어요. 결과는 참혹했죠. 해당 아이디어에 너무 일찍 과감한 투자를 했고 그 실패로 더 큰 비용과 고통을 치렀어요.
실패 가능성이 크다는 걸 받아들이면 신중하게 일을 진행할 것이고, 시장이 그 아이디어에 관심이 없다고 밝혀져도 다른 대안을 생각할 시간과 자원이 남아 있을 겁니다.

실패하는 가장 큰 이유는 뭐죠?

계획했던 걸 만들지 못해서 실패한 적은 없습니다. 수백만 개의 실패 제품, 서비스, 기업을 조사해 본 결론은 일관되게 하나였어요.

시장이 그 제품에 관심이 없었어요. 그 제품이 얼마나 잘 디자인되었든 가성비가 좋든 상관없이요.

코카콜라, 디즈니, 구글, 맥도날드 같은 최고의 기업도 시장에서 예외 없이 헛다리를 짚는다는 게 놀랍습니다. 여러 사례 중 당신에게 가장 큰 영감을 준 실패는 무엇이지요?

구글을 방문한 타사 직원들에게 강연할 때 저는 그들에게 구글의 실패작(Google failures)을 검색해 보라고 해요. 그리고 알고 있는 구글 제품을 말해 보라고 하죠. 검색, 광고, 유튜브, 크롬, 안드로이드 등. 성공작 하나당 실패작을 족히 다섯 개는 꼽을 수 있어요. 다들 그 사실에 놀랍니다.

거대 기업이 저지른 가장 교훈적인 실패는 코카콜라의 뉴코크(New Coke)예요. 1980년대 중반 뉴코크를 출시하기 전에 그 회사는 시장조사와 홍보에 엄청난 시간과 자금을 투입했습니다. 모든 준비에도 불구하고 뉴코크에 대한 시장 반응은 부정적이다 못해 적대적이었죠. 거대한 실패였어요. 펩시도 만만찮은 실패를 저질렀죠. 무색의 카페인 없는 크리스털 펩시를 출시했으니까요.

핵심 교훈은 명백해요. 전통적인 시장조사를 너무 믿지 마세요. 과거에 대단한 성공을 거뒀더라도 신제품 아이디어가 성공할 거라는 가정은 금물이에요.

특히 확증편향을 경계하라는 말이 깊게 다가왔어요. 생각랜드에서 너무 오랜 시간을 보내지 말라고요.

생각랜드(thoughtland)는 추상적 공간입니다. 생각만으로는 성패를 판단할 수 없어요. 자기 생각은 물론 다른 이들의 생각을 통해서도 판단은 불가합니다. 생각과 의견은 데이터가 아니에요. 생각랜드 바깥으로 아이디어를 꺼내와야 합니다. 현실 시나리오 속에 놓고 진짜 테스트를 해야죠.

지금 전 세계 언론은 심각한 플랫폼 위기를 겪고 있어요. 오프라인과 온라인에서 어디에 무게를 둘지, 속보와 질 높은 기사 사이에서 무엇을 중점적으로 생산해야 할지 생각랜드에서 갈팡질팡합니다. 현명한 당신은 이 상황에서 어떻게 하겠어요?

제가 온라인 언론사 소유주라고 가정해 보지요. 생각랜드 속에서 나는 많은 독자들이 질 좋고 정확한 정보를 위해 속도를 포기하리라 믿습니다. 내가 떠올린 아이디어는 〈거북이 뉴스(*TurtleNews*)〉예요. 사건 발생 즉시 뉴스를 보도하지 않고 몇 시간 혹은 며칠이 걸리더라도 철저히 검증을 마친 뒤에만 뉴스를 내보내는 웹사이트죠.

〈거북이 뉴스〉의 슬로건은 '느리지만 정확한' 정도가 되겠죠. 일부는 이걸 훌륭한 아이디어라고 하고 몇몇은 실패가 확실하다고 합니다. 내 것이든 남의 것이든 많은 의견은 필요치 않아요. 필요한 것은 데이터입니다!

생각은 글로벌하게, 테스트는 로컬하게

데이터는 어떻게 얻을 수 있지요?

　우선 〈거북이 뉴스〉 아이디어를 검증 가능한 가설로 표현해 보지요. "온라인 뉴스 독자 중 최소 10퍼센트는 며칠 늦더라도 통찰력 있는 기사를 위해 〈거북이 뉴스〉를 구독할 것이다."
그런 다음 이 콘셉트를 알리는 단순한(고작 몇 페이지짜리) 웹사이트를 만듭니다. 웹사이트를 방문한 이들에게 〈거북이 뉴스〉가 출시될 때 알림을 받고자 한다면 이메일로 회신을 해달라고 요청합니다. 마지막으로 이 신생 뉴스 서비스를 온라인에 광고한 후 몇 퍼센트가 웹사이트에 방문하고 이메일로 관심을 표명하는지 확인하는 거죠. 몇몇 사람들의 생각을 듣는 대신 저는 그 서비스에 실제로 관심이 있는 사람들의 이메일 데이터를 수집한 겁니다.
만약 온라인 광고에 1,000달러를 들였는데 겨우 세 명만 응답했다면 애초의 가설을 폐기하는 게 좋겠죠. 문제는 대부분의 기업가는 〈거북이 뉴스〉 아이디어에 이런 식으로 접근하지 않아요. 실제 검증은 뒤로하고 일단 완벽한 웹사이트를 구축하고 기자와 애널리스트를 고용하는 데 몇 달을 보낼 테지요.

일단 간단한 웹사이트부터 만들고 시장 반응부터 확보한 대표적인 기업이 에어비앤비와 우버였죠. 그런데 생각할수록 미스터리예요. 사생활 보호를 중시하는 서양인들이 어떻게 사적 공간을 함께 쓰는 비즈니스를 시도할 수 있었을까요?

우버에 대한 이야기를 처음 들었을 때 제 생각도 당신과 같았어요. '미쳤군. 누가 타겠어. 자녀에게 제일 먼저 하는 말이 낯선 사람의 자동차에 타지 말라는 거 아닌가?' 그런데 수백만 명의 사람들이 매일 낯선 사람의 자동차에 타고 있어요.

우버와 에어비앤비는 '생각랜드는 왜 아이디어를 평가하기에 위험한 공간인가'를 설명할 때 제가 자주 활용하는 사례예요. 우버는 제 생각랜드에서 형편없는 아이디어였지만 실제 세상에서는 성공작이었죠. 저도 우버를 애용하고 있으니까요. 우버와 에어비앤비가 했던 일이 바로 모든 반대론자를 물리치고 프리토타이핑 기법을 이용해 빠르고 저렴하게 '나만의 데이터'를 모은 겁니다.

사람들은 현실에서 두려움보다 실리를 선택했군요. 그 신뢰 자본이 사적인 공간을 함께 쓰는 공유 비즈니스를 만들어냈겠지요. 문득 신뢰는 선악이 아닌 이익의 균형점을 찾는 거라는 사회심리학자 데이비드 데스테노의 말이 생각납니다. 결국 누군가가 먼저 소비자의 행동을 테스트했기에 이런 잠재 욕구가 시장으로 폭발한 셈이겠지요?

그렇습니다. 에어비앤비 설립자들은 샌프란시스코에 있는 자기네 아파트 게스트룸을 이용해 그들의 아이디어를 처음 시험했어요. 방에 있던 빈 에어 매트리스 3개를 빌려주는 조건에 불편한 잠자리에 대한 보상으로 아침 식사를 제공했죠.

두 사람은 도메인을 하나 사서 본인들의 아파트 위치를 표시한 지도가 들어간 웹사이트를 만들고 생활정보지에 광고를 냈죠. 몇 시간 뒤 남자 두 명과 여자 한 명이 1인당 80달러 가격에 하룻밤 숙박과 아침 식사를 예약했습니다. 공포 영화 플롯 같은 일이 실제 일어난 거예요.

이제 당신은 사업가들의 아이디어를 조금만 들어도 '될 놈'이 가늠될 것 같은데요.

정반대예요. 소크라테스는 "나는 내가 아무것도 모른다는 것을 안다"는 명언으로 현자가 됐어요. 혁신가들이 아이디어 성공 여부를 물으면 제 답변은 항상 같아요. "모르겠다." 그러고 나서 조언하죠. "다른 누구의 의견도 구하지 말라"고.

어떤 아이디어가 성공할지 말지는 아무도 몰라요. 잘못된 길로 들어서고 싶지 않다면 역시 답은 의견이 아니라 시장 데이터예요. 직접 프리토타이핑하라는 거죠.

데이터를 정말 사랑하시는군요!

구글의 일상적 표어가 있습니다. "의견은 접어두고 데이터로 말하라." 게다가 세상 어디에도 없는 나만의 싱싱한 데이터를 모으는 일은 정말 재미있습니다.

데이터 전문가가 아니라도 나만의 데이터를 얻는 게 정말 어렵지 않은가요?

물론이죠. 일반적인 가설을 아주 구체적인 형태로 표현하는 게 첫 단계예요. 스탠퍼드대학교에서 강의하는 동안 나는 'XYZ가설'이라는 툴을 개발했어요. '적어도 X퍼센트의 Y는 Z할 것이다.' Y는 표적 시장이고 X는 성공하기 위한 최소 퍼센티지, Z는 소비자의 기대 행동입니다.

가령 우버의 XYZ가설은 이렇습니다. '대도시 지역에 사는 사람 중 적어도 30퍼센트는 우버에 회원가입을 하고 최소 한 달에 한 번은 우버 서비스를 이용할 것이다.' 에어비앤비의 XYZ가설은 '여행자와 출장이 잦은 비즈니스맨들 중 적어도 10퍼센트는 호텔 방을 예약하는 대신 에어비앤비를 임대할 것이다'예요.

일반적인 XYZ가설을 만들고 나면 그보다 더 작고 구체적으로 범위를 축소해야 합니다. 우버와 에어비앤비 창업자는 모든 도시가 아닌 맨해튼과 샌프란시스코에 사는 사람들로 테스트 범위를 좁혔죠.

'생각은 글로벌하게, 테스트는 로컬하게' 하라는 조언이 생각나는군요. '테스트는 로컬하게'를 강조한 건 행동력을 높이기 위해서인가요?

범위를 넓힐수록 실패할 가능성이 더 커져요. 사람들이 넥스트 '구글, 페이스북, 우버, 에어비앤비'가 되겠다고 하면 저는 그들의 목표는 처음엔 다 쉽게 닿을 수 있는 로컬 시장이었다고 말해 주죠. 구글은 스탠퍼드대학교 인트라넷 문서의 목록화 작업에서 시작됐어요. 공동 창업자 래리 페이지와 세르게이 브린이 스탠퍼드대학교에 재학 중일 때 말입니다. 마크 저커버그 역시 하버드대학교 재학 중에 페이스북을 창업했습니다. 에어비앤비 설립자는 방 하나에 에어 매트리스를 임대하는 것으로 사업을 시작했어요. 그들이 살고 있던 샌프란시스코 아파트에서요.

이미 살고 있는 곳, 쉽게 접근할 수 있는 시장에서 테스트하면 적은 비용으로 소중한 피드백을 얻을 수 있습니다. 로컬한 동네나 맘카페에서 당신의 아이디어가 먹히는지 던져보세요. 그다음에 글로벌 계획을 세워도 늦지 않아요.

때론 세상은 너무 빨리 돌아가는데 이 과정을 거친다는 게 번거롭게 느껴질 수도 있습니다.

바로 세상이 너무나 빠르게 변화하고 있기 때문에 시장 테스트가 필요해요. 더구나 프리토타이핑은 시간이 오래 걸리지 않아요. 스탠퍼드대학교의 혁신 워크숍에서는 학생들에게 단 두 시간을 주고 아이디어를 프리토타이핑하고 시장 데이터를 모아오라고 합니다. 복잡한 테스트라도 길어야 며칠이에요.

프리토타이핑은 시장이 바로 그 시점에 해당 아이디어에 관심이 있는지를 알려줍니다. 제 조언은 이렇습니다. 신중하게 테스트하고, 빠르게 행동하세요.

아이디어, 데이터 수집, 실행력과 함께 창업가들이 갖춰야 할 또 하나의 소양이 있다면 무엇인가요? 자기 확신? 실패에 대한 내성?

자기 확신과 의심 사이의 좋은 균형 감각(good balance)입니다. 문제 해결의 기회를 다루는 일반적 능력에는 확신을 하되 실제적인 특정 솔루션에 대해서는 의심하는 자세를 가져야 해요. 왜냐? 사람들은 자신의 아이디어와 사랑에 빠지는 경향이 있거든요. 제가 학생들에게 해주는 말이 있어요. "문제와 사랑에 빠지되 아이디어와는 밀당을 즐겨라."

나만의 시장 데이터를 수집하라

여전히 전문가들의 의견은 별반 도움이 되지 않는다고 생각합니까?

　　몇몇 카테고리의 전문가 의견은 항상 위험해요. 특히 미래 기술 트렌드나 소비자 행동 예측 등에 대한 주제는 더욱더 그렇죠. 배관공, 전기 기술자, 의사 등의 전문가 의견은 믿어도 됩니다. 그들은 상대적으로 안정적인 시스템을 다룹니다.

그러나 기술과 시장, 인간 행동은 매우 빠르게 움직여서 이제 전문가는 없는 지경에 이르렀어요. 어떤 복잡한 주제를 집어 들고 그 분야 전문가 열 명에게 질문을 던져보면 열 개의 다른 의견을 얻을 겁니다.

전 세계 혁신가를 이끄는 창업 리더로서 코로나 이후의 경제 상황을 어떻게 예견합니까?

　　말했듯이 저는 전문가들의 예측을 신뢰하지 않습니다. 지금 같은 전례 없는 상황에서는 더더욱 전문가가 없죠. 모든 건 최선의 추측과 의견일 뿐이고 저는 그런 식의 추측을 자제하는 게 유익하다고 생각합니다.

국가적인 재난 상황에 대해 개별적인 우리는 아무것도 예측할 수 없고 할 수 있는 일도 거의 없어요. 다만 우리 아이디어로 지역적인 변화는 분명히 도모할 수 있어요. 그런 지역 단위의 혁신이 세계적 영향력을 지니게 될 수도 있다고 봅니다. "미래를 예측하는 가장 좋은 방법은 미래를 창조하는 것이다"라는 말을 전하고 싶군요.

모든 실물 경제가 위축된 지금 같은 시기에도 창업이 필요하다고 보나요?

코로나로 직업을 잃었다면 자기만의 제품을 만들고 싶다는 바람이 늘 있었다면 지금은 그 일을 시도할 둘도 없는 기회입니다. 바이러스 때문에 우리는 거의 모든 산업 분야에서 새로운 니즈와 문제라는 전례 없는 파도를 맞이했어요.

일례로 얼마 전 지인이 좋은 사업 계획을 귀띔해 주더군요. 식료품을 집으로 가져오기 전에 소독하는 서비스에 관한 아이디어였죠. 그런 문제들을 고민하면서 여러분은 기업가적 경험은 물론 인류를 도울 기회도 함께 얻게 된 거죠.

요즘 당신은 어떤 새로운 것을 시도하고 있나요?

저는 항상 새로운 것을 연구해요. 지금은 코로나에 집중해서 기침으로 확산되는 바이러스를 막을 방법을 실험하고 있습니다. 마스크보다 덜 거슬리는 무언가를 구상 중이죠.

자기만의 상상력으로 사업을 하고 싶어 하는 한국의 창업가에게 조언을 부탁합니다.

실패는 특정 국가와 문화를 가리지 않습니다. 조언은 하나입니다. 반드시 확인하세요. 내가 제대로 만들기 전에 '될 놈'을 만들고 있는지를. 성공 가능성을 높이고 싶다면 의견이 아닌 실제 시장 데이터를 수집하세요. 당신이 사는 동네에서 예상 소비자에게 당신의 아이디어를 실행해 보세요. 지금 전 세계의 지역 사회는 그 어느 때보다 여러분의 새로운 시도가 필요합니다.

알베르토 사보이아는 허세가 없는 사람이다. 실리콘밸리의 소크라테스처럼 "나는 내가 모른다는 것을 알 뿐이다"가 그의 출발 지점이다. '앎'으로 가기 위한 유일한 길은 시장 테스트와 데이터 수집. '소확행'이라는 말은 여기서 매우 유용하다.

거창한 계획 대신 소소하지만 확실한 행동만이 허황된 미래에서 우리를 구원한다. 지금 당장 내가 모든 걸 예측하고 통제한다는 환상에서 벗어나 영리한 소비자에게 경험의 배턴을 넘겨라.

알	베	르	토			
		사	보	이	아	의
일	터	의		문	장	들

저주받은 걸작을 만들지 않기 위해서
먼저 '정말 이것을 만들어야 하나?'에 답해야 한다.

시장의 실제 목소리를 들어야 한다.
테스트 과정에서 필요한 것은
상상력이 아니라 현실 감각이다.

'내가 그 물건을 실제로 사용한다면,
내가 그곳에 실제로 가본다면'이라고 가정해 보라.

전통적인 시장 조사를 너무 믿지 마라.
과거에 대단한 성공을 거뒀더라도
신제품 아이디어가 성공할 거라는 가정은 금물이다.

내 것이든 남의 것이든 많은 의견은 필요치 않다.
필요한 것은 세상 어디에도 없는
나만의 싱싱한 데이터이다.

나만의 데이터 1그램은
모두의 데이터 1톤보다 가치 있다.

자기 확신과 의심 사이의 좋은 균형 감각이 필요하다.
문제와 사랑에 빠지되 아이디어와는 밀당을 즐겨라.

2장

태도

계속하는 사람들이
보여주는 이유 있는 열심

『하마터면 열심히 살 뻔했다』라는 책이 유행했다. 열심과 성공이 가리키는 한 방향의 인생, 뒤틀린 동맹에 적잖이 실망한 청년들은 '열심히 살면 지는 거다'라는 메시지에 반응하며 욜로(YOLO) 라이프에 열광했다.

더 늦기 전에 진짜 내 인생을 살고 싶어 하는 자발적 실직자들이 속출했고 퇴사 열풍이 불었다. 더 이상 남의 인생을 열심히 살지 않기로 작정한 사람들, 시간의 주인을 선언한 그들은 바라던 대로 '행복하게 살았습니다'의 해피 엔딩을 이뤘을까.

어쩌면 예스, 어쩌면 노.

'노오력의 배신'과 '욜로 트렌드'를 거치면서 우리는 알게 되었다. 진짜 내 인생이 시작되면 열심과 성장을 빼놓고 나를 설명하기가 더 힘들다는 것을. 나답게 살기 위한 열심이 곧 나의 일이며, 나의 일이 곧 나다움의 증거가 되는 세상이 왔다는 것을.

잠깐 놀기 위해서 죽도록 일하는 제로섬 노동이 아니라 열심히 일하는 것과 열심히 노는 것이 등가가 되어 더 나은 개인으로 수련되는 것이 신세계의 직업 윤리다. 달라진 세계에서는 '어떻게 일할 것인가'와 '어떻게 살 것인가'가 다르지 않다.

여기서 우리의 진짜 질문이 시작된다. 나를 검증하고 보증하던 중간거래상(기업)의 입김이 희미해지고 세상과 나의 선명한 직거래가 시작된 지금, 과연 어떤 태도로 일할 것인가.

하마터면 버려질 뻔했던 열심의 자원은 언제 어떻게 빛을 발하는가. 적정 순간에 이르면 열심의 등대는 나와 이 세계가 맺고 있는 관계의 해상도를 얼마나 밝게 비출 것인가.

이즈음에서 다양한 방식으로 열심 자원을 플레이한 사람들을 소개한다. '나는 누구인가'라는 철학적 질문을 '나는 무엇을 하는 사람인가'라는 일터의 질문으로 친절하게 소환해 준 현자들. 업의 본질에 한 걸음 더 다가간 옥주현, 백현진, 정구호, 장기하, 백종원이 그들이다.

"뭘 하면 즐거운지를 나에게 집요하게 물어야 한다"며 묻고 또 물어 음성학의 우주를 발견한 뮤지컬 배우 옥주현, "즐겁게 계속하기 위해 절대 무리하지 않는다"며 완벽주의와 자기 착취를 경계했던 화가 겸 가수 백현진에게서 우리가 몰랐던 열심의 드넓은 스펙트럼을 본다.

이것저것 넘쳐나는 복잡성(complexity) 사회에서 "큰 덩어리만 남기고 다 버리라"는 미니멀리스트 정구호의 조언은 뇌에 싱싱한 여백을 만든다.

무엇보다 현명한 플레이어는 즐거움과 잘함과 계속함(지속 가능성)의 삼위일체 속에 있었다. 가수 장기하는 즐거움과 잘함과 계속함의 평형을 적절한 포기에서 찾았다. "세상에 두각을 나타내고 싶어서 나를 관찰했고 못하는 것을 하나둘 포기했더니 지금의 선명한 내가 남았다"고 그는 말했다.

장기하의 단념은 전념을 위한 알리바이였다. '못함'을 덜어내서 '잘함'의 정확성을 높이니 즐거움과 지속성이 동반 상승했다. 이 과정에서 생긴 개성과 고유함은 경쟁의 끔찍한 제로섬 게임에서 그를 구원했다. 바라던 대로 그는 자기가 만든 레이스에서 두각을 드러내며 산다.

외식사업가 백종원의 열심은 어떤가. 타인을 향한 그의 다정한 호통은 공동체를 밥상 위의 한식구로 불러 인연의 큰 그림을 그려낸다. 착한 척 겸손한 척 멋진 척. 먹이는 자로서 그의 '척척척'이 일터의 진정성으로 번져가는 모습에서 우리는 일하는 자로서 우리가 얼마나 눈부실 수 있는지를 본다.

밥 먹듯 연습하고 숨 쉬듯 연구해 봐

옥주현

뮤지컬 배우, 걸그룹 핑클 메인 보컬.
〈아이다〉로 시작해 〈레베카〉까지 독보적인 뮤지컬 레이블을 선보이는
공연계 티켓 파워 1위의 히로인.

여름부터 가을까지, 핑클의 〈캠핑클럽〉을 보며 보냈다.

옥주현, 이효리, 성유리, 이진. 그들과 함께 1990년대 IMF 시절을 버티고 2000년대 초 IT 버블까지 지내왔다. 당시 내가 인터뷰했던 국민 영웅 박세리가 핑클의 〈블루레인〉을 부르며 힘을 얻었다는 이야기가 기억난다. 핑클은 다시 없을 만큼 개성과 실력을 갖춘 걸그룹이었지만 멤버 각자가 새로운 시작을 하며 2002년부터 자연스럽게 활동이 뜸해졌다.

결혼과 이주로 각자 삶을 살던 그들이 오랜만에 완전체로 모여 캠핑카를 운전하며 먹고 웃고 노래하는 모습을 지켜보자니 그들이 좋은 사람으로 자기 인생을 살아준 것만으로 감동이 밀려왔다.

한때는 서로 갖지 못한 것을 부러워하고 그런 자신이 못나서 자학했던 10대 소녀들. 그렇게 서툴던 젊은 날은 쏜살같이 지나가고 마흔 즈음의 여자들은 이 시간이 지나면 다시는 못 볼 것 같아 모닥불을 피워놓고 자주 눈물을 쏟았다.

특별히 옥주현이 눈에 밟혔다. 감정에 복받쳐 자주 울던 그녀는 "그때 우리가 얼마나 사랑받았는지 몰랐다. 이제는 팬들에게 고맙다는 표현을 하고 싶다"고 했다. 정이 많았고 진지했고 무엇보다 프로페셔널했다.

생활인의 시각에서 내일을 걱정하는 멤버들에 비해 그녀는 자주 현재의 환희에 빠져들었고, 그 몰입을 온전히 공유할 수 없어 고독해 보이기까지 했다. 멤버들과 오랜만의 공연 준비를 위해 녹음실을 찾았을 때 한 사람 한 사람의 보컬 레코딩을 코칭하는 모습이 어찌나 믿음직스럽던지.

옥주현은 핑클 이후 라디오 DJ를 거쳐 2005년부터 뮤지컬 무대에 섰다. 현재 '광클릭 완판 신화'를 이어가는 공연계 티켓 파워 1위의 히로인. 〈아이다〉로 시작해 〈레베카〉로 독보적인 뮤지컬 레이블을 선보이는 현재진행형의 신화다. 핑클이 추억의 걸그룹으로만 머물지 않은 것은 이효리의 개인적 포스만큼이나 20년이 넘도록 날로 성장해 온 현역 아티스트 옥주현의 덕이 컸다.

뮤지컬 〈레베카〉의 댄버스 부인으로 관객들에게 최상의 '귀르가즘'을 선사하는 옥주현에게 만남을 청했다. 가수의 목소리가 공기 중을 떠다니는 무형의 음원이 아니라 하나의 공간을 물리적으로 지배하는 주술의 형태로 다가온다는 것을 나는 옥주현의 뮤지컬 무대에서 깨달았다.

평소 시도 때도 없이 발작적으로 노래하는 이 서구적인 장르에 닭살 돋던 나는 〈레베카〉 공연이 끝나고 한동안 '레베카~'로 시작하는 댄버스 부인의 어두운 환청에 기쁘게 시달렸다. 어떤 질문을 받을까 설렌다는 말로 인터뷰가 시작됐다.

핑클 활동 기간은 4년인데 걸그룹이 무르익던 초기 시절이라 그런지 애틋한 추억이 많습니다.

　　우리가 센 언니들이었어요. 매니저 오빠가 나중에 그랬어요. "너희들은 따로 있으면 괜찮은데 같이 있으면 악마같이 무서웠다"고. 각자 다른 무기로 천하무적이었어요. 아이돌 가수들은 한 끼 먹고 버틴다는데 우리는 달랐어요. 배고프면 악에 받쳤죠. 약간 동물 같고 원초적이랄까. 하하하.

당신을 보면 〈드림걸스〉의 제니퍼 허드슨이 생각났어요. 요정처럼 가녀린 소녀들 사이에서 글래머러스한 몸으로 목청껏 노래하던 자의식 강한 소녀 말입니다.

　　제가 '6'으로 시작되는 체중을 가진 최초의 아이돌이었을 걸요? 하하. 핑클 활동 때는 스케줄에 쫓겨 급하게 먹고 체한 날들이 많았어요. 협찬받을 옷도 없다 보니 여러모로 성격이 나빴던 시기였어요.

아이러니지만 옥주현은 걸그룹 이후 자신의 진가를 아는 진정한 백조로 거듭났다. 요가와 발레로 건강 미인이 되고, 압도적인 성량과 노력으로 믿고 보는 뮤지컬 톱스타가 되는 과정은 아이돌의 성년식을 보여주는 모델처럼 보인다.
열여덟 살에 데뷔했던 요정이 어느새 마흔 살의 디바가 됐다. 〈아이다〉 〈엘리자벳〉 〈캣츠〉 〈스위니 토드〉 〈마리 퀴리〉 〈위키드〉 그리고 '옥 댄버(옥주현의 댄버스 부인)'로 유명한 뮤지컬 〈레베카〉까지.
특히 옥주현이 무대에서 '레베카'라는 이름을 발성할 때마다 그 매혹적인 유령이 산 자들의 마을을 덮치고 포효하는 것처럼 들렸다. 영화 〈디아더스〉의 니콜 키드먼을 연상시키는 고딕적인 자세는 마른 그녀를 더욱더 길고 앙상하게 만들었다. 그녀의 검은 드레스는 여주인 레베카에 대한 상복으로 보였다. 정확하고 우아하게 꽂히는 대사를 들으며 나는 옥주현이 안톤 체호프의 연극에 출연해도 좋겠다는 생각이 들었다.

지난 〈레베카〉에서 댄버스 부인으로 무대에 선 당신은 머리끝에서 발끝까지 완전히 전기가 오른 것처럼 보였어요. 객석도 옥댄버의 소리에 감전되고 싶은 광신도들의 열기로 가득 찼습니다.

그랬죠. 무대에 오르면 올림픽 경기장에 선 선수 같아요. 제가 쓰는 목 근육은 정말 섬세하고 얇거든요. 다칠까 조심하면서도 최고 수준까지 끌어서 쓰죠. 전 히치콕이 만든 영화 〈레베카〉는 일부러 안 봤어요. 거기서 댄버스 부인은 좀 꿈꾸는 듯하다죠. 그래서 오로지 원작 소설을 파고들었어요. 댄버스의 습관, 움직임, 말투를 전부 내 스타일대로 디자인하고 싶었어요.

디자인이라는 발음이 명료하게 들립니다. 연기한다가 아니라 디자인한다는 표현을 쓰는군요. 그건 소리뿐 아니라 몸의 형태도 세공한다는 의미겠지요?

네. 댄버스는 덩어리진 후덕한 몸이 아니라 마르고 곧은 몸이죠. 탄수화물을 조절하고 척추를 곧게 하기 위해서 발레를 시작했어요. 유령 같고 창백하고 볼이 패이고 꼿꼿한 여자가 무너질 때,

그 충격이 얼마나 배가되겠어요? 누군가 날 부를 때도 턱이 아니라 몸 전체가 움직이도록 습관을 들였죠.

맨덜리 저택의 안주인으로 화려한 남성 편력을 자랑했던 레베카는 죽은 이후에도 사람들의 마음을 지배했다. 옥주현은 레베카를 연인으로 설정한 채 댄버스 부인을 연기했다.

"가령 제 대사는 이런 식이죠. '매일 저녁 집으로 돌아오면 나는 레베카와 침대에서 당신들 모두를 비웃었어요. 나의 레베카는, 나의 레베카는…….' 제게 댄버스는 드라이아이스 같은 사람이었어요. 차갑지만 만지면 데이고 마는……."

광대한 음성학의 우주

발성의 디자인은 어떻게 하나요? 객석에서 당신 노래는 마치 다른 마이크를 쓰는 것처럼 더 크고 선명하게 들리더군요.

이번엔 영국 영어의 악센트를 한국말의 어조에 적용했어요. 패티김 선생님의 음성 이미지를 응용해서 차갑고도 다크한 느낌을 살렸죠. 가창을 논할 때 사람들은 대개 진성 가성 두성 흉성처럼 발성으로만 얘기하는데, 저는 언어 그 자체가 갖는 이미지를 분석해요.

언어의 이미지를 알면 소리가 달라지나요?

오랫동안 한글의 자음과 모음이 부딪히는 이미지를 관찰해 왔어요. 성대를 어떻게 활용하느냐에 따라 음색을 고급스럽게 낼 수도 파삭하게 낼 수도 있답니다. 그 질감을 알면 디테일이 풍부해지고 소리에서도 4D처럼 향기가 나죠.

옥주현이 노래할 때는 실제로 무대에 블랙 올리브나 진한 적포도주 향기가 났다. 그리고 나는 최근 두 편의 영화에서 그녀가 말한 후각적인 사운드를 경험했다. 〈블랙머니〉에서 이하늬가 뉴욕 월가의 하이클래스 영어를 구사할 때와 〈기생충〉에서 조여정이 한국어와 짧은 영어를 섞어서 리드미컬하게 속삭일 때. 순식간에 커브를 돌며 공기의 마찰력을 높이는 진동이라니!

혹시 음성학을 공부했나요?

　여정이(조여정)와 그런 주제로 피곤할 정도로 깊이 이야기를 나누곤 했어요. 저는 이비인후과 의사와 대화하는 걸 정말 좋아해요. 귀와 코와 목과 입을 스트레칭한 후 전체를 연결해서 쓰면 언어의 순환이 일어나서 소리가 쾌적해져요.
〈스위니 토드〉의 작곡가 스티브 손드하임(Stephen Sondheim)은 여러 명이 동시에 부르는 세레나데 곡을 많이 썼어요. 그러면 소리가 섞여서 안 들리는데 사람들이 물어요.
"어째서 네 소리만 정확히 들리니?"

목소리를 크게 냈겠지요.

　아니요. 발성을 크게 하면 망해요. 한국어 발음은 마무리가 목

구멍 뒤에서 떨어져요. 소리가 앞으로 나가기 힘들죠. 영어와 이탈리아어는 천장이 높은 카페에서 수다 떨면 소리가 둥글게 울려 퍼지는데, 한국말은 잘 안 들리니 크게 내서 시끄럽죠.

언어의 구조를 파악하고 속도까지 조절하면 소리가 정확히 앞에 떨어지도록 발음할 수 있어요. 핀 마이크 앞으로 딱 떨어지도록.

어떻게 하면 소리가 앞에서 떨어지나요?

ㄴ, ㅁ 등 자음마다 달라요. 소리를 전달하는 과정에서 없던 면적을 파는 거예요. 그러려면 언어에 대한 수수께끼를 풀어야 해요. 저는 매일 공연해야 했고 잘 들리면서도 목을 상하게 하지 않기 위해 이 비밀을 풀었어요.

수수께끼를 풀어야 했던 계기가 있었을까요?

20대 때 저는 힘으로만 소리를 지르다 보니 성대 결절이 왔어요. 혹시 성대를 찍어보셨나요? (스마트폰에서 사진을 찾아 보여주며) 성대가 이렇게 생겼어요. 여기가 저음, 중음, 고음을 담당해요. 지퍼처럼 생겼죠? 이 부분의 식도가 부으면 소리가 탁해져요. 그래서 공연 전엔 매운 음식도 못 먹죠.

저는 제가 가는 길을 즐겁게 가고 싶었어요. 그래서 질문을 던졌죠. 이건 집요하고도 피곤한 제 성격 탓이에요. 동시에 저의 경쟁력이기도 하고요. 음역대가 체인지되는 순간을 '빠샤'라고 하는데 이때 힘을 많이 쓰면 결절이 오거든요. 이걸 돌려서 수수깡처럼 쓰면 돼요. 저희는 영어나 이탈리아어가 아니라 한국어로 노래하잖아요. 그래서 한국어로 빠샤를 하는 순간, 높낮이가 다른 음역대에서 화성과 발음이 선명해지는 법을 찾았어요. 음성학의 우주는 정말 광대해요.

처음 질문은 성대 결절이었으나 결국엔 코와 귀와 악관절의 해부도로 이어졌다.

"사람들은 제게 묻죠. '발레는 어떻게 해요? 다이어트는 어떻게 해요?' 저는 이렇게 묻는 사람의 지속성을 못 믿어요. 먼저 '내가 뭘 하고 싶은지?' 질문하고 그다음엔 '뭘 공부하면 되는지?'를 물어야죠. 적성에 맞으면 오래 하고 싶고 오래 하려면 탐구하게 돼요. 계속한다는 건 그냥 숨 쉬듯이 놓지 않고 하는 거예요. 그래서 오래 한 사람이 보여주는 우주는 깊이가 달라요. 그 시간을 들였기 때문에 찾은 우주예요."

크고 작은 고민을 푸는 만능열쇠, 질문

어떤 질문을 좋아하나요?

저는 이런 질문을 좋아해요. "언니는 어떤 습관부터 들였어요?" 생활에서 무엇을 습관으로 했느냐가 핵심이거든요. 저는 운전할 때 간판을 읽으면서 발음 연습을 해요. 막히는 구간에선 막히는 구강 면적을 계속 팠어요. 그렇게 한 개 두 개 발음을 마스터했어요. 제가 후배들에게 가장 많이 하는 말이 뭔 줄 아세요? "밥 먹듯이 연습하고 숨 쉬듯이 연구해 봐"예요.

그게 괴롭지 않고 즐거운 이유는 그 시간이 길어질수록 찾아지는 보물이 있기 때문이라고 했다. 다행히 그 보물찾기를 함께 할 친구가 있어 외롭지 않다고. 자신에겐 조여정이 그 기나긴 탐구의 동반자라고. 조여정은 아카데미 시상식장으로 떠나기 직전에도 〈레베카〉 무대를 찾았다. 나는 무대 뒤에서 그녀들과 포옹을 나누며 생각했다. '어쩌면 서로를 이렇게 끔찍하게 좋아할 수 있을까!'

조여정과 옥주현, 두 사람은 서로에게 자극을 주는 동반자지요?

네. 저와 여정이는 화상 통화를 자주 해요. 게을러질 땐 서로를 거울처럼 보고 다잡죠. 보통 사람들이 그러듯 만나면 밥 먹지만 후식으로 수영이나 헬스를 해요. "대체 우리 언제까지 관리하면서 살아야 할까.""그래도 괴롭진 않잖아." 이러면서요.
수영할 땐 여정이가 제 몸의 정렬과 물살의 각도를 봐줘요. 남들이 보면 시시해도 저희 스스로는 와일드하면서도 시적이라고 생각해요. 하하.

부지런하고 직설적인 성격은 어머니의 영향이라고 했다. 옥주현은 열세 살에 아버지가 돌아가신 후 홀어머니 밑에서 자랐다. 가정 형편상 성악 레슨을 포기하고 미술을 공부했지만 끝내 재능을 감추지 못해 고교 시절 라디오 노래자랑에 나갔다. 머라이어 캐리의 노래를 불러 장원을 하며 걸그룹 멤버를 찾던 귀 밝은 스카우터에게 발탁됐다.

어머니의 영향을 많이 받았나요?

네. 저는 서른 살까지 엄마와 같이 살고 같이 잤어요. 엄마는 과일 껍질도 버리지 않고 율피도 꿀에 개어 얼굴에 바르시는 분이에요. 겨울엔 난방도 안 하고 잘 땐 발코니 창을 열어두세요. 그게 몸에 좋다는 거죠.

핑클 활동할 때는 쓴소리도 많이 하셨어요. "너 라운드 티 입지 마. 목 짧아. 니트 입지 마, 등에 살 많잖니." 뮤지컬 〈아이다〉로 데뷔할 때는 더 냉정하셨죠. "네 대사 무슨 말인지 하나도 못 알아듣겠다." 그런데 그런 객관적인 눈이 큰 도움이 됐어요.

신뢰가 있기 때문이겠지요. 근본 원리를 파고드는 건 본인 성격인가요?

그런 거 같아요. 오랜만에 만나면 사람들이 "못보던 사이 키가 또 컸어!" 하고 놀라는데 전 속으로 그래요, '당신 키가 준 거예요.' 제가 계속 커 보이는 건 발레를 해서예요. 발레를 하면 대칭이 잡히고 근육의 길이가 길어져요. 그것도 질문을 통해 알게 됐어요. 20대 때 어느 날 어른들을 보니 팔뚝이 짧아진 느낌이었어요. '왜 근육이 쪼그라들지?' 짧아진 근육을 늘리는 운동이 발레였어요. 나이들면 머리에서 가장 먼 기관부터 퇴화가 된다고 하죠? 바로 발끝이에요. 저는 발끝과 아치를 섬세하게 깨우는 작업을 많이 해요. 그거 아세요? 치매 예방에는 한 발로 서서 중심 잡기가 좋아요. 대칭은 기억력을 자극하죠. 기초 학문은 파면 팔수록 보물 같은 지혜를 줘요.

'옥댄버(댄버스 부인)'나 '옥트니 휴스턴(휘트니 휴스턴)'이라는 별명 말고 '옥백과사전'이라는 별명을 붙여주고 싶었다. 조곤조곤 수다 떨듯 스스로 체득한 전문 지식을 쏟아놓는 모습이 신기했다. 틴에이저로 시작해 대중 앞에 노출된 사람으로 마흔을 맞았는데 어떻게 좋은 에너지로만 차곡차곡 자기를 채웠을까.

"사업도 실패해 봤고, 세상에 덩그러니 혼자라고 느낀 적도 있었어요. 그런데 지나고 보면 다 감사함만 남아요. 주변에 좋은 사람이 많았던 거죠."

후렴구처럼 되뇌는 '질문했다'와 '즐겼다'는 옥주현에게 크고 작은 고민을 푸는 만능열쇠처럼 보였다. 재능과 즐거움이 통합될 수 있는가는 모든 예술가에게 미스터리인데 오직 그녀에게만은 예외인 듯싶었다.

습관의 시간을 믿고 무대 속으로

너무 긴장해서 무대에서 도망치고 싶었던 적은 없나요? 마리아 칼라스도 분장실에서 벌벌 떨다가 누군가 등을 밀어주면 겨우 무대로 떠밀려 나가곤 했답니다.

　아! 진심으로 이해해요. 처음엔 무언가를 해야 한다는 그 자체가 스트레스였어요. 지금은 관객들의 숨소리가 느껴져요. 객석이 보이진 않지만 제가 나오길 잔뜩 기대하는 그 공기의 결이 다 느껴져요. 사실은 공기가 바뀌는 그 느낌이 제 목을 조여와요.

저런! 그래서요?

1막이 끝나면 20분의 인터미션이 있죠. 화장실을 다녀온 후 복근 운동 100개를 하고 2막에서 부를 〈레베카〉를 한번 불러봐요. "선배님, 시간 됐습니다" 스태프의 안내로 무대에 오를 땐 공포로 거의 미치기 직전이 돼요.

관객의 기대감이 당신에겐 힘이자 두려움이군요. 무대에선 오히려 결심한 듯 옥타브를 올려 '귀르가즘' 서비스를 해서 대체 저 에너지의 끝은 어딜까 궁금했어요.

진심으로 최고로 만족시켜 드리고 싶어요. 그래서 그 순간 전 이걸 기억해요. '옥주현! 발레부터 식단까지, 생활의 모든 루틴을 네가 잘할 수밖에 없는 상태로 만들어 왔잖아. 이 이상 어떻게 더 해?' 그러면 올림픽 같은 그 순간을 즐기게 돼요.
공기의 밀도가 너무 높을 땐 이렇게 외쳐요. '네가 이걸 빼먹었니? 저걸 놓쳤니? 네가 다져놓은 걸 기억해.' 그렇게 믿음의 벨트를 매고 객석으로 몸을 던져요. 습관의 시간을 믿고 뛰어드는 거죠.

아름다운 이야기네요. 그 어떤 모습도 에러가 아닌 가장 최적의 상태로 만들어 가는 모습이 보기 좋습니다. 문득 궁금해져요. 핑클은 당신의 뿌리예요. 그 시절이 당신에게 남긴 유산은 뭐죠?

음……. 달콤하고 예쁜 소리를 많이 썼는데 그게 지금의 제겐 유산이 됐어요. 가령 〈엘리자벳〉이라는 뮤지컬은 열 살부터 예순의 황후 목소리까지 다양하게 써야 했는데 큰 도움이 됐죠. 생각해 보

무대에 오를 땐
믿음의 벨트를 매고 객석으로 몸을 던진다.
습관의 시간을 믿고 뛰어든다.

면 노래든 마음이든 자신을 단단하게 만들어 가던 시절이었어요.

자존감은 괜찮았나요?

당시엔 좋지 않았어요. 너무 어렸죠. '가수는 노래를 잘해야지, 난 노래를 잘해' 세뇌하면서 버텼지만 네 명 다 자존감에 상처가 있었어요. 그래서 〈캠핑클럽〉 할 때 그렇게 많이 울었나 봐요.

핑클은 어떤 사람들이었죠?

자기 색이 강하고 귀여운 사람들이었어요. 다듬어지지 않았는데 그게 매력적이었죠. 예능할 때 이미 싹이 보였어요. 잘 가꿔진 온실 안의 화초가 아니라 들판에 핀 민들레 같았어요. 하하. 핑클의 1호 팬이 저였어요. 저는 핑클의 모든 걸 다 사랑했어요. 사랑이 넘쳐서 곁을 주는 친구들에겐 뭐든 다 해주고 싶어요.

그 자신, 남의 발톱 큐티클까지 정리해 주며 좋아라 하는 사람이라고 했다. 핑클로 받은 사랑이 너무나 커서 이제는 살면서 그 사랑을 다 갚아야 한다고. 그 시절 응원하던 어린 팬들이 자라서 공연계에서 일하는 걸 보면 인연이 새록새록 소중해 뭐든 아낌없이 주고만 싶다고.

나는 무엇을 하면 즐거운가

아이돌에서 처음 뮤지컬로 왔을 땐 뮤지컬 팬들의 비난과 의심이 자기를 키웠다고 했어요. 그만큼 단단해진 거겠지요. 혹시 승부욕이 발동했었나요?

아니요. 승부욕은 아니에요. 전 정말 이 일을 즐기고 싶었어요. 관객도 저도 즐기려면 제가 잘해야 했어요. 결국은 제 즐거운 고민이 관객도 즐기도록 만든 셈이죠.

자기 목소리의 어떤 부분을 좋아하지요?

따뜻함이요. 저한텐 아주 따뜻하게 들려요.

머라이어 캐리, 휘트니 휴스턴, 조수미 중 누가 가깝다고 느끼나요?

음악을 좋아하는 사람이라면 누구나 머라이어 캐리와 휘트니 휴스턴의 빅 팬이죠. 전 조수미 자서전을 보면서 목을 쓰는 이론을 연구했어요. 성악도로서 그녀의 당당함에서 많은 영향을 받았어요.

특별히 뮤지컬에서 노래를 잘한다는 건 어떤 의미죠?

오늘 한 퀄리티의 노래를 내일 이 시간에도 똑같은 퀄리티로 부른다는 거죠. 어제보다 피곤해도 안 되고 목을 잘못 쓰면 대참사가 일어나요. 올림픽 장기전 같은 거예요. 그래서 전 공연할 때 몸의 상태가 가장 좋아요. 뜨거운 물에 샤워하고 나면 다시 한번 더 무대에 설 수 있을 것 같다니까요.

브로드웨이나 해외 무대에서 활동하고 싶지는 않나요?

아니요. 전 15년 동안 우리 뮤지컬 무대에서 성장했어요. 여기서 계속 만들어 가고 싶어요. 특별히 이쪽에 꿈을 갖는 사람들을 돕고 싶어요. 우리말 발음으로 노래하고 목 쓰는 법을 전달하면서요.

꿈이 있나요?

지금 이 상태로 건강하고 즐겁게 노래하는 것.

성장하고 싶어 하는 모든 사람을 위해 조언을 부탁합니다.

남한테 노하우를 묻기에 앞서 자기가 뭘 하면 즐거운지를 집요하게 물어야 해요. 자기 즐거움을 찾아서 집중하면 예상치 못한 길이 자꾸 나타나요. 그렇게 지치지 않고 계속하는 것의 힘을, 저는 믿어요.

즐거워야 계속하고 즐겁게 계속하려면 잘해야 해요. 그 과정을 이어주는 게 또 질문이죠. 어느 날 빛이 비칠 때 결과물의 밑동에서 제가 발견한 것도 어마어마한 분량의 물음표였어요.

그러니 계속 자기를 탐문하라고 자긍심 충만한 목소리로 옥주현이 말했다.

"어떤 질문을 선물처럼 받게 될지 기대돼요"로 시작됐던 인터뷰가 "성장하려면 자기에게 질문하세요"로 끝이 났다. 모든 질문마다 얄미우리만치 빈틈없는 현답을 준비해 놓은 옥주현. 살아온 삶 자체가 스스로에 대한 질문과 답의 연속이었던 사랑스러운 완벽주의자.

'내가 즐기고 싶어' 스테이지에 서도 두려움은 폭풍처럼 우리를 덮친다. 그때 두려움을 이기는 힘은 자문자답으로 수련한 자기 전문성에 대한 믿음이다.

피아니스트 시모어 번스타인은 "주어진 재능에 어떻게 반응하는가가 곧 인생"이라고 했다. 질문을 멈추지 않는 한 어떤 작품이든 옥주현의 완판 신화는 계속될 것 같다.

		옥	주	현	의		
		일	터	의		
		문	장	들		

먼저 '내가 뭘 하고 싶은지?' 질문하고
그다음엔 '뭘 공부하면 되는지?'를 물어야 한다.

적성에 맞으면 오래 하고 싶고
오래 하려면 탐구하게 된다.

계속한다는 건 그냥 숨 쉬듯이 놓지 않고 하는 것이다.

오래 한 사람이 보여주는 우주는 깊이가 다르다.
그 시간을 들였기 때문에 찾은 우주이다

무대에 오를 땐 습관의 시간을 믿고 뛰어든다.

'네가 다져놓은 걸 기억해.'
그렇게 믿음의 벨트를 매고 객석으로 몸을 던진다.

즐거워야 계속하고 즐겁게 계속하려면 잘해야 한다.
그 과정을 이어주는 게 질문이다.

무리하지 말고 즐거움을 좇아라

백현진

20년 넘게 지치지 않고 사운드를 만든 인디음악가.

국립현대미술관 '올해의 작가상' 후원 작가인 현대미술가.

드라마와 영화에서 개성 있는 캐릭터를 연기하는 배우.

백현진이 11년 만에 새 솔로 음반을 냈다. 그 음악을 듣고 깜짝 놀랐다. 이렇게 밑도 끝도 없고 구조도 전통도 없는 것 같은 낯선 노래는 처음이었다. 끈 떨어진 연처럼 하염없고, 물을 보는 고양이처럼 엉큼하고, 가운데가 뻥 뚫린 도넛처럼 비어 있으면서도, 어딘가 모르게 쫀득한 노래라니.

발효되어 끓는 막걸리, 목마른 사자처럼 으르렁대던 한대수의 탁성을 깎아 꽈배기 반죽 말듯 부드럽게 스윙하는 백현진. 그가 애타지만 슬프지 않은 목소리로 사자 티셔츠를 돌려달라고 호소한다. '니가 빌려 간 사자 티셔츠 왜 돌려주지 않는 건지, 그 셔츠가 요즘 가끔 생각이 나, 니 마음대로 가져간 거잖아. 내가 좋아하는 사자 티셔츠…….'

김오키의 색소폰은 빗속의 헤드라이트처럼 앞을 비추고, 이태훈의 기타 줄은 얌전히 찰랑거리며, 진수영의 피아노는 공기 중에 물보라를 일으킨다. 장식을 다 걷어낸 프로페셔널들의 청순한 자아도취에 어안이 벙벙해진다. 뒤따르는 감정은 평안이다.

더 할 수 있지만, 더 나아가지 않고 멈춰 조금만 하는 정확한 연주, 최소한의 창법으로 체념하듯 불러진 노래……. 김밥과 색소폰, 고속도로와 피아노가 비벼진 이야기가 귀에 당도할 때 드는 이상한 안도감.

백현진을 만났다. 1990년대와 2000년대의 문화계를 자기만의 촉과 속도로 관통해 온 차분하게 시끄러운 남자. 장영규와 결성한 '어어부 프로젝트', 방준석과 함께한 프로젝트 그룹 '방백'으로, 20년 넘게 지치지 않고 사운드를 만든 인디 음악계의 아웃라이어이자, 국립현대미술관 '올해의 작가상'까지 오른 성실한 현대미술가, 개장수로 얼굴이 알려진 배우이기도 한 삼위일체의 사나이.

막걸리와 샴페인을 섞은 것 같은 높고 샤프한 탁성으로 그가 말했다. "즐거움 없인 계속할 수 없다"고. "완성이나 발전 없이 수평 이동만 있으니 절대 무리하지 않는다"고. "우리가 세련되다고 하는 것들이 사실 우리를 힘들게 하고 있다"고. "예술은 메타포가 아니라 사람 사는 이야기"라고.

문화역사 서울의 '호텔사회' 전시를 위해 옛 서울역에 매트리스를 산처럼 쌓아놓고 달려온 참이었다. 연남동 작업실은 무질서한 공간에 웃자란 식물들이 군데군데 터를 잡고 있어 싱싱하게 그로테스크했다. 바닥의 물감을 피해 사뿐사뿐 걸어 다니는 백현진은 21세기의 신선처럼 보였다.

뭐 하시는 분인가요?

개장수, 사채업자, 재벌 2세, 지방대 교수……. 길거리에서 저를 보면 갸우뚱하세요. "어? 신민아(드라마 〈내일 그대와〉에 함께 출연)…… 어? 김선아(드라마 〈붉은 달 푸른 해〉에 함께 출연)……." 이러시는데 하하, 저 신민아 아닙니다. 저는 백현진입니다. 소리를 만들고 그림을 그리는 사람이지요.

어쩌다 보니 부업인 연기가 당신 일의 메인 스트림으로 들어왔군요. 노래하던 김창완이 연기하는 김창완으로 변이되던 것만큼이나 자연스러운 오버랩입니다.

영화 〈경주〉에서 신민아 씨를 상대하는 지방대 교수로 나온 이후 영화와 TV에서 저를 찾기 시작했어요. 제 얼굴에 밉상인 40대 아저씨가 잘 붙나 봐요. 배우 김의성 씨도 여린 성정의 사람인데 〈부산행〉의 악독한 꼰대로 더 알려졌잖아요. 저는 상업 영화에선 재수 없는 나쁜놈 얼굴로, 독립 영화에선 느리고 멍때리는 수다꾼으로 자리 잡은 듯합니다.

시장에서 그렇게 소비되는 게 재미있나요?

처음엔 어색하고 쑥스러웠죠. 이젠 인정합니다. 몇 가지 일 중에서 하나의 정체성이라고 생각하면 즐거워요. 저는 붓질하고 소리를 다뤄요. 그 일이 너무 즐거워서 나머지 하나의 정체성은 뭐든 즐겁게 해낼 수 있어요.

선수와 백수 사이

백현진은 2004년부터 연남동 어느 주택의 한 공간에 세 들어 살고 있다. 화가로 좀더 잘 나가기에 3층 전셋집에선 그림을 그리고, 2층 월셋집에선 음악을 만든다.

치열하게 예술 작업을 한다가 아니라 오르락내리락하며 일을 본다. '일을 한다'가 아니라 '일을 본다'라는 말에는 어떤 압박도 느껴지지 않는다. 얄미우리만치 느긋한 언어 선택에서 히피와 힙스터의 무드가 동시에 읽혔다.

연기하고 그림 그리고 음악을 만들고…… 번아웃으로 탈진한 현대인은 당신 같은 느슨한 형태의 유닛 라이프를 꿈꾸지요.

　　가족이 생기면 이런 패턴이 힘들어질 수도 있죠. 하지만 저는 20대 때부터 지인들과 예술가의 삶에 관해 이야기를 나누곤 했어요. 제 결론은 저란 사람은 주문받고 컨폼받는 일은 못하겠다였어요. 넓게 보면 외부에서 주문과 컨폼 없이도 자기 삶을 이어가는 게 예술가의 디폴트(기본값)예요.

네. 하지만 외부의 질서에 의존하지 않고 스스로 주문과 컨폼을 한다는 건 또 다른 고통을 수반하죠. 그렇지 않나요?

　　아니요. 저는 고통이 없어요.

창작의 고통이 없다는 말인가요?

(담담하게) 없어요. 청년 시절, 저는 먼저 세상을 살다간 철학자나 과학자들의 삶을 종종 엿봤어요. 그들의 삶을 귀동냥하다 보니 알게 되었어요. 어떤 예술가가 되는 것보다 어떤 사람이 되는가가 상위 개념이라는 걸. 어떤 사람이 되면 작품은 그에 맞게 따라와요. 사운드가 있고 뮤직이 있는 것과 같죠. 순서로 따지면 사람이 예술의 선행 조건이죠.

이를테면 '내가 어떤 종류의 사람인가'가 작품으로 그대로 나온다는 거죠?

맞아요. 그래서 현재 불안해 한다고 다른 작품이 나오지 않아요. 내가 달라지지 않는 한 현재의 내가 나올 뿐이죠. 불안해 봤자 소용없으니 불안하지 않기로 했어요, 저는.

목표가 뭐죠?

없어요. 계획이 있고 목표가 정확하면 불안했겠죠. 가령 어떤 작품을 만들어야 하는데 그걸 못하거나 수준에 못 미치면 안절부절못하잖아요. 저는 목표가 없어요. 그래서 아등바등 무리를 안 해요. 제가 원하는 건 오로지 무리가 없는 상태예요. 절대 무리하지 않으려고 노력합니다.

노래를 들어보면 보컬뿐 아니라 색소폰, 피아노, 기타⋯⋯ 세션들도 하나같이 선수와 백수 사이를 오간다는 느낌을 받습니다. 무리하지 않고 딱 내야 될 소리만 정확히 내면서 에너지나 감정의 낭비가 없더군요. 힘

을 뺐다기보다는 아예 처음부터 힘을 안 들인 느낌이었어요. 기승전결도 신경 쓰지 않고요.

맞습니다. 선수와 백수 사이에 있고 싶어요. 저만해도 영감을 쥐어짜고 타인을 괴롭히고 온갖 진상 다 떨면서 나온 음악이 싫어졌어요. 그게 잘못이라기보다는 그렇게 살고 싶지 않아요. 음악으로라도 그런 경향을 보여주고 싶어요. 즐겁게 일해서 나온 결과물이니 편하게 막 가져다 들으시라고.

나를 쥐어짜고 남을 괴롭히고 예민함으로 찔러서 만든 작품은 자연스럽지 않다고 했다.

하지만 상업적인 완성도를 끌어올리기 위해서 때론 나와 남을 쥐어짜야 할 때도 있지요.

(단호하게) 저는 완성도를 믿지 않아요. 수정과 개선과 발전을 믿지 않습니다. 제가 보는 인류 문명도 발전이 아니라 변화와 변경 정도예요. 작은 단위에서 개선이 있을지언정 역사도 변화를 겪을 뿐이죠. 그런 철학이 정착되니 작업할 때도 마감이나 목표가 없어요. 아예 그 욕심을 안내요. 일상생활도 그렇고요.

완성은 없고 그저 과정 중에 손을 뗄 뿐이다?

그렇습니다. 누군들 자기 일을 성실하게 하고 싶지 않겠어요? 즐겁고 성실하게 자기 일을 보다가 정해진 시간에 손 떼면 끝이 나는 거죠. 마감이 좋아지고 수준이 높아졌다? 전, 모르겠어요. 즐겁게 변경시켜 나가면 몸과 마음에 무리가 덜해요. 그런 상태가 반복되면 무리가 점점 덜해지겠죠. 전 그런 상태를 희망해요.

이번 앨범 《가볍고 수많은》이 그런 상태인가요? 욕심과 무리를 완전히 덜어낸 상태 말이에요.

　제가 20년 정도 음악을 했거든요. 그런데 이 앨범을 제일 많이 듣고 있어요. 너무 잘 만들어서? 아니에요. 완성도? 세련미? 감각이 좋아서? 아니죠. 작업 과정에서 무리를 안 한 음악이라 자꾸만 더 듣고 싶어지는 거예요.

다르면 고마운 거 아닌가

백현진은 외항선 선장이었던 아버지와 외향적인 어머니 사이에서 삼형제의 막내로 태어났다. 그 자신, 방치에 가까울 정도로 자유롭게 자란 게 예술가의 바탕이 됐다고 했다. 입시 미술로 홍대 조소과에 들어갔고 입학하던 해 봄에 베이시스트 장영규를 만나 1995년 '어어부 프로젝트'로 데뷔했다.
학교는 자퇴했다. 1996년에 밀라노에서 화가로 첫 전시를 했다. 영화 〈반칙왕〉의 단역으로 시작해 연기의 지경도 넓혔다. 〈복수는 나의 것〉 등의 스크린에 하드보일드한 사운드를 입히며 홍상수, 김지운, 박찬욱 감독의 영화 음악을 만들었다.

1990년대의 어어부 프로젝트의 음악은 무리를 많이 한 음악이었지요?

그렇죠. 분노, 냉소, 농담이 집약적으로 터져 나온 음악이죠. 그 악을 떨고 호통을 치고 몰아붙이는 힘이 있는. 그런데 젊은 시절 무리했던 그 음악이 더 훌륭하냐? 아니에요. 그냥 다른 거예요. 발전은 수직이지만 변화는 수평이거든요. 그런데 저는 '저 높은 곳'을 향해 가고 싶지 않아요. 뻔히 다 알면서 체념, 좌절, 불안을 맞닥뜨릴 이유가 없어요.

목소리 운영은 어떻게 하고 있나요? 앰프처럼 성량이 좋으니 탁한 듯해도 청아하게 들리던 걸요.

중학교 시절부터 이상하다는 소리를 많이 들었어요. 기자들도 '노래는 못하지만 음악은 독창적이다' 이렇게들 평가하셨고. 하하. 여하튼 난 이 목소리로도 내 볼일을 봐야 했어요. 다르면 고마운 거 아닌가 하면서 노래했죠.

그런데 연기 현장에서 다른 평가가 나왔어요. 배우들은 연기할 때 숏하면 목소리가 자동으로 높아지거든요. 저는 안 그래요. 음량이 고르고 딕션이 좋다는 거죠. 녹음 기사가 말해 줬어요. 그런데 택시 기사들은 또 제가 말하면 한국인이 아닌 것 같대요.

김창완이나 신구 선생처럼 호흡이 둥글고 당김음이 찰져요. 공기 반 소리 반 어법이면서도 딕션이 좋아 가사든 대사든 귀에 쏙쏙 박히죠. 혹시 판소리를 했나요?

제가 거리 출신이에요. 미술도 최정화, 이불, 안은미를 동네에서 따라다니며 배웠죠. 노래는 10대 시절엔 한대수 같은 보컬리스트를 지향하다 어느 순간 톰 웨이츠(Tom Waits)를 레퍼런스로 삼았어요. 20대 중반쯤 되니 안되겠다 싶더라고요. 이러면 톰 웨이츠의 주석이나 되겠구나……. 그때 남도소리꾼 박병천 선생의 소리, 고수 김데레 선생의 구음을 만났어요.

신기하죠? 영미의 사운드가 썰물처럼 빠지고 로컬이 밀물처럼 몸에 들어왔어요. 직관적으로 우리의 좋은 소리를 모으고 뭉개서 서른 중반에 지금의 제 소리가 만들어졌어요.

어떤 노래를 많이 듣나요? 밥 딜런이나 레너드 코헨의 느낌도 있고 재즈와 택견의 호흡도 느껴지더군요.

밥 딜런과 레너드 코헨, 대단한 뮤지션이죠. 요즘엔 송창식과 신중현과 조동진을 들어요. 특히 송창식은 완전히 다른 음악을 했던 사람이에요. 점점 그 맛에 감탄하게 돼요.

송창식은 우리말을 고귀하고 아름다운 포크송으로 만들어냈죠. 〈딩동댕 지난 여름〉이나 〈푸르른 날〉 같은 곡은 명곡입니다. 백현진 씨의 이번 앨범 제목도 좋더군요. 《가볍고 수많은》. 김애란의 소설을 읽는 느낌이 들었어요.

(놀라며) 녹음할 때 김애란의 소설 『바깥은 여름』을 읽었죠. 그분이 제 앨범에 코멘트를 해주면 좋겠다 싶었어요. 성향상 저는 무거운 걸 좀 못 견뎌 해요. 빌 머리는 좋아해도 최민수는 못 견디는 스타일이죠. 이야기 안에 애환은 있지만 스타일은 좀 무리 없이 가볍게 다가가고 싶었어요.

시장에서 성과는 좀 있습니까?

성과가 두드러지진 않았어요. 괜찮아요. 저는 그 부분에선 훈련이 돼 있습니다. 다행히 2005년부터 미술에서 성과가 있고 연기자로 활동도 많아졌어요. 지금은 설령 음악이나 미술에서 성과가 없어도 계속할 뱃심이 생겼죠.

타인의 무관심 속에서 어떻게 20년을 지속할 수 있나요?

저는 언제부턴가 눈을 감고 노래를 불러요. 차마 눈뜨고 노래할 수 없어서요. 장영규와 1995년부터 어어부 프로젝트를 만들어서 활동했는데 노래하다 보면 그나마 한 명 있던 관객도 나가는 거예요. 당시엔 저도 청년이라 얼마나 마음이 이글이글했겠어요. 안 보려고 눈을 감고 노래했어요. 그런데 어느 순간 그게 몸에 습관이 됐어요.

시장에 눈을 감았다……?

성과가 없어도, 혹평이나 무관심 속에서도 나는 계속하겠다……. 눈감지 않으면 못 버텨요. 본능적으로 그 앱이 개발된 거죠.

멘탈이 경이롭군요.

그 부분에서 멘델(Mendel)에게 감사해요. 저는 그 자세를 멘델에게 배웠어요. 멘델이 잡종 교배 실험할 때 학계의 반응보다는 자신의 호기심이 동력이 되어 멈추지 않고 계속했고 마침내 특별한 성과를 만들었죠. 지칠 땐 멘델을 생각해요. 자기 일을 오래 할 사람이라면 멘델을 스승으로 모시는 것도 좋아요.

무리 없이, 성실하게, 힘을 뺀 채로

시장에선 무관심했지만 가야금 명인 황병기는 그를 동시대 예술가로 지지했다. 전설적인 안무가 피나 바우슈(Pina Bausch)와 박찬욱 감독은 백현진과 작업하며 그를 천재로 인정했다.

문득 어둑한 실내에 알전구가 켜지듯, 불 오른 필라멘트처럼 심지가 또렷한 목소리로 그가 말했다. 어쩌면 이건 AI와의 경쟁이라고.

AI와의 경쟁이라니요?

AI 때문에 직업이 줄어들면 즐거움을 경험해 본 사람만이 다른 무언가를 할 수 있어요. 즐거움을 기억하는 사람은 면역력이 강해요. 그래서 어떤 환경에서든 잘 놀고 해법을 찾죠. 그런 건 구청이나 학원에서 안 가르쳐줘요.

마침 워라밸이 대세가 되고 AI로 직업의 경계가 혼선을 빚으면서 '좋아하는 일을 하라'는 메시지가 설득력을 얻고 있어요.

사람마다 상황이 다른데 무턱대고 '하고 싶은 일을 하세요!' 계몽할 순 없고요. 여하튼 저는 죽이 되든 밥이 되든, 시장에서 성과가 있든 없든, 제가 재밌는 일을 했어요. 현재로선 연기나 현대 미술 분야에서 적지 않은 수입이 발생하는 상황이니 저도 보기에 따라 기득권자죠. 제 삶이 '저렇게 살아도 굶지 않네, 먹고 사네'를 보여주는 하나의 데이터가 될 수도 있겠죠.

'작업하다, 관찰하다'처럼 올인하는 정자세의 언어보다 '일보다, 엿보다' 이런 식의 힘을 뺀 언어를 쓰는 이유는 뭐죠?

업계에서 통용되는 단어가 보통 '작업하다' 잖아요. 저는 그 말이 알맹이 없는 동사처럼 느껴져요. 화장실 갈 때도 '일보다' 그러잖아요. 그 정도가 좋아요. 자연스럽잖아요. 저한텐 그림도 '그린다'보다 '그려진다'예요. 의도하는 게 아니라 이렇게 저렇게 하다 보면 어느새 '그려져' 있거든요.

힘을 뺀 채로 순간에 집중하는군요.

맞아요. 무리 없이 성실하게. 마음이 즐거우니 집중도 잘돼요. 곁에서 보면 과정은 산만해 보여요. 3층 화실에서 저는 이 그림 저 그림, 붓 닿는 대로 색칠을 하죠. 오죽하면 두 번째 개인전 제목이 '산만과 실체'였겠어요.

인생에서 가장 힘이 있다고 생각할 때는 언제였나요?

무거운 걸 번쩍번쩍 들 때요. 제가 힘이 없어서 무거운 걸 잘 못 들어요. 디스크 판정을 두 번 받았어요. 근력이 약해서 흙, 철골, 망치질, 용접 등을 하는 조소과 하고는 처음부터 안 맞았어요.

그래서 산책과 낮잠을 좋아하는군요.

네, 하염없이 걷는 것을 좋아해요. 잠도 자고 싶을 때 잘 자죠. 운이 좋아서 이렇게 살 수 있는 걸 감사하게 생각합니다.

그 자신, 물결을 보며 멍하니 있을 때가 많다는 백현진. 주눅 들거나 우쭐해하며 뒤숭숭하게 지내는 것보다 멍 때리며 시간을 통과하는 게 대자연의 일부로 더 깔끔하지 않으냐고 읊조리듯 말했다. 어쩌면 그것과 가장 유사한 행동이 음악하고 그림 그리는 행위라고.

매사 그렇게 평온한가요?

가끔 그런 말 들어요. "너 아직도 음악하고, 미술하고 사냐?" 그렇게 산 지 20년이 넘은 요즘, 전 별로 지치지 않아요. 재밌으니까 이렇게 저렇게 변경하면서 놀아요. 잘해야겠다는 욕심도 없이. 피드백이 있으면 땡큐고 없어도 그냥 가요.

반응이 없어도 할 수 있는 앱이 몸에 장착돼 있어요. 너무 엎치락뒤치락하며 사는 것보다 좀 잠잠히 멍 때리듯 사는 게 자연과 문명에 도움이 되지 않을까요?

3~5년 피드백이 없어도 견딜 수 있겠어요?

상관없다고는 못해요. 그런데 즐겁게 성실하게 일을 보면 조금씩 운신의 폭이 생겨요. 어떻게든 되더라고요.

잘 팔리는 그림, 잘 팔리는 음악을 목표로 할 생각은 해본 적이 없나요?

20대 초중반에 알게 됐어요. 그렇게 해서 될 일이 아니라는 걸. 오히려 '내 스타일대로 하다가 반응이 오면 그때부터 오래 갈 수 있겠구나' 생각했죠. 하지만 제가 그런 삶을 살게 될 확률이 희박해 보여서 낙담하던 시절도 보냈어요. 그런데 놀랍게도 반응이 온 거죠. 밀라노 첫 개인전에서요. '말도 안 돼. 그림이 팔리다니!' 그 즈음이 아라리오 갤러리와 5년 전속 계약을 맺었을 시기였어요.

불안해 하지 말고 일 좀 보자

자기를 믿고 끝까지 해내는 뱃심은 어떤 식으로든 보상받는 듯 보였다. 등가의 법칙이랄까. 다만 'No Pain No Gain'은 백현진의 육체를 거치면서 'No Pleasure No Gain'으로 수정되었다. 즐거움 없인 얻는 것도 없다. 최고의 가치 기준은 즐거움. 은행 잔고를 확실히 채워주던 영화 음악 작업도 그만뒀다.

영화 음악은 왜 더 이상 하지 않나요?

2000년대 중반까지 하고 접었어요. 돈은 벌 수 있겠지만 제가 즐겁게 할 수는 없겠더라고요. 주문과 컨펌이 실시간으로 돌아가는 일이에요. 마감은 맞출 수 있는데 컨펌받는 건 죽을 것 같았어요. 그런 체계로 일하면 저는 제 성질에 못 이겨 죽고 말 거예요.

지금처럼 무리 없이 일보는 맛을 본 것도 얼마 되지 않았다고 그가 나른하게 웃었다. 그 웃음이 너무나 해맑아 보였다. 주문받고 박수받지 않아도 스스로 작동되는 일과 삶을 일궈왔으니 스스로 얼마나 기특할까.

눈을 들어 세상을 보면 시키는 일을 하며 군말 없이 주문과 컨펌의

너무 엎치락뒤치락하며 사는 것보다
좀 잠잠히 멍 때리듯 사는 게 도움이 된다.
잘해야겠다는 욕심도 없이.

트랙을 달려온 청년들은 '노오력'의 배신에 분노하며 '하마터면 열심히 살 뻔했다'고 어른의 세계를 조소했다.

그 여진으로 지금 서점가엔 『지쳤거나 좋아하는 게 없거나』『내가 원하는 것을 나도 모를 때』라는 제목의 책들이 날개 돋친 듯 팔린다. 열심의 에너지가 체념의 블랙홀로 빠져들어 갔을 때 그 공허를 헤쳐가는 안간힘은 어디서 나올까.

개인의 시대로 접어들면서 많은 사람이 나다움을 이야기해요. 백현진 씨에게 '나답다'는 건 어떤 건가요?

저는 오랫동안 나에 대해 신경을 끄고 지냈어요. 나 말고 저 바위, 나 말고 저 비행기, 나 말고 저 나무, 나 말고 저 냉장고를 궁금해했죠. 2005년에 상트페테르부르크를 두 달간 여행한 적이 있어요. 그때 욕망을 자극하는 광고판이 사람들의 도덕성을 망가뜨리는 모습을 생생하게 봤어요. 거기서 결심했죠. 아! 이젠 내가 나를 좀 궁금해해도 되겠구나.

나다움이 아니라 '나를 궁금해해도 되겠다'는 전지적 호기심의 관점이 신선하게 다가왔다. 어딘가에 청년 시절의 자기가 살고 있어 '좀 살 만하다고 깝치면 분노할 것 같다'고, 그가 자기 검열하듯 말했다.

그래서 나에 대한 궁금증은 어떻게 풀렸습니까?

오랫동안 나에 대해 궁금해했지만 붙들고 있다고 답이 나오진 않더군요. 그래서 궁금해할 시간에 일이나 봐야지 했어요. 불안해

하지 말고 일 좀 보자! 사람마다 문맥이 다르겠지만 아무리 생각해도 모르겠으면 생각을 붙들지 말고 움직여야 해요. 다행히 하고 싶은 일을 하다 보면 나의 무언가가 나오죠. 저는 가볍고 수많은 나를 보기 위해 작업량을 늘렸습니다.

술렁술렁 일을 보듯 관대하게 나 자신을 보는군요. 백현진으로 사는 게 즐거운가요?

약간은 쑥스럽지만 큰 무리는 없습니다. 개인전이나 공연을 앞두고도 예민하지 않아요. 평소처럼 즐겁게 평정심을 갖고 일합니다. 흐뭇한 상태에서 만들면 결과물에도 좋은 감정이 생겨요. 일도, 삶도 가능한 무리 없이, 쓱쓱 뚝딱뚝딱.

운신의 폭이 생기는 정도로 자족하는 마음. 과거도 미래도 성공도 실패도 크게 신경 쓰지 않는다는 백현진의 담력이 놀랍다. 존 레넌이 그랬던가. 즐겁게 낭비한 시간은 낭비가 아니라고.
무리하지 않으며 즐겁게 지속하는 일, 발전과 완성의 강박으로 나도 남도 박해하지 않고, 오직 변화와 확장을 도모하는 예술가의 삶. 그 모습이 저성장의 미니멀 라이프 시대를 살아갈 우리에게 힌트를 준다.

		백	현	진	의		
		일	터	의			
		문	장	들			

현재 불안해 한다고 다른 작품이 나오지 않는다.
내가 달라지지 않는 한 현재의 내가 나올 뿐이다.

수정과 개선과 발전을 믿지 않는다.
즐겁고 성실하게 자기 일을 보다가
정해진 시간에 손 떼면 끝이 나는 것이다.

언제부턴가 눈을 감고 노래를 부른다.
성과가 없어도, 혹평이나 무관심 속에서도 계속한다.

재밌으니까 이렇게 저렇게 변경하면서 논다.
잘해야겠다는 욕심도 없이.
피드백이 있으면 땡큐고 없어도 그냥 간다.
무리 없이 성실하게.

즐거움을 기억하는 사람은 면역력이 강하다.
그래서 어떤 환경에서든 잘 놀고 해법을 찾는다.

불안해 하지 말고 일 좀 보자!
아무리 생각해도 모르겠으면
생각을 붙들지 말고 움직여야 한다.

큰 덩어리만
남기고
다 버려라

정구호

패션디자이너, 크리에이티브 디렉터.
삼성, 롯데 등 기업부터 국립무용단 등 국가 문화기관까지
전방위적으로 활동하는 크리에이터.

만능 디렉터 정구호. 그는 삼성의 빈폴과 롯데백화점 본점 공간 리뉴얼을 동시 진행 중이다. 제이에스티나의 부사장 겸 CD이자, 현대홈쇼핑의 J BYE, 코스맥스의 화장품 제품 개발도 맡고 있다.

지난 몇 년간 나는 여러 다채로운 공간에서 정구호를 만나면서 적잖이 혼란에 빠졌다. 어떤 날은 트레이닝 수트에 캡 모자를 쓰고 휠라 프레젠테이션을 진두지휘했고, 어떤 날은 서울패션위크 총감독으로 프런트로에 앉아 있었다. 어떤 날은 올림픽 공원 야외 무대의 눈부신 조명 아래서 오페라 세트를 점검하고 있고, 어떤 날은 한국의 공예 장인들과 나전칠기를 설명하고 있었다.

대체 이 사람의 정체는 무엇인가? 유통 마켓의 최전선에 있는 삼성, 롯데, 휠라, 제이에스티나 등 대형 기업은 물론 국가 이미지를 만들어내는 대표적 문화기관(국립무용단, 공예진흥원 등)이 결정적인 위기의 순간마다 정구호를 디렉터로 호출하는 이유는 뭘까? 도중 하차하긴 했지만 그는 지난 평창 동계 올림픽 개폐회식 공동 총감독이기도 했다.

나는 정구호의 모든 맥시멀한 행보가 그가 지닌 핵심 기술인 정리의 기술 때문임을 간파했다. 장르의 디테일 속에서 뭉텅뭉텅 특징을 찾아내고, 순식간에 그 관계를 정리해 내는 힘! "다 늘어놓을 수는 있지만 그 늘어놓은 것을 정리할 수 있는 자가 미니멀리스트"라고 정구호는 말했다.

모든 게 넘쳐나는 맥시멀한 세상, 무엇을 버려야 할지 아는 미니멀리스트의 지혜가 절실하지 않은가.

10년간 일하던 제일모직을 나와 동에 번쩍 서에 번쩍하던 정구호.

브랜드 빈폴 리뉴얼을 명목으로 다시 한번 삼성의 구원투수로 마운드에 선 당대의 크리에이티브 디렉터와 대화를 나눴다. 개울물이 돌멩이를 타고 흐르듯 한 호흡으로 둥글게 모였다 퍼지는 정구호의 화법은 사람을 압도하지 않으면서도 그 시야의 탁 트임이 가히 위력적이다.

정구호가 만지면 왜 모든 게 제자리를 찾고 원래 그랬듯 말끔하게 정리될까요?

다 늘어놓을 수는 있지만 그 늘어놓은 것을 정리할 수 있는 자가 미니멀리스트예요. 룩(look)으로 그려보면 머리부터 발끝까지가 하나의 덩어리로 보이는 모습. 사실 저는 패션 이외의 다른 분야에서 엄청난 전문가가 되려고 한 적은 없어요. 나만의 시선으로 변화의 기회를 만들 뿐.

삼성, 롯데 등 대기업의 패션, 공간 설계부터 국립 오페라단의 오페라 연출까지 이 모든 게 대체 한 사람이 소화 가능한 영역인가요? 유능한 조력자들이 많은 모양입니다.

저는 사무실도 없어요. 혼자 일해요. 노트북이 제 사무실이죠. 패션과 패션 아닌 것으로 분류해서 스케줄을 조정해 주는 재택근무 직원만 있어요.

진정한 미니멀리스트군요!

컨설팅의 핵심은 정확한 답을 내는 거예요. 만약 제가 정확한 답을 알고 있다면? 다른 사람을 시켜 조사하고 컨폼하고 수정하는 일은 불필요해요. 시간 낭비죠. 리서치, PPT 작업, 각종 구글링까지 전부 제가 해요. 도면을 그린다거나 하는 일만 외부 전문가에게 맡깁니다.

나만의 시각으로 간결하게 정리하기

밀라노 디자인 위크에서 한 '한국 공예 법고창신' 전시는 정말 놀라웠어요. 수묵의 독백을 이보다 더 우아하게 펼칠 수는 없겠다 싶었습니다.

　　큰 덩어리로 한국의 정체성을 표현하고 싶었어요. '책가도(冊架圖)'라는 한국의 대표 그림을 입체화해서 투명 사방 책자로 틀을 짜고 그 안을 블랙 앤 화이트로 채웠어요. 수묵화 느낌을 큰 정서로 잡고 갓, 방짜 유기, 나전칠기, 반상 등 공예품을 그 안에 조화롭게 배열해 봤죠. 보물찾기하듯 즐겁게 콤비네이션(combination)했어요.

연출했던 한국 무용 작품 〈묵향〉 〈향연〉과 같은 맥락으로 보였어요.

　　맞아요. 여러 장르의 일을 번잡스럽게 하는 것처럼 보이지만 제겐 하나의 일이었던 거죠. 다양한 형태와 컬러로 어지러웠던 오브제를 나만의 시각으로 정리해서 간결하게 보여주는 일.

핵심 빼고 다 버리는 방식이지요? 예술계의 곤도 마리에를 보는 것 같습니다.

　　수묵이라는 주제를 정하면 그 느낌에 합한 것만 공간 안으로 들여놓는 거죠. 전통문화는 하나하나 다 너무 좋은 요소지만 한꺼번에 보여주면 산만해지거든요.

오페라 작품이었던 〈동백꽃 아가씨〉의 무대는 붉은색을 주조로 컬러풀한데도 어지럽지 않아서 좋았어요.

　　우리가 오방색을 떠올리면 색이 혼합된 거로만 생각하잖아요.

치마, 저고리, 고름…… 다 다른 색으로. 그런데 색동옷을 그대로 보여주면 매력적이지 않아요. 빨강, 초록, 노랑…… 색을 분리해서 한 번에 하나씩만 보여주고 그럴 때조차 배경을 단순화해야 해요.

보통 전통 무대 배경은 병풍을 세우거나 나무에 달을 띄워서 설명을 하려고 해요. 저는 설명 대신 추상적인 상징물을 딱 하나만 써요. 뻔한 설명을 경계해요. 〈향연〉에서는 흰 배경에 거대한 매듭 몇 개 딱 늘어뜨렸어요. 한국인은 물건을 마무리하는 데 매듭을 잘 쓰잖아요. 노리개 끈, 부채에 달고 다니는 선추, 보자기 매듭. '매듭'이라는 상징으로 전통 정서의 무드를 잡아주는 식이죠.

큰 사이즈의 덩어리를 딱 하나 써서, 구획을 해내는 건 정구호식 디자인의 특징인 듯합니다. 공간과 사물의 관계를 좀 묵직하게 조정한달까요. 탁월한 공간 조각가라는 느낌도 받습니다.

일단은 핵심을 잡고 그다음엔 아이솔레이션(isolation)을 중요한 장치로 써요. 특정한 곳으로 장소를 옮겨서 사물을 개별적으로 고립시켜 놓으면 굉장한 변화가 생겨요. 그것도 일종의 정리 기법이죠.

순식간에 핵심을 당겨 보는 시력이 필요하겠군요.

저만의 필터죠. 저는 문화가 완성되기 위해서는 세 가지가 필요하다고 봐요. 첫째, 역사와 전통을 고집스럽게 유지하는 사람. 둘째, 전통과 상관없이 새로운 창작을 하는 사람. 셋째, 저처럼 옛것을 요즘 시대에 맞게 재조명하는 사람.

2015년, 휠라의 부사장으로 들어가 브랜드를 리뉴얼할 때도 로고 사이즈를 키워서 존재감을 증폭시켰지요?

네. 1년 6개월 정도 브랜드 리뉴얼 작업을 했어요. 당시 제가 짚었던 문제점은 휠라의 헤리티지 로고가 너무 헤프게 쓰인다는 거였어요. 그래서 로고를 쓸 수 있는 패션 라인을 줄이고, 색깔도 분명하게 정리했어요. 그랬더니 40~50대만 오던 매장에 젊은이들이 몰려오면서 스트리트 무드가 형성됐지요. 다행히 휠라가 그 뒤로 젊은 브랜드로 거듭났어요. 감사한 일이죠.

몇 년 전 제일모직 크리에이티브 디렉터를 그만뒀을 때는 불화설에 '짤렸다'는 말까지 온갖 억측이 난무했어요. 50대 초반에 회사를 그만둔 이유가 뭐죠?

2003년부터 10년 7개월을 크리에이티브 디렉터로 일하고 그만뒀어요. 좋은 직장을 박차고 나온다니 다들 이상하게 보셨죠. 대기업에서 받는 대우를 포기하고라도 저는 50대 초반의 시간을 자유롭게 쓰고 싶었어요. 회사를 나온 덕분에 무용, 개인 전시, 기업 컨설팅을 왕성하게 할 수 있었죠.

컨설팅을 수락하는 기준이 있습니까?

제가 투입이 돼서 도움이 될 수 있겠다는 믿음이 생기면 해요. 돈은 나중 문제예요. 확실한 결과물을 낼 수 있겠다 싶은 것만 선택해요. 성공률이 높으면 자동으로 크레디트가 올라가는 거고요.

롯데 백화점 본점 공간도 리뉴얼 중인데, 정구호의 손길이 닿으면 어떻게 변할지 궁금하군요. L7 등 롯데 호텔을 디자인한 이력의 연장선이겠지요?

네. 어린 시절, 롯데 백화점에 처음 갔을 때가 생각났어요. 40년도 더 전의 일이에요. 미도파와 코스모스만 있던 명동에서 롯데가 센세이셔널을 일으켰죠. 지하 식품 매장에서 유니폼에 앞치마를 두른 직원들이 웨스턴 스타일로 세팅된 음식을 팔았어요. 그때 흥분이 잊히지 않습니다. 리뉴얼 결과는 2021년이 지나야 나올 거예요.

백화점이 유통의 황태자이던 시절은 지났습니다. 당신만의 묘수가 있나요?

세대 간의 갭을 줄이고 스트리트 컬처를 흡수해야죠. 롯데와 현대, 신세계의 삼파전에서 롯데만의 특수성을 추출해 새롭게 연출해 볼 생각입니다.

지치지 않습니까?

전혀요. 책임감은 느끼죠. 회사마다 컨디션이 다르지만 최소 리스크로 최고 성과를 내야 하니까요. 클라이언트에게 리스크를 감수하라는 건 이제 안 먹힙니다. 유능한 컨설턴트라면 리스크를 최소화한 상태로 솔루션을 제시해야 하죠.

여러 장르의 일을 동시 진행하면 잠은 언제 잡니까?

새벽 2~3시에 잠들고 아침 7시면 일어나요. 잠은 좋아하는데 잠자는 건 싫어해요. 자느니 눈 부릅뜨고 앉아 영화를 보거나 웹서핑을 해요. 죽으면 평생 잘 텐데 싶어서요.

가치를 만드는 길을 찾는다

영향력이 오래 유지되는 건 시대를 잘 읽어서인가요?

오래 간다는 건 트렌드에 좌우되지 않는다는 거예요. 제가 현대홈쇼핑에서 'J BYE'라고 제 패션 브랜드를 냈었는데, 그것도 트렌드보다는 퀄리티가 우선이었어요. 트렌드리스(trendless), 시즌리스(seasonless)는 좋은 상품의 기본이거든요. 진정한 가치는 유행과는 상관이 없어요.

미니멀 앤 아방가르드라는 취향은 여전한가요?

주변에서 그렇게 평가하지 제가 '미니멀 앤 아방가르드'를 추구한다고 말한 적은 없어요. 기본에 충실해야 한다는 생각이 '미니멀'이 되고, 거기서 좀더 혁신적인 태도를 취하니까 '아방가르드'라고 하는 거죠. 그런데 지금 하고 있는 작업도 다 비슷한 방식이에요. 베이식(basic)을 찾은 다음 미래를 예측해서 그 흐름에 맞게 약간의 새로움을 얹는 거죠.

잘 못하는 일은 뭐죠?

창작과 기획은 잘하지만 돈으로 셈하는 건 못해요. 재무제표나 인사관리, 영업은 제 범위의 일이 아니라 사업은 안 합니다.

정구호만의 셈법이 있을 듯한데요. 미니멀리스트의 계산법은 뭐가 다른가요?

제 계산법은 1+1=2가 아니에요. 1+1=3이 되는 길을 찾아요. 꼭 돈의 문제는 아니에요. 당장 돈 버는 건 쉬워요. 가치를 만들어내는 게 어렵죠. 가치가 없으면 생명력이 유지가 안 되고, 생명력을 잃으면 브랜드는 순식간에 사라져요.

지금도 3초 안에 그림이 떠오르나요?

가끔 5초가 걸리기도 해요(웃음). 일을 제안받을 때 5초 안에 그림이 또렷하게 떠오르면 그 일을 해요. 현재, 환경, 요구. 이 세 가지를 기본으로 영감이 떠오르지 않는다면 그건 제가 답을 모르는 거예요. 떠오른 그림으로 방향을 잡고 디테일하게 그린 후 최종적으로 실현하는 게 제가 일하는 루틴이에요.

자기가 그린 그림이 정답이라고 확신합니까?

그럼요! 확신이 없다면 돈 받고 일을 시작하면 안 돼요. 디렉터라면 정답을 이미 알고 있어야 한다고 생각해요. 보통 디렉터들은 스태프들에게 R&D를 시키고 그중 하나를 초이스해요.
저는 처음부터 정답을 던져요. 그리고 첫 미팅 때 했던 이야기를 끝까지 고수하는 편이에요. 함께 일하는 분들은 "디렉션이 이렇게 일관된 사람은 처음 봤다"고 하세요. 재수 없게 들릴 텐데 제가 가진 가장 큰 재능이 그거예요. 생각한 걸 단번에 시각화할 수 있다는 것.

자칫 '나만 옳다'는 자기중심주의로 흐를 수도 있을 텐데요.

모든 일의 솔루션은 커뮤니케이션이에요. 저는 제가 하려는 걸 윗사람에게든 아랫사람에게든 오십 번도 백 번도 더 반복해서 친절하게 설명할 수 있어요. 쉽게 이해할 때까지.

결과는 두 가지예요. 설득당하거나 설득시키거나. 설득당하면 깨끗이 승복하는 편이에요. 목표 설정이 같으면 함께 갈 수 있어요. 실행하도록 윽박지르는 건 아무런 소용이 없어요. 디자인이나 창작은 실무자의 기분에 따라 능률의 차이가 커요.

나르시시스트는 아니라고 했다. 좋은 결과를 내려는 완벽주의자일 뿐. 핵심은 결국 관계 설정이다. "당장 손해 보더라도 관계를 해치지 않는 쪽으로 가요."

저도 제가 뭐가 될지 모르겠지만……

창의성은 타고난다고 생각하나요?

네. 1퍼센트의 영감과 99퍼센트의 노력이라는 말은 옛말입니다. 각 분야에서 전문성을 타고나는 사람이 있어요. 그런 사람이 창조적 환경을 만나 갈고닦아서 최종 결과물을 내는 거죠.

정구호는 성북동 한옥에서 할머니, 할아버지와 삼대가 함께 살았다. 사시사철 제사, 폐백 음식, 고추장·된장 담그는 행사가 끊이지 않았다고 했다.

예민함을 타고난 소년은 중학교 진학할 때 엄마 몰래 조금씩 가구를 빼내 초록 카펫이 깔린 자기만의 세상을 만들었다. TV에서 하는 공예 프로그램을 따라 박공예와 매듭을 만들고 장롱 속 옷을 꺼내 죄다 염색하며 놀았다. "항상 창의적 분위기에 있었던 것 같아요." 뉴욕 파슨스 스쿨과 시드니 르 꼬르동블루에서 패션과 요리를 공부하면서 그 환경이 절정을 이뤘다.

따르는 스승이 있습니까?

없어요. 스승은 아니지만 흐름을 바꾼 사람으로 항상 스티브 잡스를 생각해요. 저는 처음 샀던 아이팟을 기억해요. 박스를 뜯는 순간부터 빠져들어 갔어요. 그리고 이 완벽에 가까운 제품이 어떻게 진화할지 직관적으로 예감했어요. 전화기와 TV의 기능을 할 거라고. 중요한 건 정말 그렇게 됐다는 거예요. 예측할 수 있는 사람은 많아요. 진짜 결과를 만드는 사람은 드물죠.

카를 라거펠트와 알레산드로 멘디니. 영면에 든 두 분의 현대 디자이너를 떠올리면 어떤 생각이 드나요?

두 분은 평생 한 우물만 판 위대한 마스터지요. 책상 앞에서 스케치하다 돌아가셨을 거예요. 저는 못 해요. 한 우물 대신 여러 개의 우물을 팠습니다. 가끔 그런 생각이 듭니다. 내가 죽기 전까지 컬래버레이션과 개인 작업을 병행할 수 있을까? 창작의 샘물이 마르면 어떡하지?

너무 퍼다 쓰면 마르겠지요.

아니요. 저는 퍼다 쓸수록 더 차오르는 타입이에요. 일을 안 할 때도 끝없이 상상해요. 상상이 넘치면 아이디어를 기부하기도 해요. 젊은 연출자들에게 활용하라고 주는 거죠. 내 머릿속 상상이 무대에 실현되면 그 기쁨에 상상력의 샘이 더 촉촉해져요.

근본적인 욕구가 뭐지요?

'좋은 영향을 미치고 싶다' 정도. 제가 영화 〈스캔들〉 아트디렉팅을 했는데, 그 이후 시장 포목점에 가보면 한복 색깔이 정말 다양해졌어요. 저는 그런 모습을 보는 게 참 좋아요.
스티브 잡스가 스마트폰을 만들어서 세상의 문화를 바꿨잖아요. 반면 저는 얕고 폭넓은 사람이에요. 정치인, 경제인, 디자이너, 건축가…… 세상에 많은 유명인들이 있지만 정구호라고 하면 어떤 장르를 특정할 수가 없어요. 제가 국립 오페라단에서 〈라트라비아타〉를 변주해 〈동백꽃 아가씨〉 오페라 연출까지 하니까 친구들이 그래요. "도대체 넌 커서 뭐가 될래?"
전 제가 뭐가 될지 모르겠어요. 길을 정해둔 적이 없어요. 그냥 주어진 기회를 충실하게 활용할 뿐이죠. 사실 무언가를 먼저 제안해본 적도 없습니다.

먼저 제안한 적이 없다고요?

없어요. 저 스스로 무용하겠다고, 공예 전시하겠다고 뛰어다닌 적 없어요. 기회가 와서 결과물을 냈던 거죠. 제가 제안하면 상대가 저를 파악하는 데만 시간이 꽤 걸려요. 저에게 제안이 올 때는 저와 저의 이전 결과물을 스터디한 상태라 훨씬 일이 빨라요.

늘 앞서가는 사람인데 어디로 가야 할지 방향성에 혼란을 느낄 때는 없나요?

삼성을 나와서 공연과 전시를 하는 도중에 잠깐 어지러웠어요. 패션이, 커머셜 디자인이 어디로 가야 하는지 모르겠더군요. 그 답을 길거리에서 찾았습니다. 골목에 있는 작은 가게들에 모여드는 젊은이들에게서 희망을 봤어요. 그동안 저는 메인스트림에서 큰 것을 만들어왔는데 이젠 외진 곳의 작은 움직임들이 더 중요해졌어요.

스트리트 컬처가 명품 산업까지 움직이는 상황이죠.

맞아요. 이젠 패션 트렌드에서 솔루션을 찾으려면 답이 없어요. 발을 떼고 다른 곳에서 봐야 해요. 유행이 아니라 사회 문화를 예측해야죠.

을지로와 익선동만 봐도 이곳은 서울의 핫스폿이 아니라 이미 글로벌 스트리트라는 생각이 들더군요.

서울의 특정 지역만 그런 게 아니에요. 전국구에서 일어나는 현상이에요. 화양리에서도, 내륙 도시인 대구나 제주 바다에서도, 산골 어디에선가도 그런 바람이 불고 있어요. 놀라운 확장성이죠. 취향과 열정을 지닌 젊은이들이 전방위적으로 움직이고 있다는 거죠.

그 흐름에 어떻게 대처하고 있나요?

저는 항상 조합의 아름다움에 대해 생각했어요. 이젠 단순히 콤비네이션이 아니라 진정한 컬래버레이션의 시대가 시작됐다고 느껴요. 이걸 분석만 하면 늦어요. 그곳에 가서 있는 그대로 느끼고 내 생활의 일부로 만들어야 해요. 그 장소에서 먹어 보고 사보고 경험해야 알아요. 삼성을 나와서 거리에 가보고 알았어요. 쇼핑은 온라인에서 90퍼센트 이뤄지고 오프라인은 경험의 장소라는 걸. 스트리트와 접속해야 한다는 걸.

호기심이 대단하군요!

　호기심이 에너지를 만들어요. 그게 사라지면 창의력은 고갈되겠죠. 새벽에 웹서핑하는 것도 호기심을 채우기 위해서예요. 지구를 다 걸어 다닐 수 없으니 웹의 골목을 샅샅이 뒤져요. 요즘엔 현대 미술에서 큰 영감을 받고 있어요.

세 점의 미술 작품과 한 벌의 옷을 소유할 수 있다면 어떤 걸 고르시겠어요?

　조르조 모란디(Giogio Morand)와 에드먼드 드 바알(Edmond de Waal)의 작품. 모란디는 이탈리아 볼로냐 출신 작가인데 하찮은 덩어리 오브제를 잘 그립니다. 그 단순함이 지닌 파워가 어마어마하죠. 에드먼드 드 바알은 설치 작가인데 도예 작품을 굉장히 미니멀하게 설치해요. 알베르토 자코메티(Alberto Giacometti)의 조각도 빼놓을 수 없고요.

역시나 모두 덩어리 형태로군요! 옷은 어떤가요?

　예전부터 완성도 높은 최고의 한복을 입고 싶었어요. 바느질 장인 침선장이 바느질하고 누빔 장인이 누빈 옷에 옥 장인이 만든 단추를 달고 신발 장인이 만든 신발을 신고 관에 들어가고 싶어요.

대개 수의는 삼베로 지어 입는데 저는 명주로 지은 소색 한복을 입으려고요. 화장터에 가기 전까지 그렇게 곱게 입고 관에 눕고 싶어요.

탐미주의자답군요. 이런 생각은 언제부터 했나요?

오래 생각했어요. 두고 보세요. 앞으로 문화가 발전할수록 전통의 가치는 더욱 높아질 거예요. 컨템퍼러리(contemporary)와 전통의 조합이 더 많이 요구될 거고 일반 생활에도 흘러들어올 거예요.

스스로가 자랑스러울 때는 언제죠?

머릿속의 상상이 100퍼센트 가깝게 실현됐을 때죠. 저는 기업과 브랜드 론칭도 하고, 무용이나 공예 같은 순수 작업도 해요. 많은 분이 순수한 창작물은 상업성이 없다고 하지만 제가 연출한 국립무용단의 〈단〉과 〈향연〉 같은 작품은 티켓 파워가 엄청났어요. 커머셜한 일과 예술 작업을 병행한 건 정말 잘한 결정이었어요.

행운아라고 생각하지요?

행운아예요. 몇 년 동안은 서울패션위크 감독도 맡아서 잘 치러냈어요. 놀라운 행운이죠. 한국의 젊은 디자이너들이 해외에서 왕성하게 활동하는 걸 보면 감개가 무량해요.

정구호 시즌2는 어떻게 펼쳐질까요?

새로운 챌린지를 보고 있는데 그중 하나가 영화예요. 파격적인 현대물도 있고 사극도 있어요. 미스터리 스릴러 풍의 시놉시스를 써

났는데 언젠간 감독을 꼭 해보고 싶어요. 제가 올해로 쉰여덟이에요. 여전히 미래는 모르겠어요. 무계획이 저의 유일한 계획입니다. 동시대인들에게 좋은 영향을 주고 싶다는 마음만은 확실해요.

크리에이터로서의 정구호의 뇌와 커뮤니케이터로서의 정구호의 뇌는 다르게 작동된다. 5초 만에 그림이 떠오르는 디자이너의 뇌와 협력자들에게 자기 생각을 반복적으로 설명해도 결코 지치지 않는 리더로서의 뇌. 기본에 충실한 미니멀한 뇌와 약간의 혁신을 더하는 아방가르드한 뇌.

그러나 그 모든 전방위적인 활동의 핵심은 '잘 버리고 알맹이만 남기는' 그만의 정리 능력이 아닌가 한다. "창조의 핵심은 정리, 큰 덩어리만 남기고 다 버려야 한다"는 정구호의 말은 물질과 아이디어가 넘쳐나는 세상에서 요긴한 정돈의 기술이다.

		정	구	호	의		
		일	터	의			
		문	장	들			

트렌드에서 솔루션을 찾으려면 답이 없다.
발을 떼고 다른 곳에서 봐야 한다.
진정한 가치는 유행과는 상관없다.

일을 제안받을 때
현재, 환경, 요구, 이 세 가지를 기본으로
영감이 떠오르지 않는다면 그건 답을 모르는 것이다.

모든 일의 솔루션은 커뮤니케이션이다.

길을 정해둔 적이 없다.
그냥 주어진 기회를 충실하게 활용할 뿐이다.

적절한 포기로 선명한 나를 남기다

장기하

뮤지션이자 싱어송라이터.

'눈뜨고 코베인'의 드러머, '장기하와 얼굴들'의 리더이자 보컬.

산문집 『상관없는 거 아닌가?』 저자.

하루키의 에세이가 '맥주회사에서 만든 우롱차'라면

가수 장기하의 첫 산문집은 '우롱차 회사에서 만든 맥주' 같은 맛이었다. 깊은 탄산의 맛이랄까. 착실하게 잘 배열된 일상의 문장(마침 뮤지션 휴직 중이고 파주에 혼자 산다), 그 행간을 알싸하게 찌르는 특유의 심드렁함과 어디로 흘러갈지 알 수 없는 사유의 리듬에 적잖이 취기가 올라왔다.

일요일 오후, 야심 찬 일을 시작하기엔 좀 뭣하고 그렇다고 시간을 뭉텅이로 흘려보내기엔 아까워 읽기 시작한 책 『상관없는 거 아닌가?』에서 나는 약간 당황했고 적잖이 위로받았다.

책갈피를 넘기며 그의 동선과 기분을 따라가다 보면 괜스레 센치해지기도 하고 가볍게 흥분도 했다. 메밀차를 마실까? 식은 밥을 먹을까? 빵을 먹을까? 맥주도 한잔할까? 그가 알 덴테(AL DENTE)로 라면을 끓이거나 총각김치를 자를 때의 사각하는 가위 소리가 좋다고 할 땐 면가닥을 들어 올리는 젓가락이나 가위를 잡은 손아귀의 힘이 느껴졌다.

기록하기 위해 감각하는 일상이란 얼마나 농밀한가.

그는 느끼고 썼다. 석양이 비쳐드는 도심 고속도로를 달리거나 사막의 별빛 아래 홀로 노숙하거나 홀로인 듯 홀로이지 않으며 결국 홀로인 우리 존재의 충만과 결핍에 대해. 비틀스의 〈애비로드〉를 듣다가 불현듯 어린 시절 함께 놀던 세라 누나가 가버렸을 때의 슬픔이 몰려오는 우리의 출렁이는 감정에 대해. 사라지는 것이 아니라 입자로 흩어질 뿐인 죽음에 대해.

장기하는 나지막이 읊조렸다. 좋았던 순간조차 문득 두려운 건 그

것이 그리움이 되고 슬픔이 되기 때문이라고. 나는 은테 안경 너머로 또렷하게 빛나는 마흔 즈음의 검은 눈동자를 가만히 바라보았다. 충만한 일상을 누린 후의 이 개운한 사나이를.

장기하를 만났다. 단념하는 자아와 전념하는 자아를 한 몸에 지닌 효율적 모범생. 한 번 사는 인생, 두각을 나타내고 싶었다는 정직한 사내. 두각을 나타내기 위해 못하는 걸 하나씩 포기하고 나니 지금의 선명한 자기가 남았다고 했다. 행복하고 싶어서 특이해지는 걸 선택했고, 특이해지기 위해 자신을 맹렬하게 관찰했다.

페이스 디자인이 정교하군요. 짧은 머리카락과 턱수염 말입니다.

감자처럼 보인다고도 해요. 수염을 길렀다 밀었다 여러 단계를 거쳐서 지금의 편안한 길이에 이르렀어요.

체크무늬 분홍 셔츠도 잘 어울려요.

한때는 연예인답게 입으려고 노력했어요. 그런데 어느 날 이런 생각이 들었어요. '상관없는 거 아닌가. 나를 좋아하는 사람들은 내가 연예인다워서 좋아하는 건 아니잖아.' 그래서 '옷이 왜 그따위야?' 소리를 듣지 않을 정도의 편안한 선을 찾았어요.

그러니까 장기하 씨는 지금 디자이너처럼 보입니다. 늘어놓은 것을 정리해서 에센스만 정확하게 배치해 놓은 디자이너⋯⋯ 슈퍼 노멀, 비범한 평범의 상태지요.

(반색하며) 제 접근 방식이 그래요. 음악을 만들 때도 글을 쓸 때도 핵심만 붙잡아서 리듬을 추출해요. 군더더기는 싹 빼내죠.

군더더기를 안 좋아하는군요!

네. 그걸 인지하고서도 내버려 두는 경우는 없어요. 창작에서는 군더더기를 빼는 게 정말 중요해요. 저는 창작은 결국 요약이라고 생각해요. 핵심을 남기고 나머지는 버리는 거죠. 저마다 포착하는 핵심이 달라서 서로 다른 요약이 나오는 것 같습니다.

디자이너 출신인 카카오 대표 조수용과 크리에이터 정구호도 그러더군요. 더하기보다 빼기가 아이덴티티를 만들어낸다고요. 너무 많은 공을 던지면 소비자는 받아내지 못한다는 거죠.

음악, 미술, 연극, 문학 다 매개체를 통해서 감흥을 일으킨다는 점에서 다를 바 없죠. 동어 반복을 경계해야 한다고 생각해요. 글쓰기에서는 모르면서 단언하는 것, 짧게 쓸 수 있는데 늘여 쓰는 것 등. 음악도 장르의 클리셰나 편견이 있으면 불필요한 걸 못 빼거든요.

일상에서 군더더기는 뭐죠?

너무 많이 먹는 거죠. 식탐이 많아서 어릴 때는 먹을수록 기분이 좋았는데 지금은 아니에요. 과음하거나 과식하면 찌꺼기만 쌓여요. 그럴 땐 '왜 이러고 사나' 자괴감이 듭니다. 요즘엔 쓸데없이 비싼 물건을 사거나 소유하는 것도 군더더기처럼 느껴져요.

말 속의 리듬과 음계를 건져 올리다

첫 산문집 『상관없는 거 아닌가?』는 한 편의 긴 노래 같다는 생각을 했어요. 에세이 문장이 일상의 운율과 리듬을 품고 있더라고요. 당신이 노래 부르듯 나도 흥얼흥얼 읽어보았습니다. 혹시 당신도 그렇게 흥얼흥얼 썼나요?

(멋쩍게 웃으며) 쓸 때는 솔직하게 의미를 전달하는 게 목표였어요. 퇴고할 때는 소리 내 읽어봤지요. 자연스럽게 들려야 잘 짜인 문장이니까요.

노래를 만들 때는 어떤가요?

음악 창작은 대개 순서가 있어요. 먼저 멜로디를 만들고 거기에 의미 없는 발음을 붙여서 노래 꼴을 만들죠. 그다음에 발음에 잘 붙는 가사를 써요. 저는 좀 달라요. 어느 날, 한 문장이 스르르 다가와요.

문장이 다가온다?

네. 예를 들어 〈싸구려 커피〉는 '싸구려 커피를 마신다'라는 문장이 쑥 나왔어요. 가사의 첫 줄이 올 때도 있고 후렴구가 올 때도 있어요. 〈삼거리에서 만난 사람〉이나 〈달이 차오른다, 가자〉 〈그건 니 생각이고〉 이런 노래들은 다 실마리가 되는 문장이 먼저 왔어요.

왜 당신에겐 멜로디가 아니라 가사가 먼저 왔을까요?

사실 저는 작곡가와 가수가 될 생각이 전혀 없었어요. 리듬을 치는 드러머로 어떻게 연주를 잘할까, 하는 생각만 했죠. 그런데 의외로 좋은 드러머가 되겠다는 생각이 음악을 대하는 자세에 영향을 주지 않았나 싶습니다.

리듬을 인지하는 섬세함이 말이 가진 운율을 알아챌 수 있도록 이끌었달까요. 드럼 연습을 열심히 해본 사람은 다 알아요. 선생님이 "이건 정박이지만 빠른 거야, 이건 정박이라도 약간 느린 거야"라고 할 때의 차이를. 처음엔 다 똑같아도 점차 그 차이가 다 들리거든요.

미묘한 스윙을 캐치하는 건가요?

　그렇죠. 그게 드러머의 능력이에요. 귀와 손으로 그 스윙을 찾아가는 거죠.

그 촉으로 언어의 음악성을 찾아갔군요.

　네. 하지만 언어의 음악성은 음표에서 비롯된 게 아니에요. 생활 언어에서 추출된 거죠. 저는 드러머로 연습한 신체 기능을 잘 활용해서 언어의 음악성을 하나씩 추출해 갔어요. 이미 말 속에 있는 음악성을 건져서 밖으로 꺼내는 거죠.

가령 〈우리 지금 만나〉 같은 노래도 생활에서 건진 노래예요. 보통 전화하다가 답답하면 만나자고 하잖아요. 그때 '우리 지금, 만나' 이렇게 한달음에 훅 나와요. 그 억양을 음계로 표현하면 '도도레레라라' 정도예요. 말 자체가 음계와 리듬을 이미 품고 있는 거죠.

대개 싱어송라이터는 피아노와 기타 출신이에요. 저처럼 드러머 출신이 노래를 만드는 경우는 흔치 않아요. 그런데 그 점이 제 노래의 개성이 됐어요.

〈그러게 왜 그랬어?〉 같은 노래는 마치 배우처럼 노래하더군요. 감정도 발성도 명료해서 놀랐습니다.

　가사를 재밌게 써야 한다는 생각은 기본적으로 갖고 있었죠. 그런데 재밌게 쓴 가사도 클럽 같은 공연 환경에서는 전달이 잘 안 되더라고요. 그러면 방법은 하나죠. 쓰는 단계에서 전달력을 염두에 두고 문장을 만들어야 해요.

전달력을 염두에 둔 문장이란 뭐죠? 어떻게 써야 말하듯이 들리나요?

어느 날 김창완의 노래 〈아마 늦은 여름이었을 거야〉가 참 아름답게 들려왔어요. 거기서부터 한글 운율의 마법을 발견했어요. 〈아마 늦은 여름이었을 거야〉는 'ㄴㅁㅇ'이라는 울림소리를 잘 활용한 노래였어요. 울림소리는 '음'하고 울리는 음이에요. 반면 안울림소리는 '갈, 밥, 꽃'처럼 끊기는 소리죠. 한국말 노래를 부를 땐 이 울림소리에서 부드럽게 가고 안울림소리에서 끊기고 멈춰요. 우리말로 쓴 노래는 가고 멈추는 것을 배치하는 데서 오는 음악성이 아주 커요. 운율의 핵심은 흔히 쉽게 생각하듯 모음의 규칙성을 맞추는 게 아니었어요.

그런데 요즘 가수들은 우리말 발성을 외국어처럼 해요. 팝처럼 들리는 게 더 근사하다고 느끼죠.

언어 간에 자연스럽게 섞이는 건 좋지만 일방적으로 영어의 영향을 받는 건 좀 거북해요. 그러면 노래가 일상과 분리돼요. 한글에는 R 발음이 없는데도 그 발음을 내고, 무리하게 라임을 맞추려고 두 음절을 한 음절로 바꿔요. 도치법도 쓰죠. 그걸 제가 윤리적으로 판단하기보다는…… 뭐랄까, 그러면 우리말이 더 재미없어지는 거 아닌가, 그 정도의 생각을 하게 됩니다.

산문집에서는 무라카미 하루키의 느긋한 리듬이 느껴졌습니다. 마치 장기하의 노래에서 산울림의 그림자를 발견한 것과 같달까요.

고맙습니다. 하루키의 영향을 받았어요. 소재 고갈이 올 때마다 하루키의 에세이를 읽으며 반성했죠. 이렇게 사소한 소재로도 글을 쓸 수 있다니. 일상에 무궁무진한 소재가 있구나!

에쿠니 가오리는 노란 고무줄 하나에 대해서도 쓰죠. 일본 작가들은 사소한 것의 뉘앙스를 놓치지 않아요. 하이쿠(俳句)의 바탕이 튼튼합니다.
　　일본스러움을 추구하진 않지만 군더더기 없고 헛웃음이 나오는 정도의 위트가 참 좋습니다.

좀 이상하게 들리겠지만 장기하의 글과 노래에는 오래된 동시대성, 익숙한 독창성의 냄새가 나요.
　　솔직히 말씀드리면 저는 따라 한 게 많아요. 노래도 산울림을 따라 했다는 걸 숨기지 않아요. 나는 따라 한 사람이다, 산울림과 송골매라는 정확한 레퍼런스가 있다고 떠들었죠. 그렇게 대놓고 말하니 음악 팬들은 '속았다'고 느끼지 않아요. 저도 속인 적이 없어요. 가사만큼은 내 삶을 관찰해서 내가 쓴 거니까요.

베꼈지만 다른 것. 껍질은 외갓집 참외처럼 친숙하지만 알맹이는 더 달고 쩝찔한 것. 새로운 닮은꼴. 그것은 부모의 유전자를 물려받은 자식의 모습이 아닐까. 아들이 아버지의 염색체를 복제하듯 그는 하루키의, 김창완의 예술적 DNA를 흡입했다.
나는 그가 이 시대에 어울리는 매우 효율적인 천재라고 느꼈다. 이 효율적인 천재는 좋은 걸 따라 하는 것도 잘하지만 단념과 포기에도 능했다. 이유 없이 손 근육이 마비되는 '국소성 이긴장증'이라는 병을 앓자 프로 드러머의 꿈을 포기했고, 기타도 못 칠 상태가 되자 작곡과 보컬에 전념했다. 장기하에게 단념은 전념을 위한 반가운 알리바이처럼 보였다.

맹렬하게 나를 관찰해 찾은 그라운드

짧게 절망한 후 자기를 잘 설득해서 생의 방향을 트는 건 타고난 낙천성인가요?

아닙니다. 사람들은 제가 초연한 줄 아는데 아니에요. 반대로 욕심이 너무 많아요. 이를테면 저는 학창 시절 체육을 못해서 체육을 안 했어요. 혼나면서도 기어이 포기했죠. 뭐랄까, 저는 제가 두각을 나타낼 수 없는 일에는 흥미를 못 느끼는 인간이 아닌가 합니다.

두각을 나타내고 싶다······.

네. 두각을 나타낼 수 없는 건 다 포기해요. 세상에 잘하는 사람은 너무 많고, 잘하지 못하면 고통받으니 신속하게 단념하는 거죠. 돈에 욕심을 안 부리는 건 재력에 두각을 나타낼 자신이 없어서예요. 저는 가창력에도 두각을 나타낼 수 없어요. 그렇게 하나둘 포기하다 보면 알게 돼요.

포기하며 알게 된 것이 무엇인가요?

최고가 없으면서 내가 1등 할 수 있는 분야는 '개성'이라는 걸. 개성을 살리면 두각을 나타낼 수 있겠구나! 나 혼자 게임 해서 1등을 해야겠구나! 이를테면 축구가 아니라 혼자 뛰는 달리기를 선택하는 거죠.

두각을 나타내고 싶어서요?

그렇죠. 잘 못하면 특이하기라도 하자는 거죠. 그런데 특이한 게 쉬운 게 아니에요. 자신을 맹렬하게 관찰해야 합니다. 타고난 게 나밖에 없으니, 나를 잘 살려야죠.

그런 방식으로 효율적인 관찰의 천재가 됐군요!

천재는 김창완이죠. 하루키도 김창완과 비교하면 노력파로 보여요. 저는 서태지 키즈, 패닉 키즈로 자랐지만 '눈뜨고 코베인' 밴드에서 드러머로 활동하면서 산울림, 비틀스의 노래를 기본 교양으로 이수했어요. 그들의 천재성에 완전히 빠졌죠.
제 평생의 자랑이 뭔지 아세요? 김창완 선배님이 제게 해준 말이에요. "기하야, 넌 내가 밉지?" "제가요? 왜요?" "원래 아들은 아버지를 미워하거든." 하하. 아버지와 아들의 관계는 미묘하다는 거죠.

부전자전이라고 했던가. 장기하의 아버지도 대학 시절 밴드에서 베이스를 치며 노래를 불렀다. 그는 자신이 아버지의 음감을 물려받았다고 했다.

부모님은 어떤 분이셨나요?

억압도 하지 않았고 방임도 하지 않으셨어요. 공부를 잘하길

타고난 게 나밖에 없으니
나를 잘 살려야 한다.
그렇게 하다 보면
내가 1등 할 수 있는 그라운드를 찾을 수 있다.

유도했지만 제가 공부를 열심히 했던 건 그걸로 두각을 나타낼 수 있었기 때문이에요. 학교 시험 잘 보는 건 할 수 있는 일 같더라고요. 성적이 잘 나오면 기분도 좋았고요.

그는 서울대학교 사회학과를 나왔다. 패닉으로 활동했던 가수 이적의 8년 후배다.

좋은 학벌이 당신 인생에 영향을 미쳤나요?

서울대에 가보니 책을 많이 읽은 사람이 가득했어요. 제 또래 청년이 기형도는 물론 웬만한 문학 전집을 다 읽었더라고요. 저만큼 책을 안 읽은 사람이 없었어요. 결론은 겨룰 수 없는 일엔 노력하지 말자. 저는 고효율을 추구해요. 사람이 가진 게 다 거기서 거긴데 어디다 힘을 쓸지 효율적인 결정을 해야 한다고 봐요.

사실 진짜 테스트는 사회에서 시작되는 것 같아요. 사회에 나오면 시험 범위가 없잖아요. 그런데 고학력자들은 1등을 못 하면 굉장히 당황해요. 심리적인 대비가 안 돼 있거든요. 그때 자기만의 대처법을 찾아야 해요. 안되는 게임은 포기하고 범위가 작아도 내가 1등 할 수 있는 게임을 만들어야죠. 저도 지푸라기라도 잡는 심정으로 지금의 그라운드를 찾았어요. 행복하게 살아야 하니까 내 방법을 찾은 거죠.

생각해 보면 '국소성 이긴장증'이라는 병도 드러머로 두각을 나타내기 위해서 과도하게 높은 기준을 자신에게 부과하면서 나온 스트레스 반응이었다고 부연했다. 결과적으로 드럼 대신 화려한 스윙으로 자음과 모음을 배열하는 일, 싱어송라이터의 일이 장기하에게 가장 행복한 트랙이 됐다.

사실 더 사랑받고 싶어서

문득 궁금하군요. 당신에게 좋은 노래는 화성인가요? 문장인가요?

　문장이요. 제 음악은 언어에 대한 저의 태도에서 시작했어요. 그건 저의 세계죠. 반면 좋아하는 노래는 가사를 신경 쓰지 않아요. 어떤 노래는 가사를 알아듣지 못해서 다행이라는 생각이 들 때도 있어요. 언어의 의미가 아니라 소리만으로 아름답거든요. 밥 딜런의 노래, 라디오헤드의 노래는 말소리의 흐름만으로 황홀해요. 그것이 마치 장기하 노래를 가사를 모른 채, 그러니까 알맹이를 쏙 빼고 듣는 것과 무엇이 다른가 싶겠지만 하여간 그래요.

팬덤에 대해서는 어떤가요? BTS의 아미가 부러울 때도 있나요?

　아미가 대단하지만 부럽지는 않아요. 그 정도의 팬덤은 저의 행복을 위해 일찌감치 포기했어요. 추구하지 않는 영역입니다. 하지만 팬들은 장기하의 중요한 동력 중 하나예요. 〈별일 없이 산다〉〈그건 니 생각이고〉 이젠 『상관없는 거 아닌가?』라는 책까지 내니 제가 인기에 연연하지 않은 줄 아는데 아닙니다.

연연한다는 말인가요?

　네! 저는 사랑받고 싶은 사람이에요. 창작하는 사람은 대단한 예술혼을 지닌 사람이 아니라 사실 더 사랑받고 싶은 사람이에요. 주변 몇몇 사람의 칭찬이 성에 안 차서 더 많은 주목을 받고 싶은 사람들이죠. 그런 면에선 저나 BTS가 다를 바 없어요. 순수미술 하는 사람도 마찬가지죠. "난 사람들이 관심 안 가져도 상관없어"라고 하는 분들을 저는 믿어요. 하지만 의심합니다.

그 자신, 다른 사람들과 캐릭터가 겹치지 않아 '여기는 내 땅이다' 깃발을 꽂았지만 그 또한 상징일 뿐 금세 사라질지 모르는 물거품 같다고 했다. 행복에 뾰족한 수는 없다고. 상대적으로 많은 이들이 쫓는 가치를 따라 사는 사람들이 더 행복할지도 모르는 일이라고. 주저한다기보다 결론을 내고 싶지 않아 하는 것 같았다.

"무슨 일이든 결론을 내는 순간 이상해져요. 대화도 어려워지고요."
어떤 결론을 내리기보다 제 각자 결심을 할 뿐이라고. 우리는 신념의 허무함에 관해 이야기를 나눴다. 언제든 뒤집힐 수 있고 틀릴 수 있다는 전제로 연구하는 과학자들의 태도가 결국 예술가의 태도가 아니겠느냐고. 아름다움이 결론을 내릴 수 없는 것처럼.
나는 그에게 우주의 블랙홀에서 나는 수벌의 윙윙거리는 소리가 음악적인 파동을 갖고 있다고 말해 주었고, 그는 종로서적을 운영했던 할아버지와의 추억을 들려주었다. 할아버지 댁 마당에서 피어오르던 캠프파이어와 불 속에서 너울거리던 노인의 〈칠갑산〉과 손자의 〈하여가〉가 얼마나 멋진 하모니를 이뤘는가에 대해.

음악은 우리에게 진통제도 되고 각성제도 된다. 통증이 일상을 덮을 때, 사람들은 그 상황을 설명해 줄 더 나은 언어를 갈구한다. 고통이 어디에서 왔고, 얼마만큼 머물다 어디로 흘러갈지. 그럴 때 언어는 진통제다. 장기하의 언어는 진통의 세계에서 한 뼘 더 나아가 각성의 세계로 우리를 이끈다. 불투명한 일상과 감정을 성실하게 닦아 기어이 더 말갛고 선명한 언어를 내놓으며.

어떻게 스스로에 대한 과장과 오해에서 벗어났나요?

오르락내리락 반복하죠. 저에 대해 과장하고 오해하지 않으려고 안간힘을 쓰면서. 늘 포기에 성공하진 않아요. '상관없는 거 아닌가'라고 스스로 선언해야 하는 순간들이 얼마나 많았기에 이런 제목의 책까지 썼겠어요.

BTS나 아미가 부럽진 않지만, 고백하자면 저보다 조금이라도 잘 나가는 사람은 다 부러워요. 제가 행복해질 수 있는 길을 찾았다고는 해도 한눈팔면 역시나 또 부러워져요. 저는 망했고 저는 가망 없고 저는 실패한 것 같은 기분에 휩싸이는 걸요.

그래도 10년 넘게 뮤지션으로 잘 살아남은 이유는 완전하진 못해도 60~70퍼센트 확률로 포기에 잘 성공해 왔기 때문이에요. 운 좋게도 과욕을 부리지 않을 수 있는 정도로 포기에 성공했어요.

드럼을 포기했어도 여전히 드럼을 사랑하지요?

그럼요. 밴드를 하게 됐을 때는 그나마 박자를 잘 아는 사람이 저밖에 없어서 어쩔 수 없이 드럼을 쳤죠. 그런데 이 드럼이 참 매력 있어요. 아무나 할 수 있거든요. 그런데 아무나 다 잘할 수 있는 건 아니에요. 하지만 또 그럭저럭 알게 돼요. 모두가 잘할 필요는 없다는 걸. 그런데 저는 잘하고 싶었고 잘할 수 있다고 생각했어요. 어쩌면 드럼이라는 악기보다는 밴드 합주를 잘하고 싶었던 것 같아요. 정확한 박자로 연주하는 느낌. 자기 자신의 사지로 합주하면서 호흡이 맞아가는 즐거움. 손과 발이 같은 리듬을 타고 움직이는 건 마치 춤추는 것과 비슷해요. 온몸으로 리듬을 감각하는 과정은 참 즐겁습니다. 하하.

사막에서 홀로 노숙할 땐 행복했나요?

너무 좋았어요. 〈mono〉라는 곡을 혼자 녹음하겠다고 고즈넉한 곳을 찾아 사막까지 갔었어요. 원래 목표한 만큼 녹음이 잘 되진 않았지만 저는 사막의 밤을 겪었고 거기서 매일 혼자 노래를 부르며 더 잘하게 됐어요. 서울로 돌아와서 알았죠. 연습하면 저도 실력이 느는구나.

에세이 쓰기는 정신의 필라테스라고 했어요. 마음의 체형을 다듬는 데 무엇이 중요하던가요?

힘 빼기요. 불필요한 힘을 빼고 동작에 집중해야 해요. 노래도 마찬가지고 연기도 마찬가지죠. 연출가가 저에게 한 디렉션이 딱 그랬어요. 쓸데없는 데 힘을 빼고 몸을 편안히 한 후 필요한 감정만 눌러주라고요. 글도 인생도 힘을 주는 것보다 힘을 빼는 게 어려워요.

달리기는 당신을 어디로 데려다주나요?

　요즘엔 족저근막염에 걸려서 달리기를 못 해요.

국소성 이긴장증이 그랬듯 족저근막염도 당신을 더 좋은 곳으로 데려다 주겠지요.

　고난이나 제약이 반드시 새로운 길로 데려다주진 않아요. 중요한 건 고난이 저를 완전히 나락으로 떨어뜨릴 거라는 보장은 없다는 거죠. 분명히 희망적인 미래로 보내주지도 않아요. 다만 망했다는 증거는 아닐 수 있다, 우연한 계기로 더 좋은 걸 찾게 될 수도 있다, 정도. 자기 의지로 산 것 같지만 흘러가고 흘러오는 게 아닌가 싶습니다.

댄서 리아 킴이 그랬던가. "박치는 없다, 자기만의 리듬이 있을 뿐"이라고. 장기하를 만나고 나는 사람의 인생도 저마다의 운율로 흘러가는 개울물 같다는 생각이 들었다.

		장	기	하	의		
		일	터	의			
		문	장	들			

음악을 만들 때도 글을 쓸 때도
핵심만 붙잡아서 리듬을 추출한다.
군더더기는 싹 빼낸다.

어떤 일에 결론을 내리기보다 각자 결심을 할 뿐이다.

나에 대해 과장하고 오해하지 않으려고 안간힘을 쓴다.

타고난 게 나밖에 없으니, 나를 잘 살려야 한다.
자신을 맹렬하게 관찰하면
내가 1등 할 수 있는 그라운드를 찾을 수 있다.

고효율을 추구한다.
사람이 가진 게 다 거기서 거긴데
어디다 힘을 쓸지 효율적인 결정을 해야 한다.

두각을 나타낼 수 없는 건 다 포기한다.
60~70퍼센트 확률로 포기에 잘 성공해 왔기에
뮤지션으로 잘 살아남았다.

노래도 인생도 힘을 주는 것보다 힘을 빼는 게 어렵다.

욕심을 버려야 멀리 보인다

백종원

더본코리아 대표, 외식사업가.
무너져 가는 전국의 골목 상권을 살리기 위한
맞춤 솔루션을 제공하는 골목식당 수호자.

지금 대한민국에서 백종원을 모르는 사람은 없다.

그는 팔리는 브랜드를 넘어서 신뢰받는 브랜드가 됐다. 주말 오후가 되면 나는 리모콘을 들고 그가 출연한 〈골목식당〉과 〈맛남의 광장〉을 몰아 보며 일주일의 피로를 씻었다. 때론 입맛을 다시고 때론 혀를 차고, 때론 눈물을 흘리거나 감동에 젖어.

〈골목식당〉은 무너져 가는 전국의 골목 상권을 살리기 위한 맞춤 솔루션 프로그램, 〈맛남의 광장〉은 외면받는 지역 특산물로 가정 레시피를 만들어 주는 농촌 상생 프로젝트다. 백종원은 눈치 빠른 김성주와 성실한 정인선(〈골목식당〉), 재기 넘치는 김희철, 김동준, 양세형(〈맛남의 광장〉) 등의 조력자들과 함께 이 리얼한 음식 드라마를 이끌어간다.

손님이 끊겨 막막하던 식당과 판로가 막혀 한숨 쉬던 지방의 농민들은 백종원을 만나 경이로운 반전을 이뤄낸다. 우연과 진정성이 스파크를 일으키는 이 공익쇼는 백종원 특유의 돌직구 화법, 불같은 추진력과 만나 방송 내내 보는 사람들을 매료시킨다.

백종원은 게으름이나 자기 중심성이 얼마나 사람들의 눈을 가리는지 다양한 방식으로 보여준다. 후루룩거리며 단번에 흡입하는 면치기나 뼈 안쪽까지 살뜰하게 살점을 훑어 먹는 그의 육식 행위를 보면 혀 밑에 침이 흥건해지는데, 정작 입가를 훔치며 그가 내놓는 언어는 가차 없었다. "이 시래기는 쓰레기 맛이에요!" "이건 내가 먹어본 최악의 떡볶이에요."

백종원의 꼼꼼한 맞춤 레슨을 지켜보며 나는 나 자신의 일하는 태도를 수시로 점검하곤 했다. 나의 글이 독자들의 입맛을 제대로 캐치하고 있는지, 단일 메뉴로서 일정 수준을 유지하고 있는지, 혹 좋은 댓글에 취해 개선의 여지를 차단하고 있지는 않은지.

그의 비법은 단순하고 정확했다. 역지사지. 손님의 입장에 서는 것. 그가 젊은 시절 운영했던 쌈밥집 주방에 백종원은 '쌈을 아끼면 쌈밥집은 망한다'는 표어를 붙였다. 자신 있는 단일 메뉴로 승부했고, 알아보기 쉽게 메뉴판을 제작했고, 손님이 오면 밝게 인사했다.

제각각의 사연으로 바닥을 친 자영업자들이 더 나은 내가 될 수 있다는 희망으로 변화하는 모습은 감동을 준다. 한때 '슈가보이' '백주부'였던 호칭이 점점 '백선생님' '백대표님'으로 바뀌어 갔다. 권위는 전문성과 헌신에서 나온다.

정직하고 욕심 없는 포방터 돈가스집의 제주도 이전은 '백종원표 기적'의 클라이맥스였다. 왜 그가 움직이면 지방 골목에도, 고속도로 휴게소에도, 심지어 한산하던 마트에까지(못난이 감자를 사러) 사람이 구름떼같이 몰리는 걸까.

'먹어야 사는 남자' 백종원을 만났다. 상생의 에너지가 쌓여 몇 미터 앞에서도 아우라가 느껴졌다. 자신의 이름을 내건 TV쇼의 메인 호스트이자, 사업가, 음식탐구가, 컨설턴트인 그는 이 모든 일이 자연스럽게 흘러왔다고 했다. "방송은 인연의 판타지"며 "욕심을 버려야 살기 편해진다"고 했다.

〈마이 리틀 텔레비전〉으로 처음 TV에 나올 때부터 넉살이 좋았어요. 방송이 체질이지요?

제가 부탁해서 출연한 게 아니잖아요. 떳떳하니까 기죽을 이유가 없죠. 잘 보여야 할 이유도 없고.

그런데도 연말 시상식에선 방송대상이 아니라 노벨평화상 감이라는 농담이 들립니다. 한산한 골목에 사람이 몰리고 버려진 농산물에 길이 열리고, 식탁은 토종 레시피로 산뜻해졌죠. 백종원 매직의 비밀이 뭐죠?

저는 저한테 도움 되는 일을 해요. 저도 바보가 아닌데요. 하하. 다만 좀 멀리 봐요. 어떤 일들은 내가 은퇴하고 나서 좋아질 일들이죠. 먼 후일을 바라보니까 눈앞에 욕심은 안내요. 백종원이 처음부터 호랑이를 그린다? 아녜요. 그리다 보면 이거 잘하면 호랑이도 되겠네, 감이 오는 정도죠.

지금 그리는 큰 그림은 뭔가요?

예전엔 외식 문화를 정착시키겠다였는데 요즘엔 조금 커졌어요. 우리나라 성장 동력은 관광업이에요. 사람이 몰리는 관광지를 보면 반드시 볼거리와 함께 먹거리가 있어요. 그런데 홍콩, 도쿄, 상하이, 유독 관광객이 많이 몰리는 곳은 또 확연히 다른 점이 보여요. 외국인을 대하는 태도가 참 반듯해요.
저는 그 출발이 외식 문화에서 비롯된다고 봐요. 식당을 하는 사람들도 손님 중심으로 태도를 개선해야지만 오는 손님도 바뀌어야 해요. '내가 식당 주인이라면, 내 부모나 친구가 식당을 한다면……' 이런 가정만으로 아량이 생겨요. 그렇게 외식 환경이 성장하면 국민들도 바깥 손님인 외국인을 받아들일 준비가 돼요. 환대의 매너가 잡히는 거죠.

함께 키우는 시장 파이

관광 한국을 하나의 식당으로 비유하면 가게 주인은 주방을 책임지고 국민은 홀서빙을 담당하는 격이라고. "그런데 손님 역할을 많이 해본 사람이 매너도 좋아요." 방송으로 자영업자와 농민을 돕는 건 결국 외식업과 관광업의 파이를 키워 '나 살자'고 하는 일이라며 그가 사람 좋게 웃었다.

멀리 보는 이유가 다 '나 좋자'고 하는 일이다?

그럼요. 제가 프랜차이즈 사업을 하니까 어떤 분들은 빈정대며 그러세요. 방송 나오지 말고 '너나 잘하세요!' 그런데 가맹점이 천 개가 넘어가면 개별 점주들을 일일이 가르치기 힘들어요. 방송에서 포괄적으로 메시지를 전달하는 게 효과가 좋죠.

"가격 낮추라"는 말도 그래요. 당장 제가 하는 저가 시장에선 경쟁자를 키우는 거지만 강한 경쟁자가 들어오면 점주들도 강해져요. 왜 어항에 포식성 강한 어종 넣으면 다른 물고기도 움직여서 전체 체력이 좋아지잖아요.

한때 포방터 시장에서 장사하다 몰려드는 맛집 순례객들을 감당 못 해 제주도로 이사한 돈가스집은 여러모로 화제가 됐습니다.

방송을 오래 했지만 연돈 돈가스집 부부는 정말 특별했어요. 대개는 준비가 안 된 상태에서 식당을 해서 문제가 발생하는데 그 부부는 보석 같은 분들이었어요. 때 묻지 않고 열심히 하는 사람들이 성공하는 모습을 보여주고 싶었죠.

연돈 부부의 사정을 들은 그의 첫 반응은 "나만 믿어유~". 백종원이 돈가스집 사장의 제주 정착을 돕는 일에는 아무런 대가가 없었다. 7천 원짜리 돈가스 100개를 팔아 손님을 위한 외부 대기실까지 운영한다는 건 수지가 맞지 않는 일이었다.
"백대표와의 약속을 지키고 싶었다"는 부부의 말을 듣고 그는 휘파람 불듯 단숨에 말했다. "제주도로 갑시다!" 주변 민원에 시달리지 않아도 되는 넓고 쾌적한 공간이 그들 부부에게 무상으로 제공됐다. 그동안 떼돈을 벌었다는 소문과 달리 전 재산 3천만 원에 트렁크 하나가 짐의 전부인 가족이었다.

전국적으로 돈가스 붐을 일으킨 키다리 아저씨가 됐는데, 기분이 어떤가요?

방송도 인연이죠. 그런 인연이 소중하게 느껴져요. 제가 무협지를 좋아하거든요. 왜 절박한 상황에서 다치고 절벽에 굴러떨어졌는데 그 옆에 무림 고수를 만나서 천하 제일의 무인이 되고 부모의 원수도 갚잖아요. 말도 안 되는 인연으로 대반전이 일어나는데 얼마나 가슴이 뛰어요. 저한텐 그런 판타지가 있어요.

사실 저도 그동안 〈골목식당〉 하면서 스트레스가 좀 많았겠어요. 처음엔 "돈 욕심 없어요" 해서 가르쳐주면 나중에 딴짓해서 음식 수준을 떨어뜨려요. 한숨이 나죠. 그 와중에 연돈 부부에게서 한 줄기 빛을 봤어요. 이렇게 정직하고 겸손한 사람들이면 복권 당첨될 자격이 있다. 욕심 안 부리고 멀리 가겠다…….

돈가스집 사장님이 "내가 뭐라고 이런 대접을 받나……" 울먹이는 모습을 보며 '선한 영향력이 저기서 다시 시작되겠구나' 싶었어요. 한편 〈맛남의 광장〉에서는 버려지는 못난이 감자에 정용진(신세계 부회장)이라는 키다리 아저씨를 즉석에서 매칭해 주는 걸 보고 놀랐습니다. 하이퍼커넥트 사회가 되면서 우연성과 진정성이 이 시대의 큰 화두인데 그 두 가지가 백종원의 레시피로 뚝딱 조리되는 느낌이었어요.

제가 성격이 급해요. 못난이 감자가 상품성이 없어서 버린다는 말을 들으니 맘이 안 좋았어요. 순간 그분이 떠올랐어요. 바이어는 결정을 못 해요. 최상의 품목을 원하니까요. 그런 결정은 오너가 해야죠. 어쩌면 '윈윈'이 될 수도 있겠다 싶었어요. 소비자는 싸게 살 수 있고, 마트는 사람을 모을 수 있잖아요.

궁금한 건 바로 전화하는 급한 성격, 남의 어려움을 외면하지 못하는 태생적 오지랖 덕분에 많은 문제가 술술 풀렸다. 제주도 감귤 와인 농장을 돕기 위해서도 팔을 걷어붙였다. 인터뷰 중에도 전화로 몇몇 연예인들에게 홍보와 참여를 권했다. 깃발 든 자가 사심이 없으니 너도나도 같이하겠다고 손을 들었다.

인연이 소중하다.
절박한 상황에서 인연으로 대반전이 일어나기도 한다.
그러한 일들이 나의 가슴을 뛰게 한다.

욕심 없는 척, 착한 척

항간에서는 골목식당은 흥하는데 정작 골목마다 있던 새마을식당은 안 보인다는 우려의 소리도 들립니다.

하하. 우리 CFO한테 물어봤더니 사업은 순항 중이랍니다. 불경기에도 매출이 2,100억 원 정도였어요. 제주에 오픈한 호텔도 입실률이 99퍼센트예요. 어떤 분은 '연돈 돈가스로 백종원 호텔 홍보하는 거 아니냐?' 하시는데, 아니에요. 호텔은 그전에도 이미 객실이 3개월 예약 대기였어요.

말씀하신 '새마을식당'도 괜찮습니다. 더 늦게 나온 유사 브랜드가 많이 없어진 것에 비해 새마을식당은 적정 개수를 유지하고 있어요. 브랜드도 유행이라는 게 있어요. 한동안 인기 있다가 성장 동력이 떨어지기도 하죠. 개수로는 현재 '빽다방'이 가장 많지만 요즘엔 '인생설렁탕' '롤링파스타', 중식 포차인 '리춘시장'도 잘 돼요.

저는 브랜드 만드는 일을 좋아해요. 프랜차이즈 회사가 새로운 브랜드를 만드는 건 시장에 순기능이에요. 자체 공장을 세워 이익을 취하는 문어발식 확장이 아니라 브랜드를 론칭해서 협력사 역할을 하는 거니까요.

3년 6개월 전 인터뷰할 때는 '프랜차이즈로 골목 상권을 해친다'는 공격을 받고 풀이 죽어 있었는데, 지금은 '골목을 살리고 농촌을 살린다'고 박수를 받아요. 회심의 반전인가요? 자연스러운 흐름인가요?

평소에 하고 싶었던 일을 했을 뿐이에요. 〈맛남의 광장〉도 기획을 제가 했어요. 평소에 덜 알려진 지역 특산물이나 과잉 생산돼서 버려지는 농산물을 보면서 안타까웠어요. 여수 갓이, 공주 밤이, 제주 당근이 얼마나 좋은 데 소비가 안 되나. 이걸 집에서 해 먹을 수 있도록 레시피를 알려주면 되거든요.

그 과정에 휴게소 아이디어가 떠올랐어요. 현재 전국의 휴게소 음식이 다 비슷하니 지역 특산물로 1일 식당을 차리면 서로 흥하겠다 싶었죠.

음식을 중심으로 상생을 파고드니 해법이 쏟아지는군요.

제가 황보경 작가와 〈백종원의 3대 천황〉부터 함께 했어요. 같이 지방을 돌면 버스 안에서 뭐하겠어요. 주야장천 아이템 얘기만 했죠. 그 버스 안에서 〈푸드트럭〉 〈골목식당〉 〈맛남의 광장〉까지 다 나왔어요. 기획을 제가 했으니 대본도 필요 없어요. 다 즉흥이죠.

그래서 더 실감이 나요. 업주들의 문제점을 지적할 땐 거울을 보듯 제가 다 뜨끔합니다.

자연스레 빙의가 돼요. 내 동생 대하듯, 자식 대하듯, 우리 점주 대하듯이요.

그렇게 요리의 멘토에서 사업의 멘토, 삶의 멘토로 가면서 자주 등장하는 말이 있더군요. "욕심을 줄여라."

살아보니 욕심 안 부리고 사는 게 제일 편해요. 그 맛을 논현동에서 쌈밥집 하며 처음 알았어요. 처음엔 욕심을 내서 쌈과 고기

포함 9천 원에 팔았어요. 비싸게 파니 손님 비위, 직원 비위 맞추는 게 너무 힘든 거예요. 안 되겠다, 손님이 제 눈치 보게 해야지. 값을 확 내렸어요.

그랬더니 "이렇게 팔아도 남느냐"며 너무들 좋아하세요. "이문 덜 남기고 맛있게 드시면 좋쥬." 저 편하자고 한 일인데 손님들 앞에서 욕심 없는 척을 한 거예요. 신기한 게 그 '척'이 제 몸에 잘 맞았어요.

원래 욕심이 없는 게 아니라 욕심 없는 척을 했다?

원래부터 착한 놈이 어딨어요? 제가 사실 입도 거칠어요. 그런데 방송하려니 도리가 없어요. 겸손한 척, 착한 척, 순화해야지. 방송에서 하던 대로 밖에서도 말하니 처음엔 직원들이 "어디 아픈가?" 했대요.

참 이상한 게 사람들이 저의 '척'을 진심으로 받아주니까 자꾸 이런 척, 저런 척 더 하고 싶어져요. 그렇게 출연료, 광고료 여기저기 기부도 하면서 마음 부자가 돼가요. 저 원래 그런 놈이 아닌데 점점 '척'대로 되어가요.

욕심 없는 척을 했더니 정말 욕심이 없어지더라는 말이 마음에 남았다. 가장 무서운 자는 사심이 없는 자라고 했던가. 욕심 없는 백종원이 작은 카메라를 들고 경쾌하게 가게 문을 열고 들어가면 사장들은 혼비백산해서 그를 맞는다. 친밀하지만 무서운 포스에 허둥대며 그 앞에 음식을 차려놓는다.

열 평도 안 되는 작은 가게는 한 가족의 희로애락과 히스토리를 고

스란히 담고 있다. 왜 부부는 온종일 서로를 외면하는지, 왜 엄마는 딸을 믿지 못하는지, 왜 아들은 TV만 보고 나태함으로 일관하는지, 왜 청년은 피로에 쩔어 피자를 구우며, 왜 할머니는 오랫동안 상한 양념장으로 떡볶이를 만들어왔는지…… 쪽박을 차기 직전에 나타난 백종원은 이 모든 미스터리를 풀어주는 해설가이자 마스터다. 시청자들은 그가 주방을 헤집으며 더러운 냉장고와 코팅이 벗겨진 프라이팬을 지적하고, 해묵은 재료와 짜임새 없는 양념을 바로잡아갈 때 카타르시스를 느낀다. 카오스의 세계가 점점 질서의 세계로 진입하면 어느새 식당 문 앞엔 이를 축하할 자발적인 관객이 줄을 서서 기다린다. 놀라운 쇼이고, 리얼한 삶이다.

좁은 주방에서 함께 일하다 갈등이 생긴 가족들이 서로를 이해하고, 게으르고 무책임했던 사장들이 개과천선하기도 해요. 짧은 시간에 '척척' 변화하는 모습이 신기합니다. 비결이 있나요?

카메라가 있잖아요. 제가 설득도 하지만 이후에 또 관리가 들어가니까요. 그분들은 관계도 장사도 벼락치기 공부한 셈이에요. 작가들이 방송 끝나고도 계속 체크를 해요. 겨울특집, 여름특집으로 불시에 긴급 점검을 하니 이게 웬 난리래요? 일종의 경고죠.

'거제도 긴급 점검 편'을 보면 장사가 잘되니 1년도 안 돼 초심을 잃더군요. 재료는 줄이고 가격은 올리고…… 당장의 회전율, 마진율을 높이고 싶은 유혹을 이기기가 그렇게 어려운가요?

어려워요. 90퍼센트가 유혹에 져요. 도와주고 믿었는데 약속을 쉽게 저버리면 화가 나죠. 그래서 연돈 부부가 대단한 거예요. 오직 감사한 마음으로 그 유혹을 이겨냈으니.

'음식값을 싸게 받으라'고 가르치는 근본적인 이유가 뭐지요?

80퍼센트 이상의 골목식당이 경험 부족이에요. 연륜이 다 다른데 1년 한 국숫집이 10년 한 국숫집과 똑같이 7천 원을 받아요. 이상한 거죠. 좀 부족해도 가격 메리트가 있으면 손님이 오고 경험이 쌓여요. 3년 걸려 쌓을 기술을 반년 만에 쌓을 수 있어요. 수련하고 버티려면 메뉴를 줄여야 해요. 기회를 얻기 위한 솔루션 중 하나죠.

둔촌동 초밥집은 좀 달라요. 실력 있는 집이라 그 정도 초밥 도시락이면 9천 원보다는 비싸야 했어요. 환경이 더 좋은 곳으로 가면 더 받을 수 있지만 그 장소에서 살아남고 싶다면 가격을 낮추는 게 답이었죠.

오래 하기 위해 바꾼 판

언젠가 신문에서 젊은 시절 당신 사진을 보고 깜짝 놀랐어요. 지금보다 더 나이 들어 보이더군요. 당시엔 욕심도 야망도 상당했던 모양입니다.

그랬어요. 뜬구름 잡던 시절이었죠. 음식점 하다 목조주택 사업을 벌였어요. 정주영 회장이나 김우중 회장처럼 집 지어서 쭉쭉 뻗어나가고 싶었어요. 욕심내다 쫄딱 망했어요.

당시 17억 원의 빚을 진 후 홍콩에 극단적 선택을 하러 갔다가 마음을 고쳐먹었다는 게 사실인가요?

네. 침사추이, 스타페리에서 뛰어내려 죽으려고 했죠. 그런데 제가 수영을 잘해요. 물속에서 살려고 발버둥 치면 얼마나 창피해요. 그래서 빌딩에서 뛰어내리려고 홍콩섬에 갔어요. 그런데 빌딩 사이사이에 음식점이 무지 많은 거예요.

죽겠다는 놈이 왜 먹고는 싶은 건지……. 일단 '허기나 채우고 죽자' 고 했는데 배부르니 죽고 싶은 생각이 사라져요. 안 먹어본 게 너무 많으니 못 죽겠더라고요.

죽고사는 순간에도 먹는 게 보였다는 거죠?

네. 외식 사업의 흐름이 보였어요. 돌아와서 빚 갚고 다시 일어나야 하니 음식점 하면서 광대 가면을 썼죠. "어서 옵쇼! 아드님, 잘생기셨네!" 간 쓸개 다 빼주고 굽신거리고 있자니 '이 일을 어떻게 평생 해?' 싶었어요.

오래 하려고 판을 바꿨어요. 목욕탕에서 만나도 "안녕하세요" 편하게 인사할 정도만 친절하자, 그 에너지를 음식에 넣고 돈 덜 받자, 그제야 숨통이 트였어요.

대학 때 쓰러져가는 호프집을 인수한 일화는 물론이고 일찍부터 시장의 이치에 밝았던 거로 압니다. 장사 수완도 타고 나요?

돈이 모이는 과정을 좋아했어요. 초등학교 4학년 때부터 공병을 수집해서 팔았죠. 낚시를 해도 남들은 세월을 낚는다지만 저는 물고기 잡는 어부처럼 낚았어요. 좋은 미끼에 투자하고 그물도 치고 밤을 새워서 잡죠. 뭔가 투자해서 결과를 보는 게 적성에 잘 맞아요.

대학에서는 사회복지학을 공부했던데 특별한 이유가 있었나요? 당시의 전공이 지금의 사회 공헌 활동에 영향을 미치는 것으로 짐작했습니다만.

아녜요. 집안에서 사학재단을 운영하니까 떠밀려간 거죠. 대학 시절 제 별명이 '슈퍼 부르주아'였어요. 일찍부터 장사해서 주머니가 두둑했죠. 과에서 MT 가면 제 돈으로 장 봐서 술상 차리고 아침이면 친구들 밥해 먹였어요.

그때 교수님께 건방지게 따진 적이 있어요. "진정한 사회복지는 돈 달라고 해서 돕는 게 아니라 돈 벌어서 돕는 거 아닌가요?" 그런데 그 말이 지금 씨가 됐네요.

'염치를 지킨다' '나눈다'는 정신은 혹시 집안의 가풍인가요?

어머니가 그러셨어요. 시골 장에 가도 오가는 어르신들 꼭 대접하고 밥 먹이셨어요. 어머니가 아버지보다 대장부셨어요.

아내 소유진 씨와도 생각이 잘 맞는지요?

아내가 통이 커요. 남자 같아서 제가 큰 결정을 하기가 수월해요. 고맙죠. 열다섯 살이나 차이 나는데 저를 받아줬어요. 먹는 거 좋아하고 술 좋아하고 배려도 잘해요. 저는 40대 중반에 결혼해서 늦게 세 아이를 낳으면서 욕심이 현저하게 없어졌어요.

오히려 욕심이 더 생길 법한 환경인데요?

큰아이가 일곱 살이에요. 너무 어리죠. 나 죽기 전에 사업 물려줄 일은 없겠구나 싶으니 돈에 미련이 없고 공정해져요. 제일 좋은 건 회사가 오래 유지되는 거죠. 그런데 제가 젊을 때를 생각해 봐도 부모에게 돈 더 받은 아이들은 사고 치기 좋지, 더 나을 것도 없더라고요. 욕심부릴 이유가 없으니 착한 척하기가 더 쉬워졌어요.

그는 아내에게 고맙다는 말을 여러 번 했다. "위만 보고 살면 욕심이 끝이 없잖아요. 아내가 그 말을 잘 받아줬어요." 현재 더본코리아는 국내외 20여 개 브랜드, 1,400여 개의 직영 및 가맹점을 운영하는 중소기업이다. 샐러리맨보다는 더 벌지만 사람들 생각만큼 부자는 아니라며, 그가 웃었다.

함께 달려야 달릴 맛이 난다

진행하는 요리 유튜브도 화제가 됐어요. 1시간에 10만, 이틀 만에 100만 구독자로 죽죽 고공행진을 이어가는 것을 보면 경이롭습니다.

제가 욕먹는 걸 싫어해요. 제 것이 아닌 레시피가 돌아다니니 더는 두고 못 보겠더라고요. 그런데 유튜브를 공부하다 보니 이 세계가 무궁무진해요. 앞으로 한국 음식 소개하는 외국인 유튜브 크리에이터들을 키워보려고요.

저출산으로 인구가 줄면 외식업도 타격이거든요. 외국인들이 들어와야 전체적으로 사 먹는 끼니 수가 늘어나죠. 홍콩, 도쿄처럼 3~4천 원에 커피까지 먹을 수 있는 아침 시장까지 열리면 전체 외식업의 파이가 커질 거예요.

사람 모으는 데 천부적인 그이기에 "외국인 관광객을 한국에 모아 먹이겠다"는 백종원의 계획은 매우 현실적으로 들렸다.

먹어보겠다고 식당 앞에서 장사진을 치는 사람들을 보면 어떤 생각이 들죠?

고맙죠. 꼭 밥이 목적이라기보다는 일종의 체험이고 응원이에요. 즐기면서 응원하는 거죠. 그분들은 〈골목식당〉에서 욕먹은 집도 가서 응원해요. 그런 열정이, 운동에너지가 골목의 힘이죠. 그런 화제성이 없으면 어떻게 기적이 일어나겠어요?

갓김치로 끓인 찌개나 매콤하게 끓인 광어 밥 등 지역 특산물로 만든 레시피의 상상력이 끝이 없더군요.

전 늘 머릿속으로 먹을 생각만 해요. 하하하. 병적이죠. 식구들한테도 아침 먹고 나면 점심 뭐 해줄까, 제작진 만나도 회식은 어디서 할까부터 얘기해요.

그렇게 먹어도 자기 관리가 되나요?

워낙 많이 움직여요. 간간이 동네 헬스 클럽에서 운동을 하죠. 호텔 헬스장은 안 가요. 누가 와서 인사하나, 어떤 차가 와서 실어 가나……. 쓸데없는 경쟁에 힘 빼기 싫거든요. 시간 관리도 그래요.

저는 시간 아까워서 골프도 안 쳐요. 주 업무가 회사 관리가 아니라 브랜드를 만드는 일이라 예전에도 방송에 쓰는 시간만큼 해외 시장 돌아다니며 공부했어요.

방송에서 만난 자영업자 중에서 특히 더 애틋한 사람이 있습니까?

아무래도 연돈 부부와 홍탁집 아들이죠. 포방터 시장에 애정이 많았어요. 홍탁이는 1년간 하루 루틴을 문자로 보고받았으니 정이 들었죠. 그래도 성실성은 언제 변할지 모르니 계속 두고 볼 겁니다.

솔루션을 잘 흡수해서 개과천선하는 사람과 그렇지 않은 사람은 어떤 차이가 있나요?

조언을 쑥쑥 잘 받아서 더 해주고 싶은 분들이 있어요. 선선한 평택 떡볶이 할머니에겐 쌀 튀김까지 전수해 줬어요. 그분 운이죠. 반면 너무 깐깐하고 자기 주장이 강하고 눈치 없는 분은 못 받아요. 매정한 말이지만 장사가 안되는 집은 다 이유가 있습니다. 그래도 방송의 힘은 커요. 불특정 다수가 그 집을 찾아온다는 건 대단한 기회죠. 앞으로 그 기회를 잡을지 못 잡을지는 태도와 본질의 문제예요.

방송가에서의 포지셔닝처럼 프랜차이즈 사업가로서의 백종원도 진화하고 있나요?

브랜드의 생명력은 점점 짧아져요. 저는 계속 새로운 브랜드를 만들어야죠. 기본적으론 외식 사업 시작하는 분들에게 식자재, 경영 노하우를 가르쳐주고 잘 준비되면 독립시키는 게 저희 일이에요.

식자재 시장은 대량 매입이 아니라 장기 계약을 해야 이익이 남는 구조라 가맹점 숫자보다는 점포를 오래 유지하는 게 중요해요. 모든 게 장기전이죠. 오래 같이하려면 점주들이 딴짓하면 안 돼요. 그래서 제 나름대로는 〈골목식당〉 방송으로 점주들에게 사인을 주는 거죠. 돈 벌어서 골프 치러 다니지 말고 손님을 위해 가게에 재투자하라고요.

이젠 백대표가 무슨 말을 해도 대중들이 신뢰하는 분위기가 형성됐어요.

진심이 통하면 기뻐요. 그런데 제가 진심이 아니면 제가 하는 행동이 나중에 제 발목을 잡을 거예요. 미디어가 재밌기도 하지만 무서운 게 모든 말과 행동이 기록에 남거든요.

누구에게 가장 감사한가요?

부모님이죠. 제게 입맛을 주신 분들이니까요. 전 자수성가했다는 말을 잘 안 해요. 사업 시작할 때 돈은 1원도 안 받았지만 경험을 물려주셨어요. 우리 가족이 입맛이 까다로워 매 끼니 외식하러 가면 다섯 곳을 옮겨 다녔어요. 하도 많이 먹으니 중국집에선 식사 후에 요리를 먹었죠.

언제 가장 행복합니까?

먹을 때, 그리고 먹는 걸 상상할 때요. 요즘엔 애들이 잘 먹는 거 볼 때가 최고 행복이지요.

어떤 가치를 위해 일했습니까?

저는 정말 저를 위해 일했어요. 다만 좀 멀리 봤을 뿐. 수익을 남기기 위해 플러스알파를 했는데 그게 칭찬으로 돌아왔죠. 칭찬에 맛 들여 욕심을 줄이니 사는 게 편해졌어요. 내 삶이 좋아지려면 주변 여건도 좋아져야 해요. 슈퍼카 타고 싶으면 길을 뚫어야죠. 비행기 띄우려면 활주로를 내야 해요. 비포장도로에서 나 혼자 달리면 무슨 맛이에요? 굳이 따지자면 그 세상 이치가 제 가치 기준이 됐어요.

주변 사람들에게 어떤 태도를 권장하나요?

척이요. 착한 척, 검손한 척, 멋있는 척. 처음엔 허언이고 허세라도 일단 내뱉고 나면 보는 눈들이 무서워 행동이 따라가요. 어찌나 효과가 좋은지 제 인생 모토가 '척척척'이 됐어요. 하하하.

그가 큰 소리로 웃었다. "제주를 돈가스의 성지로 만들어 관광객을 모으겠다"는 선언도 허투루 들리지 않았다. 백종원의 말이라면 '팥으로 메주를 쑨다'고 해도 믿어주고 싶다. 삶에도 장사에도 진정성의 힘은 얼마나 위대한가.

		백	종	원	의		
		일	터	의			
		문	장	들			

업주들 대할 때 자연스레 빙의가 된다.
내 동생 대하듯, 자식 대하듯, 우리 점주 대하듯이.

욕심 없는 척을 했더니 정말 욕심이 없어졌다.
착한 척, 겸손한 척, 멋진 척.
척이라도 하면 진짜 그렇게 된다.

장사가 안되는 집은 다 이유가 있다.
기회를 잡을지 못 잡을지는
그 사람의 태도에 달려 있다.

나는 정말 나를 위해 일한다.
다만 조금 멀리 봤을 뿐.

모든 게 장기전이다.
오래 같이하려면 서로 딴짓하면 안 된다.

3장

협업

성장하는 사람들은
함께 일한다

넷플릭스의 CEO 리드 헤이스팅스(Read Hastings)가 쓴 책 『규칙 없음』에는 '가장 좋은 복지는 유능한 동료'라는 구절이 있다. 비범한 동료와 두려움 없이 주고받는 피드백이 훌륭한 직장의 전부라는 것. 그렇게 인재의 밀도와 다양성을 높이고, 위로부터의 절차와 통제를 제거하자 지구상에서 가장 빠르고 창의적인 기업이 탄생했다.

달라진 세계의 최전선의 룰은 협업이다. 점점이 흩어진 탁월한 개인들을 어떻게 모으고 창의적으로 연결하는가가 일터의 확장성을 결정한다.

미국의 저널리스트 출신 작가 대니얼 코일은 일찍부터 이러한 협업의 기틀을 간파했다. 그는 '최고의 팀은 무엇이 다른가'를 연구했고, 어떤 집단이 훌륭한 성과를 냈다면 이유는 그 팀이 똑똑해서가 아니라 안전했기 때문이라고 진단했다. "서로를 어떻게 대하는가가 모든 일의 전부"라는 그의 메시지를 들었을 때 나는 무릎을 쳤다.

'안전한 집단이 똑똑한 집단을 이긴다'는 통찰은 'safty'를 우선순위로 생각하는 지금의 코로나 인류에게도 시사점이 많다. '뭉쳐야 산다'는 원시 시대 생존의 룰은 21세기 다양성의 생태계에 이르러 '섞여야 잘산다'로 업그레이드 되었고, 이를 위해 리더의 안전 신호가 공동체의 필수 백신이 되었다.

우리는 안전하다고 느낄 때 최고의 성과를 낸다. 『성경』에서 "두려워말라"가 얼마나 자주 반복되는지 상기해 보라. '버림받을 것이다' '수치를 당할 것이다'라는 공포가 사라진다면 인간의 창의와 투지, 헌신은 한계를 모르고 나아간다.

이번 장에서는 함께 일해서 최고의 성과를 만들어온 일터의 현자들이 등장한다. 존중과 수용, 신뢰와 공감으로 독창적인 안전 시그널을 설계해 온 리더들. 대니얼 코일, 조수용, 봉준호, 장영규, 사브리나 코헨 해턴이 그들이다.

NBA 농구팀부터 디즈니 픽사까지 다양한 사례를 파고든 작가 대니얼 코일은 일터에서 오고 가는 세밀한 안전 신호를 눈에 보이듯 그려낸다.

코일이 말한 안전 신호를 '충돌, 신뢰, 헌신'이라는 생생한 조직 문화로 녹여낸 인물이 카카오 공동대표 조수용이다. 그는 "선한 직원이 안전하다고 느끼는 게 중요"하며 "누가 남고 누가 떠나는가가 조직 문화의 전부"라고 말한다.

카카오 리더의 사적 성장담은 의미심장하다. "제가 인정하는 사람이 저를 믿어줄 때 계산이 없어졌어요. 두려움은 사라지고 불필요하게 머리 쓰지 않고, 오직 맞는 것만 생각해요."

조수용의 처음과 끝이 신뢰라면 봉준호는 일터의 시작점이자 도달점으로 존중을 제시한다. "리스펙트하라! 가장 낮은 자까지"라는 봉준호의 영화 언어는 칸과 아카데미에 이르기까지 영화 동료를 향한 그의 공경 어린 행적으로 증명되었다. '예의없는 자들의 파국(영화 〈기생충〉)'이 봉준호를 통해 영화 바깥에서 '예의 있는 자들의 천국'으로 변해가는 모습은 경이롭다.

가장 낮은 자에서 시작한 존중은 탁월한 낯선 것을 수용하는 하이브리드로 만개한다. 협업의 룰을 구체화시킨 이날치 밴드 리더 장영규, 나와 타인의 고난을 한 몸으로 느끼는 공감의 전사 영국 소방관 사브리나 코헨 해턴을 통해 우리는 '함께 일하고 함께 성장한다'는 것의 정점을 목격할 수 있다.

서로를
대하는 방식이
일의 전부다

대니얼 코일

탁월한 스토리텔링과 치밀한 취재력을 인정받은 저널리스트.
『탤런트 코드』『최고의 팀은 무엇이 다른가』 등으로
유명한 미국 베스트셀러 작가.

최근에 나는 세 명의 리더를 주의 깊게 보았다. 국립 생태원의 초대원장을 지냈던 최재천 교수와 청춘 영화 〈변산〉으로 점점 더 젊은 세대와 소통한다고 인정받은 이준익 감독 그리고 『책은 도끼다』라는 저서로 유명한 광고인 박웅현이다. 분야는 달라도 이들은 공통점이 있다. 일단은 나이, 성별, 계급으로 상대의 의견을 뭉개는 꼰대가 아니라는 것. 그리고 바로 그런 정신으로 수평적인 집단 문화를 만들어냈다는 점이다.

『숲에서 경영을 가꾸다』라는 책을 낸 최재천 교수는 이렇게 말했다. "두뇌 하나가 절대 두뇌 열 개를 당할 수 없어요. 그렇기에 리더들도 여왕개미처럼 조직의 철학과 질서만 세우고 일은 완벽하게 군중에게 위임해야 해요. 군림(君臨)이 아니라 군림(群臨)해야죠." 그는 조직이 함께 잘 살려면 상대를 적당히 두려워하고 약간은 비겁해지는 일명 '상호허겁' 상태를 유지해야 한다고 강조했다.

카리스마 넘치는 영화감독 이준익도 창작은 내가 아닌 남의 말을 잘 들어서 하는 것이라고 했다. "후배 말 들어서 손해 보는 것 없다"가 그의 지론이다. 광고회사 TBWA의 크리에이티브 대표 박웅현은 전 직원들이 함께 하는 미팅을 가장 중요하게 생각한다. 누구든 말을 하도록 지지하고 격려하는 게 그의 주된 역할. "침묵은 무임승차라는 각오로 말을 섞으면 처음엔 누군가의 평범했던 생각이 비범한 결과로 탈바꿈한다"는 것.

미국의 자기계발 부문 베스트셀러 작가 대니얼 코일(Daniel Coyle)의 『최고의 팀은 무엇이 다른가』는 바로 이 지점을 좀더 과학적으로 다루고 있다. 대니얼 코일은 3년간 프로스포츠팀, 특수부대, 영화사, 코미디 극단, 보석 도둑단 등 전 세계적으로 성공한 집단을 찾아다녔다.

성공한 집단은 일정한 행동 양식이 있었다. 리더가 미세한 신호로 '우리는 이어져 있다'는 안정적인 결속을 만들어냈고, 그에 따라 구성원은 서로의 약점조차도 두려움 없이 토로했다. 그들에겐 사소한 제스처와 습관이 있었다. 가령 자주 시선을 마주치고 다른 사람의 말을 끊지 않고 습관처럼 감사를 표현하는 사소하지만 친밀한 행동 같은 것들.

저널리스트 출신의 작가 대니얼 코일은 이를 바탕으로 어떤 집단이 훌륭한 성과를 냈다면 이유는 그 팀이 똑똑해서가 아니라 안전했기 때문이라고 진단했다. 일례로 경영대 대학원생과 유치원생들이 마시멜로 탑 쌓기를 하면 유치원생이 이긴다. 대학원생이 눈치보기를 하며 비생산적인 경쟁을 하는 동안 유치원생들은 어깨를 맞대고 단순하게 협동하기 때문이다.

통찰력 깊은 작가 대니얼 코일을 이메일로 인터뷰했다. 전작인 『탤런트 코드』가 열악한 환경에서도 꽃피운 개인의 재능에 초점을 맞췄다면 최근작 『최고의 팀은 무엇이 다른가』는 집단의 재능의 비밀로 '안전 신호'라는 놀라운 키를 발굴했다. 『오리지널스』의 작가 애덤 그랜트(Adam Grant)는 "이 책만 있으면 조직 문화를 다룬 다른 책들은 모두 물에 던져버려도 좋다"고 평했다.

안전 신호가 왜 그렇게 중요한가요?

　우리는 현대인인 동시에 고대인입니다. 현대에 살지만 고대의 두뇌를 가졌달까요. 우리 조상들은 두려움을 가볍게 여기면 생존하지 못했습니다. 아무리 진화를 거쳤다고 해도 수천 년 동안 우리의 생존은 사회 관계의 결속력에 달려 있다고 해도 과언이 아니죠. 잠재적인 위험, 특히 사회적 위험 신호를 감지하는 능력이 없다면 퇴출당하는 건 순식간입니다.

안전감과 불안감은 어떤 식으로 조직의 공기를 장악하나요?

　조직 행동론을 연구하는 윌 펠프스(Will Phelps) 교수팀이 일명 '독사과 실험'을 했습니다. 공격적으로 말하거나 피곤한 티를 내는 '독사과' 인물을 회의 자리에 투입해서 방해 공작을 펼치는 거죠. 대부분 독사과에 말려들어 성과가 30~40퍼센트 떨어졌습니다.

이때 유일하게 말려들지 않은 아웃라이어 팀이 있었어요. 그 팀은 독사과가 아무리 훼방을 놓아도 금세 활력을 회복했습니다. 그 팀의 리더 조너선 때문이었어요. 조너선은 계속 안전 신호를 발사했습니다. 경청과 미소, '너를 해치지 않는다'라는 사소한 신호들을.

재미있는 건 그가 실제로 아무 일도 하지 않는 것처럼 보였다는 거예요. 다만 다른 사람에게 시선을 돌려 이렇게 물었어요. "어떻게 생각하세요?" "보세요. 쉽고 재미있지 않나요?"

불안감처럼 안전감도 바이러스처럼 전파 속도가 빠릅니다.

'안전하다'라는 신호를 주는 결정적인 사람은 결국 리더인가요?

그렇습니다. 어떤 집단이든 권위자의 신호가 핵심 메시지가 됩니다. 리더가 한 사람 한 사람을 어떻게 대하는가가 연결의 핵심이죠. 리더는 구성원들에게 '나는 당신이 필요하다'는 사인을 줘야 합니다. 그것은 단순히 리더십의 표현이 아니라 서로의 안전에 관한 거대한 신호죠.

"우리 뇌에는 항상 주변 사람 특히 윗사람이 나를 어떻게 생각하는지 신경 쓰고 걱정하는 부위가 있다"고 하버드대학교에서 심리적 안전을 연구하는 학자 에이미 에드먼드슨(Amy Edmondson)은 설명했다. "원시 시대에는 사회에서 거부당하는 순간 죽을 수도 있기 때문"이다. 이 위험 감지 기능이 워낙 반사적이기 때문에 조직의 리더는 지나치다 싶을 정도로 안전 신호를 발사해야 한다는 것.

문득 이런 생각이 든다. 내 주변의 동료가 대단히 복잡하고 창조적인 일에 시간을 쓰는 듯 보이지만 실상 그의 머릿속에는 한 가지 생각만 맴도는 게 아닐까.

'이곳은 지금 안전한가?' '이 사람들과 함께 하는 미래는 어떤 모습인가?' '위험 요소가 숨어 있지는 않을까?'

고도로 발달된 이 도시 사회에서도 인간이 그토록 안전에 목을 맨다니 서글프지만 어쨌든 리더가 해야 할 일은 명쾌하다. 본능적으로 신변을 염려하는 구성원들에게 안전 벨트를 매주는 일.

조직을 이끄는 힘, 안전과 소속 신호

조직 안에서 튼튼한 안전 벨트란 어떤 형태로 존재하나요?

제약 없이 대화를 나누는 정기적인 공개 포럼 같은 것이 그 예죠. 가령 구글 직원은 매주 금요일 공개 포럼에 참석해서 길거리 하키 경기처럼 격렬한 논쟁을 이어갑니다. 창립자에게도 거침없는 질문을 하고 민감한 사안도 다뤄집니다.

"내가 이런 의견을 말하면 나를 멍청이라고 생각하겠지?" 이런 식의 불필요한 걱정에 에너지를 쏟지 않아요. 그들은 고등학교 친구들처럼 친밀하게 치고받습니다. 구글이 업계 거인이었던 오버추어를 쓰러트리고 강자로 부상한 것도 창업자 래리 페이지가 회사 주방에 붙인 쪽지 한 장 덕분이었어요.

"이 엔진 형편없네"라는 래리의 쪽지를 본 한 엔지니어가 그 즉시 밤을 새워 애드워즈 엔진을 손보아서 문제점을 해결했어요. 그 뒤 구글의 애드워즈는 PPC 시장을 장악했고 매일 1억 6천만 달러를 벌어들였죠. 구글은 유능했기 때문이 아니라 안전해서 성공했어요. 안전만큼 창의성을 끌어내는 동기는 없습니다.

픽사의 창립자 에드 캣멀에 대한 이야기도 인상적이었어요. 큰 조직이 작은 조직을 흡수할 때 영감을 줄 수 있을 것 같습니다.

에드 캣멀(Ed Catmull)은 매니저가 아니라 과학자처럼 생각해요. 그는 자기 자존심보다 더 큰 진리를 향해 목표를 설정합니다. 2006년 픽사와 디즈니가 합병됐을 때 모두가 위험과 재앙을 점쳤어요. 픽사의 CEO 캣멀은 디즈니 직원들을 처음 만났을 때 딱 두 문장만 말했습니다. "우리는 디즈니를 픽사의 복사판으로 만들 생각이 없습니다. 오로지 여러분의 재능과 열정에 맞춰 스튜디오를 구성할 것입니다."

캣멀은 디즈니의 임원을 픽사로 초청해 모든 팀원이 조목조목 영화를 비판하고 힘들게 재구성하는 과정을 지켜보도록 했습니다. 픽사는 아침 회의에서 전 직원이 참여해 전날 만든 필름에 의견을 개진합니다. 고통스러운 피드백이 난무하지만 큰 발견을 얻죠.

고전을 면치 못하던 디즈니는 이후 〈겨울왕국〉〈주토피아〉 등을 성공시키며 픽사 수준까지 올라갔어요. 핵심은 영화 예술조차 구성원들의 천재성보다 안전성을 기반으로 한 집단지성의 산물이라는 것입니다.

그러나 오늘날 한국의 미디어 회사들은 구글이나 픽사와는 다릅니다. 메신저로 이어져 있지만 소통은 하향식이고 구성원들은 겁을 먹고 있어요.

상세한 비교는 어려워요. 문화적인 차이가 있을 수 있어요. 그러나 권위와 공포에 기반한 관리는 단기간에만 유용합니다. 상황이 매우 복잡하겠지만 진정 지속 가능한 성공을 원한다면 태도를 바꿔야 합니다. 우선 조직의 리더가 반성과 통찰의 시간을 가져야 합니다. 어떤 조직을 만들고 싶은가? 배워야 할 모델은 누구인가?

엘리트들이 모였어도 실패가 감지되는 집단이 있나요?

사무실 안에서 느낄 수 있습니다. 제대로 작동하지 않는 팀을

우리는 너를 생각한다.
소속 신호는 심리적 안정감에
지대한 영향을 미친다.

보면 비언어적 표현 방식이 방어적이고 분위기는 폐쇄적이며 침묵만이 감돌죠.

퇴사자가 많은 집단은 소속 신호에 빨간 등이 켜진 거로 해석할 수 있나요?

그렇습니다. 하지만 해결책도 있어요. 첫 소통이 중요합니다. '위프로'라는 콜센터는 해마다 전 직원의 50~70퍼센트가 퇴사해서 골머리를 앓았습니다. 경영진은 신입사원 교육에서 A팀과 B팀 두 팀으로 나눠 실험했어요.

A팀에게는 일방적으로 회사의 성공 신화를 교육했고 끝날 때 회사 로고가 박힌 티셔츠를 나눠주었죠. B팀에게는 "언제 행복을 느끼나?" "일이 잘될 때는 언제인가?" 등의 질문을 던졌고 끝날 때 회사 로고와 직원 이름이 들어간 티셔츠를 선물했습니다.

7개월 후 충격적인 결과가 나왔어요. B팀의 잔류 비율이 A팀보다 250퍼센트 높았습니다. '우리는 너를 생각한다'는 소속 신호는 사소한 듯하지만 심리적 안정감에 지대한 영향을 미쳤어요.

요즘엔 협력을 위해 사무실 구조를 바꾸기도 합니다. 사무실 중앙에 공용 테이블을 두거나 식당을 근사하게 만드는 등 효과가 있을까요?

공간 활용은 대면 상호 작용을 유도하고 힘에 관한 신호를 보낼 수 있기 때문에 중요합니다. 하지만 공간은 해결책의 일부예요. 상호 작용의 단계를 설정하지만 상호 작용을 생성하지는 않습니다. 조직에서 긍정적 신호를 보내는 분위기 메이커들을 더 높이 평가해야 합니다.

최고의 팀은 무엇이 다른가

당신이 본 가장 형편없었던 팀은 어떤 조직이었나요?

　최악의 팀은 미사일리어(missileer) 부대였어요. 대륙간탄도미사일을 관리하는 미 공군 소속 요원팀은 몇십 년간 무사히 임무를 수행했지만 최근 많은 문제를 일으켰습니다. 무기를 잘못 실어 활주로에 몇 시간 동안 미사일이 방치됐고 대원들은 배우자를 학대했죠. 그들은 겁먹은 강아지 같았고 작은 사건에도 과민 반응을 보였습니다.

조사해 보니 환경이 문제였어요. 그 팀은 아무런 연결도, 아무런 미래도, 아무런 안전 보장도 되지 않았습니다. 부대원들의 화합을 파괴하도록 유도하는 환경이 문제였어요.

한국에서 열렸던 평창 올림픽 한국팀에서도 이런 사례가 있었어요. 몇몇 스케이트 종목 단체전에서 불협화음이 있었습니다. 선수들은 아무런 연결도, 미래도, 안전 보장도 확인받지 못했어요.

반면 비인기 종목이었던 한국 컬링팀은 눈부신 팀워크로 은메달을 땄습니다. 특히 컬링팀은 당신이 말한 안전 코드와 소속 신호에서 모범이 될 만했어요.

　그렇습니다. 제가 찾아다닌 팀들도 그랬어요. 업계에서 상위 1퍼센트의 능력 있는 팀이지만 최고의 능력자들이 모인 집단이 아니었어요. 능력은 다 제각각이지만 그 팀에는 뭔가 특별한 분위기가 있었어요.

제 경우는 클리블랜드 야구팀이 그랬습니다. '직업을 바꿔서라도 그 사람들과 일해 보고 싶다'는 느낌이 들 만큼 서로에 대한 친근감, 가족적인 유대가 강했어요.

안전 신호가 특별히 인상적이었던 리더가 있나요?

NBA의 샌 안토니오 스퍼스의 감독 포포비치가 기억납니다. 그는 훈련만큼이나 많은 시간을 선수들과의 잡담이나 식사에 할애했어요. 그의 목적은 단 하나 '우리는 서로 이어져 있고, 이 팀은 너의 성장과 행복을 보장해 주는 곳이다'라는 감정을 느끼게 해주는 것이었죠. 더불어 포포비치는 시즌이 끝날 때마다 "너희들을 지도할 수 있어서 너무나 영광스럽고 감사하다"라고 말하곤 했습니다.

"성공적인 문화를 공유하는 집단의 큰 특징 중 하나는 감사를 표시하는 횟수가 높다"고 대니얼 코일은 강조했다.

가족이나 연인 사이에서도 '사랑한다'는 사실보다 '사랑한다'는 말을 반복하는 게 중요하다고 지적했습니다. 조직에서 리더가 칭찬이나 감사 표현을 자주 하는 것도 그런 원리인가요?

그렇습니다. 우리의 두뇌는 관계에 대해 끊임없이 걱정합니다. 편도체는 원시적인 경계 기제이며 끊임없이 주변 환경을 살피죠. 위협이 감지되면 경계 모드로 발동합니다. 아드레날린이 분비되면서 온몸에 자극이 전달되면 하나의 질문만 남아요. '살아남으려면 어떻게 해야 하지?'

그럴 때 권위자 혹은 동료의 반복적인 감사는 일종의 진정제 역할을 합니다. 스탠퍼드대학교의 학자 그레고리 월턴(Gregory Wilton)이 "사랑한다는 사실보다 사랑한다는 말을 반복하는 것이 중요하다"고 한 이유도 마찬가지예요. 그 신호가 친근감과 안전감, 연대감을 확인시키기 때문입니다.

어린아이들이야말로 안전에 필사적으로 매달리는 존재들이죠. 가정이 하나의 팀이라면 부모는 '사랑한다'는 말 이외에 어떻게 '안전하다'는 신호를 줄 수 있을까요?

굉장히 중요한 질문입니다. 제게는 네 명의 자녀가 있어요. 최고의 팀에 관한 연구를 하면서 아이들을 관찰했어요. 아이들은 심지어 부모 중 한쪽이 가정을 떠나도 죄책감을 느끼는 연약한 존재입니다.

존재를 부정하는 언어, 위협적인 언어를 쓰는 것은 당연히 안 됩니다. 적절한 안전 신호는 저녁 식사 시간에 자신의 실수에 관해 이야기를 나누는 것입니다. 실수에 대해 말할 공간이 있다는 것만으로 불안이 줄어들어요.

안전감은 질풍노도의 청소년을 교육하는 학교에서도 매우 중요할 것 같습니다.

중요한 지적입니다. 좋은 피드백이 좋은 학생을 만듭니다. 스탠퍼드와 예일, 컬럼비아대학교 심리학자들이 에세이 실력을 향상시키는 피드백에 대해 연구했어요. 그 비법은 의외로 단순합니다.

'당신에게 이런 조언을 남기는 이유는 기대치가 아주 높기 때문이다. 당신이라면 기대치를 충분히 달성할 수 있으리라고 믿는다.' 믿음을 표현하는 것은 안정감을 주고 성취욕을 자극합니다.

대니얼 코일이 연구한 성공 집단 중에서 가장 흥미로웠던 곳은 뉴욕에 있는 대니 메이어(Danny Meyer)의 레스토랑이었다. 뉴욕시에서는 매해 1,000개의 레스토랑이 문을 열고 5년 후 800개가 흔적도 없이 사라진다.

이 가혹한 생태계에서 대니 메이어는 쉐이크쉑(Shake Shack)을 비롯해 30년간 25개의 레스토랑을 개업했고 대부분 대박을 터뜨렸다. 그의 레스토랑엔 항상 남다른 온기가 배어 있었다.

대니 메이어의 직원들은 손님들을 기쁘게 하기 위해 재량을 발휘할 수 있었다. 예약이 꽉 찬 상황에서도 "혹시 취소된 예약이 있나 확인해 볼게요"라고 말하도록 교육했다. 그는 항상 '난 네 편이다'라는 언어를 사용하도록 했다. 그의 레스토랑을 방문하는 사람들은 모두 보살핌을 받는다는 느낌이 든다고 한다.

특히 "우리가 서로를 대하는 방식이 모든 일의 전부라는 사실을 깨달았다"는 대니 메이어의 말은 한때 갑질 문화로 몸살을 앓았던 한국 상황에서 매우 의미심장하게 들렸다.

나는 대니의 말에 전적으로 동의한다. 우리가 서로를 대하는 방식이 모든 일의 전부다. 대니 메이어는 '업무의 우선순위를 서로 보살피는 것'이라고 했다.

한때 그의 레스토랑도 위기를 겪었다. 술 취한 손님과 주먹다짐을 벌이고 음식이 맛없다고 남긴 손님에게 아무런 조처 없이 돈을 다 받았다. 그러나 위기 상황을 겪은 후 그는 문제 해결은 '온기'에 있다는 걸 깨달았다. 상대방을 제대로만 대한다면 모든 것이 제자리로 돌아간다는 걸 말이다.

대	니	얼		코	일	의	
		일	터	의			
		문	장	들			

안전감도 바이러스처럼 전파 속도가 빠르다.

리더가 한 사람 한 사람을 어떻게 대하는가가
연결의 핵심이다.

리더는 구성원들에게
'나는 당신이 필요하다'는 사인을 줘야 한다.
그것은 단순히 리더십의 표현이 아니라
서로의 안전에 관한 거대한 신호다.

창의성은 어떤 말이든 나눌 수 있는
안전한 분위기에서 나온다.

'우리는 너를 생각한다'는 소속 신호는 사소한 듯하지만
심리적 안정감에 지대한 영향을 미친다.

최고의 팀은 리더가 칭찬이나 감사 표현을 자주한다.

조직에서 긍정적 신호를 보내는 분위기 메이커들을
더 높이 평가해야 한다.

선한 직원이 안전하다고 느끼게 하라

조수용

카카오 공동대표, 크리에이티브 디렉터.
IT 세계와 진짜 세계에서 모두 행복한 삶을 살아야 한다는 신념의 수호자.

조수용을 처음 만난 건 2016년 가을, 디자인 총괄 부사장으로 카카오로 간다는 소식을 들은 직후였다. 당시 나는 호텔, 잡지, 식당, 가방, 부동산 개발 등 손을 대는 것마다 히트시키는 그의 감각에 강한 호기심을 느꼈다. 애초에 크리에이티브 집단 제이오에이치(JOH)의 대표로 조수용을 조명하고자 했으나 시기상 카카오를 향한 그의 계획과 그림까지도 함께 들을 수 있었다.

2003년부터 창립 멤버로 네이버 최연소 임원이었던 그는 2010년 한창 잘나갈 때 사옥을 짓고 나왔다. 이후 지독하게 아날로그적인 자기 사업에 집중했다. 광고 없는 브랜드 잡지 《매거진 B》나 영종도의 네스트 호텔 등은 그가 네이버 시절에 만든 초록 검색창이나 사옥 그린팩토리만큼이나 '조수용'이라는 이름에 가치를 더했다.

왜 조수용이 손을 대면 온라인 세상에도 오프라인 세상에도 새 길이 생기는 걸까. 아날로그 대륙의 최고 시민권자이자 동시에 디지털 신대륙의 권력자인 조수용. 양 대륙에 다리를 걸치고도 버거운 기색이 전혀 없는 그는 확신에 차서 말했다. 우리는 몇 세기 만에 한 번 올까 말까 한 놀라운 혁신과 기회의 시대를 살고 있다고. 기술의 힘으로 리얼 월드의 삶을 건강하게 바꿀 수 있다고.

"IT 기술과 네트워크의 힘이 진짜 사람의 삶을 바꿔야 하는 거잖아요. 진짜 세상에서의 삶은 폐인인데, IT에서만 풍족하다 그러면 그 패러다임은 끝난 거예요. '진짜로 건강하게 살고 있나? 진짜 삶이 편해졌나? 그래서 행복하고 즐거운가?' 이 질문에 대답할 수 있어야 완성이 되는 거죠."

그리고 3년이 지난 지금 카카오 공동대표 2년 차를 맞은 조수용은 그가 말했던 당시의 밑그림을 착실하게 실현하고 있었다. 신대륙을 정비하듯 플랫폼과 콘텐츠 투 트랙으로 디지털 시티의 교통정리를 끝냈고, 온라인의 끝에 맞닿은 실제 세상과의 협업도 나날이 늘고 있다.

두 세계의 끝을 경험했던 조수용의 삶이 비로소 화사하게 정리되는 것처럼 보였다. 조수용을 만났다. 명상과 요가로 단련된 디지털 밸리의 리더는 외모도 말투도 군더더기 없이 말끔했다.

엘리베이터도 직원들과 함께 줄 서서 타더군요.

네. 저도 김범수 의장도 다 한 줄로 서서 타요.

보통은 CEO 전용 엘리베이터가 있거나 그 앞에서 직원들이 홍해처럼 갈라지는데요.

전용은 있을 리가 없고요. 제 방도 얼마 전에 만들었어요. 그전 까진 누구나 예약해서 쓰는 회의실을 예약해서 사용했고요.

여기선 주로 무슨 일을 합니까?

이야기를 합니다.

하루 종일 어떤 이야기를 하지요?

경영이라는 건 여럿이 같은 일을 이뤄가는 거예요. 공감이 가장 중요해요. 동료, 파트너들에게 '이 일이 맞다'라고 느끼도록 서로를 설득하는 거죠. 어떤 상황을 나와 비슷하게 느끼도록 시야의 각도가 비슷해지도록 자발적 공감을 끌어내기 위해 정말 많은 대화를 합니다.

'신뢰, 충돌, 헌신'이라는 카카오의 사훈이 참 좋더군요. 신뢰에 기반해 충분히 논쟁하고 부딪히며 나온 결론에 대해 모두가 한 방향으로 헌신하자는 뜻이라고요.

네. 그런데 사훈은 아니고 핵심 가치예요. 김범수 의장이 가장 경계하는 게 자율성을 해치는 거예요. 카카오톡 개편도 다 알아서 하라고 맡겨두는데 문화가 경직되는 조짐이 보이면 바로 뭐라고 해요. 자율성이 없으면 카카오의 분방한 문화를 지킬 수 없어요.

기업 문화의 전부, 사람

『최고의 팀은 무엇이 다른가』라는 책을 쓴 대니얼 코일을 인터뷰한 적이 있어요. 그가 말한 구글과 픽사의 기업 문화가 연상됐습니다. 창의성은 어떤 말이든 나눌 수 있는 안전한 분위기에서 나온다는 거죠.

동의해요. 물론 통제가 안 되고 제멋대로인 사람도 있겠죠. 어찌 보면 회사가 수직 계통이 확실해야 빨리 전진할 수 있는 거 아냐? 그렇게 생각할 수도 있어요. 하지만 충분히 대화를 나눈 후 자율적으로 결정하면 헌신도가 높아져요. 100퍼센트 동의가 안 돼도 미련이 안 남죠. 저도 제가 반대한 결정에 미련 없이 따릅니다.

직원들이 카카오를 안전하고 계층이 없다고 느낄 거라고 확신하나요?

천차만별이겠죠. 저는 수천 명의 직원, 노조까지 있는 대기업을 경영하고 있어요. 다만 중심은 확실해요. 우리 인재상은 유능하고 열정 있고 선한 마음을 가진 사람이에요.

저는 좋은 친구들이 안전하고 계층이 없다고 느끼는 게 중요해요. 그걸 전체 직원으로 확장하진 않아요. 우리가 고마워하는 친구들이 우선이지요.

선한 마음을 가진 직원들의 안전감이 중요한 포인트군요.

조직에는 좋은 정책을 악용하는 골칫덩이도 분명 존재합니다. 하지만 저는 선량하고 열심히 일하는 직원들을 기준으로 정책을 펼쳐요. 스스로 룰을 정하는 자율 근무제도 그렇게 나왔고요.

카카오 직원들은 근무 시간표를 직접 짠다. 오전 6시부터 오후 10시 사이, 한 달 동안 160시간만 일하면 된다. 오늘 12시간 근무하고, 내일 1시간만 일해도 된다. 출퇴근 시간도 따로 없다. 개인의 자율이 극대화된 시스템이다. 만약 고의로 자율 시스템을 악용하면? 해고에 가까운 중징계가 기다린다.

선량한 직원과 골칫덩이 직원을 어떻게 구분하나요?

저는 보면 딱 알아요. 회사의 오너가 누구를 CEO로 선임하는가가 그 기업의 컬처잖아요. 그 컬처가 팀장과 리더를 선임하는 방식으로 내려오죠. 능력, 열정, 커뮤니케이션 능력 등 꼼꼼하게 평가하는 시스템은 설계할 수 있어요. 하지만 이미 직감적으로 알죠. 사람은 비슷한 사람을 알아보거든요. 그래서 누가 승진하고 누가 회사를 떠나는가가 기업 문화의 전부예요.

누가 남고 떠나는가가 기업 문화의 전부다······ 핵심이군요.

네. 그래서 지금 저와 여민수 대표, 우리 성향에 근접한 사람들이 힘을 내고 있겠지요.

그렇다면 조수용과 여민수는 어떤 성향의 사람들입니까?

일단 서로를 너무 잘 알죠. 네이버 시절, 같이 일을 했으니까요. 여대표는 광고 영업을 하던 분이고 저는 디자인 브랜드 마케팅을 하는 사람이라 사실은 둘이 한편이 되기 힘들어요.

광고에서 돈 벌려는 순간 제품의 모습이 일그러지기 쉽고, 제품을 너무 고고하게 하면 수익이 떨어져요. 어쩔 수 없이 서로 경멸하는 경향이 있어요. 그런데 이상하게 우린 친했어요. 저는 그런 사람 중에서 비즈니스적이었고, 여대표는 감각적이었죠. 저희는 놀랄 만큼 비슷합니다.

또 어떤 면이 비슷하죠?

의외로 인간적이에요. 숫자를 쫓지만 숫자보다 의리나 우정을 중요하게 생각해요. 너무 진지하기보다는 재밌는 걸 좋아하죠. 일에 너무 목매지도 않고요. 가장 비슷한 건 사심이 없다는 거예요.

사심이 없다?

의사 결정 상황에서 개인의 욕망을 앞세우지 않아요. 사심을 빼면 의견을 내는 데 자유롭죠. 계열사가 많은 카카오식 경영에서 어느 한 회사가 '나의 이익'만 추구하려는 순간, 공동체엔 균열이 일어나요. 이때 누군가는 손해를 감수해야죠. 이해 관계의 수식에서 가장 먼저 '나를 빼면' 사안은 심플해져요.

가보지 않은 길, 플랫폼과 콘텐츠 따로 또 같이

3년 전 카카오 부사장으로 옮기기 직전 인터뷰에서 제게 말했던 카카오의 밑그림이 착착 현실화되고 있더군요. 예컨대 플랫폼과 콘텐츠로 트랙을 나누는 것이나 글로벌로 가겠다는 것이나 이미 그때 나온 큰 그림이었어. 마치 CEO가 될 걸 예상이라도 했듯이.

CEO를 예상했던 건 절대 아니고요. 당시에 김범수 의장이 "네가 도와줘야겠다"고 했을 때 이미 밖에서 했던 생각이었어요. 저는 사업을 하려는 사람은 반드시 브랜드적인 생각의 정돈이 필요하다고 생각해요. 컨설팅을 맡겨도 최우선으로 듣는 게 기업의 정체성이잖아요.

카카오의 정체성은 무엇이지요?

첫째는 오리진이고, 둘째는 사회적 임무예요. 최초에 모바일 세상이 열렸을 때 우리가 무엇을 할 수 있을까의 고민이 메신저로 나왔어요. 카카오톡이죠. 그런데 지금은 카카오톡이 전 국민이 쓰는 소통 수단이 되면서 거의 공기업 수준의 미션을 요구받고 있어요. 예컨대 카카오뱅크처럼 국가적으로 혁신해 줬으면 하는 일상의 바람이 저희 안으로 들어오고 있죠.

그래서 저는 카카오라는 정체성을 원래 있던 사업에서 얼마나 혁신이 일어났는가로 판단해요. 은행이나 택시 호출은 원래 있었던 거지만 그걸 어떻게 바꿨는지, 거기에 혁신의 유전자가 있는지 없는지로 카카오라는 이름을 붙이는 거죠.

비단 은행이나 택시 호출뿐 아니라 사이버 세계에 길들여진 우리가 IT 경험으로 부동산, 제조업 등 이전 세대의 하드웨어 사업을 재해석하면서 폐쇄적인 사업 경계가 무너지고 있습니다. 당신은 이런 역동적인 시대의 최전선을 살고 있어요.

행운이죠. 역사상 두 번 다시 오기 힘든 기회라고 생각합니다. 카카오는 상속으로 넘어온 대기업이 아니잖아요. 다들 젊고 혁신을 이룰 수 있을 만큼 지분 구조도 탄탄해요. 시장 기반은 메신저지만 자본과 사람과 전 국민의 삶에 다가갈 수 있는 힘을 생각하면 가슴이 뜁니다. 뭘 하든 제대로 하자는 사명이 곧 정체성이 되는 거죠.

모델이 있습니까?

없어요. 사실상 시장에서 이런 모델이 불가능해요.

플랫폼과 콘텐츠를 한 몸에 담는 것이 불가능합니까?

플랫폼 사업은 유통업이에요. 무엇이든 다 품어야 해요. 반면 콘텐츠 사업은 그 콘텐츠를 어디든 거침없이 내보내야죠. 한 회사가 두 가지를 같이 하면 사실상 충돌이 생겨요. 넷플릭스도 플랫폼 기반이지만 자기가 만든 콘텐츠는 독점해서 다른 데 안 줘요. 내가 나를 가두는 거죠.

저희도 음악 플랫폼이 경쟁력이 있는데 '우리가 만든 아이유 음원을 외부에도 공급해야 하나?' 이런 딜레마에 부딪히죠. 그런데 저희는 과감히 분리해서 가기로 했어요. 경쟁사에도 저희 콘텐츠를 풀고 경쟁사의 콘텐츠도 품는 거죠.

콘텐츠 전략은 카카오페이지, 카카오M, 카카오게임즈로 짜고 플랫폼 전략은 (주)카카오, 멜론, 카카오페이지도 포함해서 투 트랙으로 가요. 논리적으로는 안 맞아요. 하지만 이렇게 파이를 키우지 않으면 글로벌에 문제가 생겨요. 콘텐츠는 국경을 넘어야 해요.

크고 작은 인수합병도 많습니다. 기준이 있나요?

굵직한 건 오래전에 다음, 최근엔 멜론 정도예요. 인수가 많은 것처럼 보이지만 사실 회사 안에서 에너지가 큰 기업을 스핀 오프해서 키운 후 외부 투자를 유치하는 방식이죠.

배우 이병헌 씨 소속사인 BH 엔터테인먼트, 숲 엔터테인먼트 등도 카카오가 인수했다고 해서 놀랐습니다.

돈이 많아서 사들인 게 아니에요. 흩어진 엔터테인먼트 크리에이터들을 모으는 역할을 한 것뿐이죠. 작은 나라에서 각자 플레이하지 말고 모여서 같이 해보면 어떨까 하는 제안이었어요. 카카오M의 주식을 소유하는 방식으로 함께 스크럼을 짠 거죠.

기존의 수직 구조 방식의 인수합병과는 매우 다르네요.

머리로는 맞다고 생각하지만 많은 분이 실천하지 못했던 걸 저희는 해요. 무모하다 싶은 일도 과감하고 빠르게. 창업자가 맨몸으로 시작했고 사심이 없어서 가능하다고 생각해요.

조수용이 카카오로 들어오기 전 운영했던 크리에이티브 컨설팅 회사 JOH도 카카오 인베스트먼트를 통해 자회사로 들어왔다. 비슷한 방식의 지분 공유였다.

내가 인정하는 사람이 나를 믿어줄 때

큰 회사를 운영하면서 바뀐 생각이 있습니까?

더 철이 든 것 같아요. 한때 무서울 것 없이 펄떡펄떡 뛰던 때가 있었어요. '왜 사람들이 이걸 안 하지?' 의아해하면서요. 에너지가 엄청났고 거침이 없었죠. 하도 설치고 다녀서 욕도 먹었죠. 그래서 지금 저 같은 친구를 만나는 데 시간을 쏟아요. 그런데 또 그때의 나와 지금의 나를 두고 선택하라면 전 지금의 제가 좋아요.

충분한 자원이 확보되어서 그렇겠지요.

부정할 순 없죠. 하지만 그만큼 걸림돌도 많고 책임도 무겁습니다.

당신의 힘을 최고로 끌어올리는 결정적인 엔진은 무엇인가요?

제가 인정하는 사람이 저를 믿어줄 때 계산이 없어져요. 두려움은 사라지고 불필요하게 머리 쓰지 않고 오직 맞는 것만 생각해요. 네이버 시절엔 제일 중요한 사람이 이해진 의장이었어요. 당시에도 디자인하던 미술 전공자에게 마케팅 전략 임원을 맡기는 건 파격이었어요. 그런데 이해진 의장이 믿어준 거죠. 그때 썼던 순수한 힘의 느낌이 있어요. 그 힘의 여운으로 나와서 제 사업을 한 거죠. JOH를 경영할 때도 내가 인정하는 동료에게 인정받는 것만큼 큰 기쁨이 없었어요. 광고 없는 브랜드 잡지 《매거진 B》도 제정신으로는 할 수 없는 일이었죠. 그런데 동료가 '최고다!' 해주면 그게 최고의 보상이었어요. 그래서 저는 젊은이들에게도 일을 시작할 때 너무 재지 말고 일단 해보라고 해요. 젊을 때 힘을 못 쓰면 영원히 못 써요. 한 번이라도 힘을 썼던 경험이 있으면 또 꿈을 꿀 수 있어요.

공인이 되는 두려움이 컸던 조수용이 카카오의 CEO를 맡게 된 것도 김범수 의장 때문이라고 했다. "제가 인정하는 김범수 의장이 저를 인정해 줬기 때문에 힘을 내서 잘하고 싶어요."

지금 젊은이들에겐 40대 후반의 리더 조수용이 어떻게 다가올까요?

　제가 30대일 때는 제 나이 또래의 40대 후반 아저씨들을 보면 말이 안 통했어요. '인터넷은 할 줄 아나? 내 말은 알아듣나? 지금의 나는 누군가에게 그런 존재이지 않을까?' 두렵죠. 할아버지들이 종종 '다 알아' 그러시는데 그런 모습을 경계하고 있어요.

그렇다고 억지로 젊은이들과 어울리려고도 안 해요. 제 스스로가 사실 30대 초반 시절과 다름없이 살고 있거든요. 다만 '내가 틀릴 수도 있다'는 가능성은 염두에 두죠. 무엇보다 카카오 CEO를 하는 동안은 세대 차이를 떠나 제가 유저가 되는 게 핵심이에요.

과거엔 잘나가는 디자이너, 브랜드 건축가, 지금은 한국에서 가장 핫한

스타 CEO…… 왜 당신이 하면 다 주목받고 잘 풀리는 걸까요?

저는 일을 할 때 사명감을 가장 앞에 세우는데 그걸 비즈니스로 잘 풀었던 것 같아요. 과거 프리챌에서 일할 때도 디자인 파트장이면 그냥 예쁘게 하면 되거든요. 그런데 저는 회사가 돈 버는 데 기여해야 한다고 생각했어요. 그 결과물이 인터넷 홈페이지 최초의 배너 광고예요. 전 세계 어떤 포털에도 그런 광고 형태가 없었어요. 중요한 건 매번 그런 파격적인 저의 제안을 조직의 최고 경영자가 받아줬어요. '오버하지 말라'고 누르지 않고 '이 친구가 말한 걸 의사 결정에 반영하겠다'는 거죠. 생각이 트인 CEO들이 혁신을 만들어요. 네이버 초록 검색창이나 네스트 호텔, D타워 설계도 다 그런 맥락에서 나온 것들이고요.

실패 경험은 없나요?

많아요. 《매거진 B》도 수익이 좋지 않았지만 버텨낸 힘이 크고요. 가방도 좋아해서 만들었는데 잘 안 돼서 접었어요.

중심을 잡고 군더더기를 빼다

당신이 늘 말해 왔던 '조수용 키워드'가 있어요. 장난기, 똘끼, 모험, 버티기……. 이 키워드를 관통하는 공통점이 뭐지요?

일단 남의 시선이 안 중요해요. 나 스스로의 시각으로 나를 자각한다는 거예요. 그런데 나를 객관화하는 힘은 명상에서 와요.

명상을 이야기하니 베르나르 베르베르와 유발 하라리가 생각나는군요.

하하. 유발 하라리의 『21세기를 위한 21가지 제언』에는 명상 챕터가 따로 나옵니다. 나를 가볍게 두면 뇌의 주변이 말끔해져요. 다른 사람이 비난한다고 영향받지 않고 나답게 판단할 수 있달까요. 수시로 나를 수술대에 올려놓는 거죠.

요가도 마찬가지예요. 맨몸으로 내 피지컬을 극한대로 몰면서 객관적으로 나를 대하는 거예요. 명상과 요가로 정신과 육체를 객관화하다 보면 자연스럽게 장난기, 똘끼, 버티기 정신이 생겨요.

문득 '수련'으로 유명한 종교학자 배철현의 말이 떠오릅니다. 새벽에 앉아서 '오늘 무엇을 안 할까?'를 명상하면 '무엇을 해야 할지가 명료해진다'고요. 그렇게 하늘을 우러러 한 점 군더더기가 없는 삶을 사니 어떠신가요?

하하. 아니에요. 저를 모르는 분은 무섭다고 하지만 오래 본 분들은 "알고 보니 허술한 놈이었어"라고 해요. 완전무결한 사람은 매력 없잖아요. 프로다운 친절함과 아마추어 같은 허술함, 이 두 가지 밸런스를 유지하는 게 좋다고 봐요.

'알고 보니 허술한 놈이었다'는 말에 친밀감이 들었다. 조수용은 가수 박지윤과 결혼하면서 세간에 화제가 됐다. 두 사람은 《매거진 B》 팟캐스트 현장에서 만나 친분을 맺었다. 내가 그 만남이 매우 지적이라고 말하자 그는 소리 없이 웃기만 했다. 더는 뉴스거리가 되고 싶지 않다는 의지가 강했다. 두 사람은 취향이 잘 맞고 지금도 서로 도와주며 잘살고 있다고 짤막하게 언급했다.

《매거진 B》의 발행인으로 세계적인 성공 기업을 탐구한 경험은 그에게 큰 자산이 되었다. 깨달음은 의외로 간단했다. 건강한 자본이 강력한 브랜드를 만들고, 그게 진짜 돈이 된다는 것. 경영자도 직원들도 소비자도 함께 행복한 기업이 생각보다 어렵지 않다는 것. 그런 신념으로 JOH를 경영하면서 건강한 현미 밥집 '일호식', 동네 개발 사업인 '사운즈'를 성공시켰다.

선한 기업에 대한 생각은 여전한가요?

더 깊어졌죠. 그런데 카카오가 대기업으로 분류되면서 사람들은 시장에서 삼성, LG, 네이버와 대등한 규모로 생각하세요. 사실상 체구 차이가 많이 나요. 거인과 꼬맹이죠. 아무래도 저희는 비즈니스보다 사회적인 역할에 치중했던 시기가 길었고, 지금은 밸런스를 맞추려고 해요. 우선은 시장에서 건강하게 살아남아야죠.

하라 켄야, 정구호처럼 당신도 브랜드를 이야기할 땐 뺄 것을 주장했습니다. 더하기보다 빼기, 늘어놓기보다 정리하기, 채우기보다 비우기라는 반전의 통찰은 왜 항상 유능한 크리에이터의 몫일까요?

오랫동안 고객을 상대하면서 깨달은 거죠. 여러 개의 공을 던지면 받지 못한다는 걸. 물리적 세상의 논리로 보면 돈을 많이 주면 양이 많아야 해요. 하지만 크리에이티브 세상은 달라요. 돈을 많이 줄수록 복잡한 걸 간결하게 만들어줘요. 당연한 듯 보이지만 희소성이 큰 작업이에요. 특히 빼는 건 굉장한 용기예요. 일단 돈을 댄 사람들이 안 좋아해요. 흰 티셔츠에 점 하나 찍고 디자인했다 그러면 당황해요. 보도자료를 예로 들어봐도 그래요. 많이 내야 노동량이 보이잖아요. 하지만 때로는 보도자료를 안 내는 것도 전략이에요. 분량을 '컷' 하는 것도 대단한 주인의식이에요.

예전에도 만났을 때 당신이 말한 주인의식에 관한 정의는 놀라울 정도로 생경했어요. 진짜 주인의식은 나를 내려놓는 거라고 했죠.

　일하는 건 어렵지 않아요. 오히려 어떤 일을 안 하기로 결정하거나 열심히 했는데 빠지게 될 때 나의 이익을 빼고 조직의 방향을 앞세우는 사람이 주인의식이 있는 사람이죠.

일에 나의 감각은 더하지만 일에서 나의 이익은 빼는 사람. 조수용은 브랜드를 세우는 일도 같은 비유로 설명하곤 했다. 중심을 잡고 군더더기를 빼는 일, 불필요한 걸 빼면 남다른 캐릭터가 생긴다.

빼기의 자신감은 어디서 나오나요?

　그렇게 했을 때 결과가 좋았어요. 아닌 건 아니라고 말할 때 덜 머뭇거리는 편이에요. 스스로 비겁해지는 걸 못 참아서 그런 것 같습니다.

그는 유년기부터 대학생이 될 때까지 성장기 내내 가난했다. 결핍이 낳은 건 우울이 아닌 자율이었다. 그의 어머니는 1년에 딱 한 번 옷을 사주셨다. 시험 보기 전날, 잘 보라고. 어머니는 모든 결정 권한을 어린 조수용에게 일임했다. 소년은 시장을 샅샅이 돌며 모든 제품을 다 비교한 후 마지막 순간에 다 빼고 한 벌을 골랐다. 어머니는 딱 한 마디만 하셨다. "그 옷의 어떤 점이 제일 좋으니? 후회하지 않겠니?" 그게 큰 훈련이 돼서 당시 영등포 옷가게 브랜드를 다 외우고 로고까지 그릴 정도였다.

그때부터 브랜드를 보는 직관이 생겼고 대학생이 돼서는 책 한 권 허투루 사는 법이 없었다. 수많은 물건 중 최고로 좋은 하나를 골라내는 구체적인 안목, 습관의 힘이 자리 잡았다.

생각할수록 어머니께서 남다르신 분입니다.

그렇죠. 제 유년 이야기의 중심 테마도 가난이 아니라 어머니예요. 어머니의 겸손함이죠. 가난해서 1년에 한 벌밖에 새 옷을 못 사면 보통 현명한 판단은 어른이 해요. '아이는 분명 이상한 걸 고를 테니 부모가 구슬려서 필요한 걸 사줘야지.' 그런데 어머니는 정반대의 생각을 하셨어요. '1년에 한 번이니 네가 원하는 걸 사라.' 그리고 제가 그런 결정을 하는 데 같이 시간을 쓰고 결과물을 인정해주셨어요. 그 경험이 제게 다른 자아를 만들어줬죠.

"네가 결정해. 네가 했으니 괜찮을 거야." 신뢰받은 경험은 대단한 힘을 발휘해요. 선한 마음, 자기 신뢰, 잘하고 싶은 마음이 동시에 솟구치죠. 말씀드렸듯이 저는 인생에서 그런 사람을 만나 성장했어요. 대기업의 리더가 된 지금은 그 신뢰와 자율의 경험을 나누려는 거고요.

트라우마는 없습니까?

없어요. 제로에서 시작해서 그런지 움켜쥐고 사회 생활을 하지 않았어요. 지금도 잃을 게 많지 않다고 생각해요.

마지막으로 어떤 인간이 되고 싶은가요?

제 아이한테도 그런 이야기를 했어요. 아빠는 평생 가치를 만들고 세우는 사람이 되고 싶다고. 가치를 만드는 건 한정된 금을 캐는 제로섬 게임이 아니에요. 세상에 없던 좋은 광물을 합성해 내는 일이죠. 전에 없던 모바일이 세상에 드러난 것처럼, 앞으로도 인간 행복에 가치를 더하는 사람이 되고 싶습니다.

찬 기운이 들 정도로 텅 빈 사무실 안쪽으로 가을 아침 햇살이 비쳐들었다. 민머리에 안경을 끼고 새하얀 면티를 입은 모습이 매끈한 이모티콘처럼 보였다.

문득 반팔 소매 끝에 삐죽이 나온 문신이 눈에 들어왔다. 정사면체의 선과 점을 기호화한 그래픽이었다. 공중에 올라선 한 개의 '점'이 브랜드 철학이라고 했다. "브랜드에 철학이 더해지면 소비자들은 물건이 쓸모없고 못생겨도 사요. 그 생각에 공감하기 때문이죠. 사람도 마찬가지예요. 생각을 곧게 세우면 부족한 게 많아도 그 사람은 잘 살아요. 그게 바로 밸런스죠."

늘 사물과 생각의 에센스를 찾아 간결하게 중심을 세우는 조수용. 살면서 혹 잊을까 하여 제 몸에 검은 문양으로 새겨넣었다고 했다. 지구가 매트릭스 세상이 되지 않으려면 진짜가 존재하고 버텨줘야 한다. 그 중심의 한 점에 조수용이 있어 다행이다.

		조	수	용	의		
		일	터	의			
		문	장	들			

선량하고 열심히 일하는 직원들이
조직을 안전하다고 느끼는 게 중요하다.

사람은 비슷한 사람을 알아본다.
그래서 누가 승진하고 누가 회사를 떠나는가가
기업 문화의 전부이다.

이해관계의 수식에서 가장 먼저 나를 빼면
사안은 심플해진다.

내가 인정하는 사람이 나를 믿어줄 때 계산이 없어진다.
두려움은 사라지고 불필요하게 머리 쓰지 않고
오직 맞는 것만 생각한다.

남의 시선은 중요하지 않다.
스스로의 시각으로 나를 자각한다.

빼는 건 굉장한 용기가 필요하다.

일을 시작할 때 너무 재지 말고 일단 해보라.
젊을 때 힘을 못 쓰면 영원히 못 쓴다.
한 번이라도 힘을 썼던 경험이 있으면 또 꿈을 꿀 수 있다.

리스펙트하라! 가장 낮은 자까지

봉준호

'봉준호'라는 장르를 구축한 영화감독.
〈기생충〉으로 칸 영화제 황금종려상, 아카데미 감독상을 받았다.

10년 전 영화 〈마더〉 촬영 후 처음 만났을 때, 봉준호는 말했다.

"김혜자는 위대한 배우이고, 원빈은 위대함의 문턱에서 한쪽 발을 들이민 배우이며, 저는 위대해질 가망성이 없는 사람입니다."

스스로 위대해질 가망성이 없다던 봉준호는 지금 동시대의 가장 저력 있는 감독 중 한 명이 되었다.

"봉준호가 있어서 이 세상이 더 나아질 수 있다고 생각한다." 넷플릭스의 콘텐츠 최고 책임자 테드 서랜도스는 지난 2017년 〈옥자〉의 개봉을 앞두고 모인 취재진 앞에서 말했다. 그는 봉준호와의 만남을 "넷플릭스 역사상 가장 놀라운 일"이라고 표현했다.

브래드 피트가 설립한 제작사 플랜 B 엔터테인먼트의 공동 회장 제러미 클라이너도 "우리는 거의 스토커 수준으로 봉준호와 그의 작품을 쫓아왔다"고 했다. 그리고 2019년 봉준호는 제72회 칸 영화제에서 심사위원 만장일치로 그랑프리를 수상했다.

현재 지구상에서 봉준호만큼 가진 자와 못 가진 자, 변방과 중심, 유토피아와 디스토피아의 아우성을 사려 깊게 담아내려는 감독은 드물다. 어떤 이야기든 우직한 몸으로 우왕좌왕하는 인파를 뚫고 우아하게 착지하는 그의 저력이 놀라울 뿐.

2019년 세상에 나온 〈기생충〉은 칸 영화제 그랑프리, 아카데미 작품상 감독상까지 수상하며 세계인의 머리와 가슴을 파고들었다. '기생충'의 감염성이 어찌나 놀라운지, 부자든 빈자든 한 번 보고 나면 봉준호 유니버스의 스피커가 되지 않고는 못 견디게 만드는 것 같았다.

계급을 다룬 이 웅장하고 비통한 동화는 분명 기존 봉준호 영화의 확장판임에도 자기 복제의 혐의마저 벗었다. 새롭지는 않은데 놀라운 이유는 그가 자신에게 누적된 모든 탤런트를 동원해 지금 이 시대의 이야기를 하고 있기 때문이다.

서스펜스, 유머, 부르주아, 가족…… 25년 전 중편 데뷔작인 〈지리멸렬〉부터 최근작 〈옥자〉까지 봉준호의 세계관 속에 뿌려진 모든 떡밥이 〈기생충〉의 먹이로 사용되었다.

감독은 독재자이며 예술적 흡혈귀라는 생각이 만연된 영화계에 봉준호는 놀라운 커뮤니케이션 능력을 갖춘 상식적인 리더로 등장했다. 봉준호를 만났다. 늘 그렇듯 회색 재킷에 검은 티셔츠, 통 넓은 바지에, 앞이 뭉툭한 낡은 신발을 신고 나타났다.

기분이 어떠신가요?

　잠을 못 자서 약간 이상한 상태입니다. 허언을 하거나 반대로 방언이 터질 수도 있습니다.

2017년에 넷플릭스의 스트리밍 영화 〈옥자〉를 들고 칸에 갔을 때는 상영 중 야유가 터졌고 일부 관객은 퇴장하기도 했지요. 〈기생충〉은 완전히 대반전이었습니다.

　그때는 스트리밍 영화에 대한 논쟁이 칸에서 벌어져서 초반에 이슈 몰이를 좀 했지요. 이번엔 가장 클래식한 방식으로 개봉을 했어요. 칸에서 황금종려상과 별개로 아트 하우스 극장 연합에서 주는 상도 받았습니다. 극과 극을 경험했달까요.

어쨌든 한국 영화가 시작된 지 100주년이 되는 해에 칸에서 그랑프리를 받다니 환상의 타이밍이군요.

　심사위원장인 곤살레스 이냐리투도 그 점을 신기해했어요. 시상식 전까지는 심사위원들과 접촉이 차단된 상태였다가 폐막식 리셉션 때야 만났지요. 그때 '한국영화 100주년'에 대해 물어보고 놀라더군요.

박찬욱, 김지운 등 동료 영화감독들은 뭐라고 하던가요?

　김지운 감독은 마침 영화제 기간에 프랑스에 있어서 칸에서 만났어요. 파티에 와서 진한 축하를 해줬습니다. 틸다 스윈턴도 달려와서 파티가 정말 다이내믹했어요. 박찬욱 감독은 칸에 가기 전부터 '상을 탈 것 같다'고 힘을 실어줬지요. 얼마 전 시사회 뒤풀이 자리에선 저와 송강호 씨에게 감격적인 헌사를 해주셨어요.

듣고 싶군요! 앞서 칸에서 심사위원 대상을 받았던 박찬욱 감독의 헌사를!

　차마 제 입으론 말 못하겠어요.

말해 주시지요.

　아니요. 못하겠어요. (그가 계속 머뭇거리자 결국 옆에 있던 홍보 담당자가 박찬욱 감독의 말을 전해주었다) "완벽하다! 경의를 표한다."

작품만큼이나 정상에서 보여준 봉준호의 애티튜드는 한동안 장안의 화제였다. "위대한 배우 송강호의 소감을 듣고 싶다"는 봉준호의 아름다운 추임새는 "인내심과 슬기로움과 열정을 가르쳐준 대한민국의 모든 배우에게 이 영광을 바치겠다"는 공생의 멘트를 끌어냈다. 덕분에 〈기생충〉의 영광은 온 누리에 고르게 퍼져갔다. 칸의 제왕은 심지어 전 세계 카메라 앞에서 무릎을 꿇고 송강호에게 트로피를 바치는 포즈로 사람들을 웃겼다.

영광을 독점하거나 성공에 좀체 취하지 않는 그의 태도는 사실 매우 봉준호스러운 것이다. 〈괴물〉이 천만 관객을 넘어 장기 흥행하자 오히려 그는 근심하며 "누군가 하루빨리 이 기록을 깨주길 바랐고", 〈설국열차〉가 900만 명을 돌파하자 "흥행이 여기서 멈췄으면 좋겠다"고 미끄러지듯 달리던 1,000만 질주의 레일에 브레이크를 걸었다.

칸 영화제에서도 5분이 넘는 기립 박수가 이어졌을 때도 여지없이 끊고 "밤이 늦었으니 이제 그만 집으로 돌아가시라" "나는 배고프다"며 흥분한 관객을 웃겼다.

위대함을 타인의 몫으로 돌리는 그의 태도가 단순히 겸손과 수줍음의 결과일까? 혹 '존중은 나눌수록 커지잖아요'라는 생각이 몸에 밴 일종의 철학은 아닐까?

봉준호는 인터뷰 시작부터 자신의 영광을 허물어뜨리는 자세를 취했다. "강호 선배 앞에서 무릎을 꿇을 땐 자세가 잘 안 나왔어요. 제 몸이 너무 몽글몽글해서 아쉬웠습니다."

'봉준호'라는 장르

외신 반응 중 어떤 코멘트가 가장 맘에 들었습니까?

북미 쪽에선 주로 장르에 관점을 두고 봐요. 《인디와이어》에서 "봉준호는 스스로 장르가 되었다"라고 했는데 그 말이 가장 좋았어요.

'내 영화의 장르는 봉준호'라는 말은 〈옥자〉가 나왔을 때 그가 인터뷰에서 내게 했던 말이었다. 내가 그 사실을 언급하자 그는 수줍게 웃었다. "그랬나요? 제 입으로 떠드는 것보다 공식적으로 인정을 받으니 더 감격했어요."

〈옥자〉도 동물과 사람의 러브스토리라고 주장했습니다. 애초에 상업 영화가 만들어낸 장르라는 틀에서 이탈하고 싶은 욕망이 있었나요?

저는 처음부터 어떤 장르도 설계하지 않습니다. 코미디? 호러? 실제 생활을 보세요. 상황과 감정은 수시로 바뀝니다. 하나로 통합되지 않아요. 직장 상사와 공포의 시간을 겪고, 퇴근 후엔 애인과 멜로의 시간이 기다리죠. 슬프면서도 웃기고 무서우면서도 애잔한, 그게 인간의 삶이고 감정이지요.

영화 〈살인의 추억〉의 논두렁 시퀀스나 〈괴물〉의 한강 소동, 〈기생충〉의 가족 싸움판처럼 봉준호 영화에 난장판 혹은 난동 장면이 시그니처처럼 들어가 있는 것도 흥미롭습니다. 더 나아가 한바탕 소동극 형태로 이야기를 마무리 짓는 건, 이 희비극의 카오스에서 빠져나오려는 봉준호만의 낭만적인 출구 전략인가요?

저는 확실히 카오스를 즐기는 성향이 있습니다. 그런 장면을 찍을 때 흥분돼요. 혼돈 장면과 취조 장면을 찍을 때 온몸의 피가 기분 좋게 역류하는 것 같은 느낌이 있어요. 저는 무질서한 상태, 카오스가 절정에 오를 때 음악을 비벼서 장르적 쾌감을 주려고 해요. 〈기생충〉에서 짜파구리 시퀀스가 그랬어요. 스크린에서 깽판이 휘몰아칠 때 이런 식의 장르적 활기는 이창동이나 미하일 하네케 감독 영화에서는 느낄 수 없지요.

영화를 보는 내내 이 장르의 원형으로 김기영 감독의 〈하녀〉와 〈충녀〉가 떠올랐어요. 물론 훨씬 덜 신경질적이고 더 현대적이며 유머의 이빨은 더 날카로워졌더군요. 쾌와 불쾌 사이의 간을 잘 맞추는 봉준호 특유의 넉살이 좀더 구조화됐다고 느꼈습니다.

저는 김기영 영화의 마니아였어요. 1994년 무렵 처음 케이블 TV에서 김기영 감독 특별전을 봤어요. 영화 아카데미를 갓 졸업해서 영화인이랍시고 폼은 잡지만 생활비도 제대로 없어 가난하던 시절이었어요.
〈기생충〉에 나오는 기태의 반지하 집의 3분의 2 정도 되는 시영 아파트에서 살았습니다. 돈이 없어 다른 데는 지출을 못해도 유료 영화 채널은 봤어요. 그때 김기영 감독 영화에 완전히 광분해서 그걸 홈비디오 테이프에 전부 녹화를 떴거든요. 〈하녀〉〈충녀〉〈이어도〉〈육식동물〉……. 김기영 감독이 살아계셨다면 제 영화 〈기생충〉을 보여드리고 싶습니다. 안타깝게 1998년도에 화재로 돌아가셨어요.

부르주아의 욕망, 욕정을 그분만큼 치열하게 파고든 감독이 없지요.

또 그걸 파괴하려는 외부의 침입자도 맹렬하게 그려냈어요. 〈하녀〉에서 계단의 쓰임새는 아직도 기억이 나요. 꼬마 안성기가 굴러 떨어지는 장면이 정말 강렬했습니다.

그는 〈하녀〉와 〈기생충〉이 동시상영 하게 되면 좋겠다고 소망을 피력했는데 그것은 매우 봉준호다운 발상이었다. 사실 금기를 넘어서려는 작가주의 감독들의 충동은 종종 대중들을 불편하게 만들었다. 하지만 공동체를 배려하는 저잣거리 이야기꾼으로서 봉준호의 본능은 선의 반대편 저울에 손쉬운 사이코패스를 두는 대신, 그 시대의 내밀한 사회적 공기와 시스템의 살갗을 현미경처럼 묘사하면서 설득력 있는 상업 영화 설계도를 완성해 내곤 했다. 빌런이 아닌 시스템을 겨냥한다는 점, 특수한 누군가의 이야기가 아니라 항상 지금 우리의 이야기를 한다는 점에서 봉준호는 대단히 동시대적이다. 그의 인도에 따라 우리는 〈살인의 추억〉의 논두렁과 〈괴물〉의 한강 다리, 〈설국열차〉의 꼬리 칸과 〈옥자〉의 도살장을 차곡차곡 지나 마침내 그가 설계한 〈기생충〉의 괴저택에 도착했다. 밝고 깊고 좋은 냄새가 나는 곳. 이곳에서 가난하지만 웬만해선 상처받지 않는 가족과 부자지만 양식을 갖춘 가족이 만났다.

영화 속에서 고용인이 선을 넘어오는 것을 예민하게 감지하는 이선균과 달리 조여정은 자신의 이름 '연교'처럼 부자와 빈자 사이의 부드러운 다리가 되어준다. 모든 고용인에게 의존하듯 칭얼대는 조여정과 꿀린 데 없이 기세등등한 박소담은 화면 전체에 싱싱한 리듬을 부여하면서 부자와 빈자의 전형성을 역전시킨다. 뺀질뺀질한 이선균과 뻔뻔한 송강호가 한 프레임에 잡힐 때마다 이 팽팽한 기싸움의 긴장은 더욱 고조된다. 계급은 다르지만 매우 효율적인 두 가족의 결합에 균열을 내는 것은 서로 다른 냄새.

감독 봉준호도 사회적 공기를 감지하는 예민한 후각을 지녔다. 그의 영화가 뇌리에 오래 남는 이유도 시각에 동반된 후각의 강력한 잔상 때문. 〈살인의 추억〉의 비릿한 피 냄새, 〈괴물〉의 하수구 냄새, 〈옥자〉의 단백질 타는 냄새에 이어 〈기생충〉의 반지하 냄새까지……. 봉준호가 비 오는 장면을 즐겨 쓰는 이유도 습기가 악취를 더 진동시키기 때문이 아닐까.

문득 봉준호의 외할아버지가 풍속소설의 대가인 소설가 박태원이라는 사실이 떠올랐다. 그 유명한 작품 『소설가 구보 씨의 일일』 『천변 풍경』은 등장인물의 신변과 세태 풍속을 파노라마 방식으로 묘사했던 근대 문학의 걸작이었다.

아버지부터 '라나'까지 영화의 뿌리들

창작자로서 소설가인 외할아버지의 영향을 받았습니까?

솔직히 외할아버지는 제게 동화 속의 인물이에요. 저희 외가는 이산가족입니다. 전쟁통에 외조부와 큰이모는 북에, 어머니를 포함한 나머지 사남매는 남쪽으로 찢어졌어요. 외할아버지는 북한에서 돌아가셨어요. 외할아버지가 유명한 소설가라는 걸 안 건 고등학교 때였어요. 구인회의 일원이었으며 시인 이상과도 친하셨다고요. 사진을 가만히 보면 저와 닮은 구석이 있습니다. 제가 외탁을 했거든요.

창작의 영향은 오히려 아버지에게 받은 게 컸다고 했다. 서울과학기술대학교 시각디자인과 교수이자 1세대 그래픽 전문가인 아버지 봉상균은 2017년 그가 〈옥자〉를 작업하던 시기에 작고했다.

구체적으로 아버지의 어떤 면이 당신의 창작 욕구를 건드렸나요?

아버지의 서재엔 해외에서 사들인 화집이 가득했어요. 외국 출장을 다녀오시면 진귀한 그래픽 책을 사오시곤 했는데, 1970년대엔 흔치 않은 자료였어요. 그 영향인지 저는 다섯 살 때부터 만화를 그렸어요. 만화가가 되고 싶었죠. 어릴 때 이미 스토리보드를 그리면서 숏 개념을 익힌 거죠. 〈기생충〉도 100퍼센트 제가 촬영 전에 그림으로 설계를 다 했어요.

그 완벽에 가까운 〈기생충〉 스토리보드는 아트북으로 출판됐다.

아버지도 국립영화제작소 미술 실장을 하신 적이 있지요?

맞습니다. 김기영 감독님의 〈하녀〉 타이틀을 아버지가 만드셨어요. 꼬마 안성기가 하녀와 실뜨기를 하는 장면 위에 타이포가 떠오르죠. 넓게 보면 아버지도 영화인이셨는데 당시 환경이 좀 거칠었는지 저한텐 "영화 일을 하지 말라"고 하셨어요. 아버지는 제 영화를 〈설국열차〉까지 보셨어요. 〈기생충〉을 꼭 보여드리고 싶었는데…….

부친께서는 당신이 영화감독이 된다고 했을 때 어떤 반응을 보였나요?

사람은 월급을 받아 살아야 한다고 하셨지요. 직장에 다녀야 한다고. 정 원하면 방송국이나 케이블 쪽에 가서 훌륭한 드라마를 찍으라고 하셨어요. 하지만 제가 취직할 생각이 전혀 없다는 걸 아시고는 응원해 주셨죠. 1993년 대학에 복학했을 때 무려 제작비가 600만 원이나 드는 단편 영화 〈백색인〉을 찍었는데, 당시 제작비 일부를 대주셨어요. "잘 완성해 보라"고.

이번 영화의 마지막 장면에서 부자지간의 애정이 느껴지더군요.

　프랑스 배급사 대표도 같은 이야기를 했습니다. 아들과 아버지가 다른 세계에서 깜빡깜빡 교신하는 장면을 보고 아비지와 저의 관계를 연상했다고요.

봉준호는 노트북에서 아버지가 영화 촬영 스태프들과 찍은 옛날 흑백 사진 한 장을 찾아서 보여주었다. 세트장에서 촬영된 듯한 그 사진에서 봉상균 선생은 양복을 입고 카메라 뒤에서 매처럼 날카로운 눈을 빛내고 있었다.

아버지가 지식인 분위기라면 봉 감독은 좀더 분방한 스타일입니다.

　하하. 저는 방치된 스타일이죠. 2~3년 주기로 삭발을 하는데 버스를 타도 아무도 못 알아보더군요. 제 머리카락은 오일을 바르면 물에 젖은 개털 같아지거든요. 흐흐.

헤어 스타일은 흡사 〈미래소년 코난〉 같습니다.

　10대 시절 KBS에서 미야자키 하야오의 〈미래소년 코난〉을 보고 그 그림체와 이야기에 매혹됐어요. 특히 여주인공인 라나를 좋아했어요. 라나는 걸리시한 듯하지만 코난을 구하는 장면에선 파워풀하고 파괴력도 있어요. 그래선지 저는 강한 소녀에 대한 애정이 있어요. 라나는 〈괴물〉의 현서의 이미지로 이어져요. 〈옥자〉의 미자도 애니메이션 〈원령공주〉와 유사성이 있지요.

10대 시절에 본 영상이 봉준호 월드의 원형이 됐군요!

맞습니다. 10대 시절에 본 만화와 함께 개성 있고 도전적인 할리우드 영화들이 제 혈관 속에 흐르고 있어요. 저는 아직도 1970년대 할리우드 스튜디오 장인들이 찍은 〈마라톤맨〉 같은 영화를 강렬하게 기억합니다.

밀접한 거리의 잔인함, 그 파국을 면하려면

자신을 부자와 빈자 중 어디에 속해 있다고 보십니까?

케이블TV에서 김기영 감독 영화를 보며 살던 신혼 초에 저희 집은 기택이의 집 3분의 2 정도 공간이었어요. 지금 제가 사는 곳은 박 사장 집의 5분의 1 정도 되는 공간이지요. 친구들은 다양했어요. 비닐하우스에서 사는 친구도 대리석으로 지은 거대한 집에 사는 친구도 있었지요. 영화적으로는 부자와 빈자의 양극을 묘사했지만 저는 그 중간쯤에 있는 것 같습니다.

어쩌면 이 이야기는 '지상이냐 지하냐' 높이와 크기에 대한 이야기가 아니라 거리에 대한 이야기라는 생각도 듭니다.

사실 그 거리를 무너뜨리는 건 카메라예요. 타인과 유지해야 하는 거리가 있는데 카메라가 그 선을 넘고 있지요. 박사장과 연교가 저택의 소파에서 돌발적으로 야한 행위를 할 때 이선균 씨는 평소의 젠틀함과 달리 상스럽게 거친 언행을 보여요. 그들에게 '냄새가 난다'는 둥 대놓고 할 수 없는 무례한 말을…….

그 이야기를 탁자 밑에 있던 기택의 가족이 듣고 있는 상황, 그 밀접한 거리가 잔인함이 되는 거죠. 야한 듯 야비한 듯 타인의 사생활을 부담스러울 정도로 가까운 거리에서 지켜본다는 데서 텐션이 만들어집니다.

영화를 보고 나서 여기저기 코를 대고 냄새를 맡게 되더군요.

그랬나요? 저는 날 것의 냄새가 화면에 생생하게 보이도록 찍고 싶었어요. 결국 그 표현은 배우들이 표정으로 해냈지요. 〈기생충〉은 냄새를 도구로 예의가 붕괴되었을 때 어떤 파국이 오는가를 그렸습니다.

파국을 막기 위한 그 예의는 어떻게 시작되는 건가요?

인간으로서 최소한의 존엄, 상대에 대한 근본적인 리스펙트가 필요합니다. 그게 유지가 안 되면 갑질이 되는 거죠. 가장 낮은 곳에 있는 사람들, 힘든 처지의 인간이 밝은 곳으로 나와 외치고 싶은 한마디가 그거예요. '리스펙트!'

나비 넥타이에 트로피를 들고 매력적인 승자의 제스처를 취했던 봉준호. 만인의 리스펙트를 받은 그가 차마 자제하지 못하고 발설한 이 영화의 가장 강력한 스포일러는 바로 이것이었다. '리스펙트!'. 우연인듯 필연인듯 칸에서 시작해 아카데미까지 봉준호가 공식 석상에서 보인 일관된 태도가 있었으니 바로 타자를 향한 '리스펙트'

다. 골든글로브에서는 "방탄소년단이 나보다 3천 배쯤 유명하다"며 한국인의 뜨거움에 전체 공을 돌리더니, 아카데미에서는 위대한 감독 마틴 스코세이지와 쿠엔틴 타란티노 덕분에 자기가 있었노라고 리스펙트의 클라이맥스를 찍었다.

덕분에 우리는 연결되어 있으며 나의 현재를 타인의 공덕으로 돌리는 행위가 어떤 기적의 연쇄 반응을 낳는가를 우리는 즐겁게 목도했다.

'예의가 없으면 파국'이라는 영화적 메시지를, '예의가 있으면 천국'이라는 현실의 메시지로 승화시킨 봉준호. "기생이 공생이 되고 상생이 되길 바란다"고 다시 한 번 강조하는 그에게 마지막 질문을 던졌다.

이젠 좀 평안하신가요? 행복지수가 높아졌습니까?

(깜짝 놀라) 행복지수라니요? 숫자로 말해야 하나요?

아니요. 만족감을 느끼는지 물었습니다.

아니요. 저는 늘 불안합니다. 칸에서 돌아오는 비행기 안에서도 시나리오를 썼습니다. 신경정신과 의사는 약을 권하지만 저는 불안이 유지돼야 글을 쓸 수 있어요.

그제서야 봉준호가 했던 특유의 자기비하적 농담이 기억났다.

"〈살인의 추억〉 때는 살인범이 찾아올까 불안했고, 〈괴물〉 때는 감당하기 힘든 흥행 때문에 불안했습니다. 〈마더〉는 '이 영화가 나에게 무엇이고 관객들에게 무엇인가'라는 근본적인 질문 때문에 불안했죠. 정신 불안 상태에서 하루하루를 버텨갑니다. 불안하지 않으면 그게 불안하고, 불안을 잊기 위해 영화를 찍고, 영화를 찍고 나면 다시 불안에 떠는 거죠."

나는 넘치는 인류애로 불안에 떠는 이 진실한 천재를 바라보았다. 봉준호의 진정성은 자신이 창조한 작품의 세계관과 자기 자신의 통합을 이뤄내면서 만들어졌다. 그가 이룬 자기 통합의 근사치는 불평등의 반대말인 평등이 아니라 혐오의 반대말인 존중이었다.

콘텐츠의 안팎을 오가는 봉준호의 이런 식의 '예의의 리얼리티쇼'에 반한 전 세계 팬들은 이제 〈기생충〉이라는 상품을 넘어 '봉준호'라는 상표(브랜드)를 좋아하게 되었다. 그의 외양, 그의 유머, 그가 일하는 방식, 그가 영광을 나누는 방식 모두를. 틸다 스윈턴과 변희봉에 대한 차별 없는 존중과 스태프들의 '밥때'와 어린 연기자들의 '잠때'에 대한 변함없는 존중을!

		봉	준	호	의	
		일	터	의		
		문	장	들		

처음부터 어떤 장르도 설계하지 않는다.

상황과 감정은 수시로 바뀐다.
슬프면서도 웃기고 무서우면서도 애잔한,
그게 인간의 삶이고 감정이다.

인간으로서 최소한의 존엄,

상대에 대한 근본적인 리스펙트가 필요하다.

그게 유지가 안 되면 갑질이 된다.

불안 상태에서 하루하루를 버텨간다.

불안하지 않으면 그게 불안하고,

불안을 잊기 위해 영화를 찍고,

영화를 찍고 나면 다시 불안에 떤다.

스태프들의 밥때와 어린 연기자들의 잠때를 존중한다.

오래 버텼다, 잘 섞었다

장영규

이날치 밴드의 리더이자 베이시스트.
〈전우치〉부터 〈보건교사 안은영〉까지
리듬과 섞임의 즐거움을 선사하는 영화 음악 작곡가.

코로나19로 뉴노멀은 모든 세대에게 일상이 되었다.

우리는 이제 공정과 투명, 평등과 다양성을 공기처럼 마시고 산다. 위계 없이 진화한 이 탁월한 개인들의 시대에 중요한 것은 무엇인가. 리듬과 반복, 협력과 재미다.

바야흐로 타고난 엘리트들이 이끌던 화성의 시대에서 모두가 자기만의 박자를 느끼는 리듬의 시대가 밝았다. 격리된 개인은 루틴을 통해 일상의 리듬을 이어 가려 한다. 넷플릭스 드라마는 시즌을 이어가며 반복 재생된다. 기업은 오직 다른 파트너와의 협업에서 재활의 출구를 찾는다.

리듬의 시대엔 메인과 서브의 구분도 기승전결도 중요하지 않다. 중요한 것은 구조다.

평행 우주에서 통합 우주가 된 디지털 유토피아에서는 모두가 주인공이며 서사는 짧은 단위로 반복된다. 비트 단위로 흐르는 음악에 춤을 추듯 우리는 더 자주 우연과 행운에 몸을 맡긴다. 애매한 독창성보다 똑똑한 다양성, 지루한 오리지널보다 흥겨운 하이브리드에 열광하는 이 시장에서 이 모든 시대 정신으로 무장한 강력한 그룹이 나타났으니 바로 이날치다.

BBC 라디오는 이날치 밴드를 일컬어 "희한하게 익숙하고 아름답게 낯설다"라고 표현했다. 장구와 북, 소리꾼이라는 간결한 판소리 룰을, 두 대의 베이스와 한 대의 드럼, 네 명의 소리꾼으로 배열해 전 세계 3억 명을 춤추게 한 남자. 리듬의 마법사 장영규를 소개한다. 의도하지 않았지만 오래 버틴 축적의 힘으로 '이날치 밴드'라는 글로벌 잭팟을 터뜨린 남자. 오랜 세월 동안 음악을 하면서도 장영규가

고인 물로 썩지 않은 이유는 그때그때 여러 장르와 잘 섞여 놀았기 때문이다. 그의 주변에는 늘 탁월한 협업자들이 모여들었다.

그렇게 물과 철이 섞이듯 판소리와 신스팝이 섞이고, 한복과 선글라스가 섞이고, 공예와 그래피티가 섞이고, 막춤과 현대 무용이 섞였다. 비빌수록 그 맛과 멋은 더욱 살아났다. 마성의 손맛이었다.

각자의 개성이 존중받는 다양성의 시대, 근본을 유지하면서도 힙한 리듬을 뽑아내는 장영규의 '섞임의 철학'을 들어보자.

어어부 프로젝트에서 씽씽 밴드, 이날치까지⋯⋯. 놀라움을 만들어내는 최전선에 항상 장영규가 있네요.

오래 버텨서 그런 것 같아요.

오래될수록 신선해지는 건 장영규라는 베이스에 새로운 성분이 계속 합쳐져서인 듯합니다. 트렌디함과 완성도를 유지하면서요.

그런가요? 확실히 오래 하다 보니 뭔가가 계속 만들어지는 것 같아요. 저는 어릴 때부터 음악을 오래 해야겠다고 생각했어요. 주위를 돌아보면 궁금했거든요. 왜 한국의 음악하는 멋진 형들은 다 사라지고 없는 걸까? 계속하면서 멋지게 살아남는 음악가가 되고 싶었어요.

데이비드 보위, 롤링스톤스, 스팅, 보노⋯⋯. 해외에는 1960~70년대 팝스타들이 근사하게 늙어가지요.

해외 팝밴드들은 시장이 넓어서 하는 만큼의 보상을 받아요. 자기 관리하며 음악에 집중하며 나이 들지요. 무슨 일이든 보상이 없으면 꾸준히 하기 힘들거든요.
보상도 없이 오래 하는 사람들을 보고 저희끼리 그래요. "잘 사는 집 애들만 살아남잖아." 하하. 저는 다행히 밴드를 하면서 영화 음악을 동시에 했어요. 경제적으로 버틸 만한 구조를 마련한 거죠.

1990년대에서 2000년대에 이르러 음악산업계가 아이돌 그룹과 거대 기획사, K팝 장르로 재편되는 동안 장영규는 영화계로 활동 영역을 넓혔다. 〈타짜〉 〈도둑들〉 〈곡성〉 〈부산행〉 등 영화에 리듬을 입히며 화사하게 역동하는 장영규만의 비빔밥 사운드를 뽑아내곤 했다.

영화계와의 다양한 협업이 장영규라는 독특한 지형도를 만들어낸 듯합니다. 음악을 계속하기 위한 전략이었나요?

글쎄요. 저는 처음 음악을 시작할 때부터 다른 장르 사람들과 교류하며 지냈는데 그 영향이 아닌가 합니다. 연극, 무용, 영화, 미술 등 타 장르 사람들을 만나면서 확장성을 갖게 됐달까요. 젊은 시절부터 재질과 성분이 다른 사람들과 섞이며 지냈던 게 큰 도움이 됐어요.

어떤 이들과 섞였나요?

제가 음악적 재능이 뛰어나진 않았어요. 그런데 무용가 안은미, 설치미술하던 이불, 최정화, 이재용 감독 등을 따라다니면서 함께 놀고 잡일도 하면서 많이 배웠어요. 그때 백현진도 함께 놀면서 홍대 발전소, 살바 같은 공간에서 희한한 뻘짓이며 퍼포먼스를 했어요. 꼭 음악을 하지 않더라도 살면서 다른 파트 사람을 만나 그 속에서 지내다 보니 눈이 뜨이고 귀가 열렸습니다. 그때 쌓였던 성분들이 지금 터져 나오고 있어요.

그가 교류한 아티스트 그룹은 지금도 고급과 플라스틱, 전위와 뽕짝, 하이(high) 로(low)를 경계 없이 오가며 섞는 기상천외한 작업을 이어가고 있다.

세상 어디서도 들어본 적 없는 힙한 소리

초기에는 어떤 음악을 했습니까?

안은미가 저한테 무용 음악을 의뢰하면서 한 첫말이 "마음대로 섞어봐"였어요. LP 여러 장을 휙 던지면서요. 그때 훈련이 많이 됐죠.

이날치 밴드의 근본이 거기서 나왔군요.

당시 무용 음악은 회현동 지하상가의 LP 가게 아저씨가 맡았어요. 대충 감각으로 붙여주던 시절이었죠. 그런데 저는 더빙할 수 있는 가정용 녹음기가 있었어요. 회현동 아저씨가 그냥 이어붙였다면 저는 제대로 전문적으로 섞은 거죠. 이를테면 바그너와 김소희의 판소리를 붙이는 식이었어요.

그렇게 섞을 재료를 찾느라 1990년대 초중반 음악의 전 장르를 다 찾아 들었어요. 월드뮤직, EDM, 클래식…… 섞기 시작하면 장르의 구분이 없어져요. 그러면 판소리나 클래식은 저한테 엄격한 장르가 아니라 특이한 재료로 받아들여지는 거죠. 간혹 언론에서 이날치 밴드의 음악을 '퓨전 국악'이라고 규정하면 전 어색해요. 이날치의 음악은 얼터너티브 팝이에요. 춤출 수 있는 팝이죠.

1995년부터 홍대 인디 신에서 전위적인 밴드 '어어부 프로젝트'를 이끌던 그가 인디를 뛰어넘고 싶어 해외 시장을 겨냥해 만든 밴드가 민요 록밴드 '씽씽'이었다.
펑크, 디스코, 레게, 글램 록, 테크노와 어우러져 나온, 세상 어디에도 없는 아방가르드한 민요 사운드에 홍대 클러버들이 열광했고, 음악 마니아들의 바이블로 통하는 미국 공영방송 라디오 NPR의 〈타이니 데스크 콘서트(Tiny Desk Concert)〉에 씽씽 밴드가 초대되면서 글로벌 잭팟이 터졌다. 유튜브 조회 수 600만 뷰에 이르는 이 콘서트 동영상을 소개하며 주최 측은 씽씽에 대해 이렇게 설명했다. "우리가 보거나 들은 적 있는 그 어떤 밴드와도 같지 않다."

그러나 씽씽은 얼마 뒤 해체되면서 아쉬움을 남겼다. 재결성에 대한 팬들의 열망이 뜨거운 가운데 어느 날 이날치가 날아들었다. 더 익숙하고 더 새로운 구성으로. 하이브리드라는 최첨단 선물 보따리를 들고서.

장영규에게 상업성이란 자기 것을 버리고 대중의 비위를 맞추는 뻔한 계산이 아니라 자신이 좋아하는 코어 콘텐츠를 대중도 함께 즐기도록 만드는 고도로 계산된 파격이었다. 첫 번째 시도는 취향의 마니아들을 겨냥한 난장에 가까운 특이한 쇼였고, 두 번째 시도는 그렇게 새로움에 눈 뜬 대중과 함께 노는 중독적이고 힙한 인터랙티브 놀이였다. 구경하게 한 뒤 참여하게 했다고나 할까.

우연인가요? 필연인가요? 장영규의 큰 그림 속에 다 있었던 건가요?

다 우연이었어요. 씽씽 밴드는 2~3년 정도 해외 시장에서 활동할 계획이었는데 생각보다 빨리 NPR 〈타이니 데스크 콘서트〉에서 터져서 1년 만에 유명세를 탔어요. 그러다 갑자기 깨진 거고요. 그후 2018년 말에 우연히 양정웅 연출가가 〈수궁가〉를 재해석한 음악극 〈드래곤 킹〉을 제안했고, 거기서 안은미의 2007년작 〈바리〉 공연에서 함께했던 소리꾼 안이호를 다시 만났죠. 그때 소리꾼들을 여럿 모아서 이날치를 결성했어요.

초기에 이날치에 대한 주변 사람들의 반응은 회의적이었다. 민요 가락에 퀴어 패션을 밀어붙였던 씽씽의 파격에는 못 미친다는 우려였다. 장영규의 생각은 달랐다. 전통이 고루하다는 편견을 깨는 데 판소리만큼 좋은 장르도 없다는 것.

확신이 있었나요?

네. 저는 국악을 대중적인 재료로 보는 훈련이 돼 있어요. 씽씽은 민요고 이날치는 판소리예요. 민요와 판소리는 근본적으로 달라요. 민요는 창법도 선율도 정해져 있지만 판소리는 선율도 규칙도 없어요. 중요한 건 오직 이야기죠.

판소리의 기반은 음악이 아니라 문학이에요. 서사를 자유롭게 전달하면서 나온 기법이 창이에요. 그 특징이 힙합의 랩과 닮았어요. 재밌게 들려주기 위해 리듬을 만들었으니 저는 밴드를 리듬 위주로 꾸렸어요.

그렇게 두 대의 베이스에 하나의 드럼, 신나게 엇박자로 달리는 네 명의 소리꾼은 전무후무한 김치 웨스턴 그루브를 만들어냈다. 별주부와 토끼가 간을 두고 벌이는 추격전은 신스팝과 뉴웨이브 리듬을 타고 클럽에서도 댄스 음악으로 폭발적인 인기를 끌었다. 밴드 이름은 조선 시대 이름난 명창 이날치에서 따왔다.

이날치는 2019년 5월 이태원에서 〈들썩들썩 수궁가〉로 단독 공연을 했고, 〈어류〉〈토끼〉〈호랑이〉〈자라〉 등의 싱글이 포함된 정규 1집 《수궁가》를 냈다. 앰비규어스 댄스팀의 흥겨운 춤이 결합된 네이버 온스테이지의 온라인 공연은 조회 수 1,058만 회, 서울, 부산, 전주 등 전국 도시를 돌며 찍은 〈Feel the Rhythm of Korea〉는 조선의 힙으로 이름을 날리며 3억 뷰를 기록했다.

일이 되려니 착착 리드미컬하게 진행됐군요!

정말 우연히 장단이 맞았어요. 장기하와 얼굴들 밴드가 해체되면서 베이스 치던 정중엽이 조인했고, 씽씽 밴드의 드럼 이철희도 타이밍이 맞았고, 소리꾼 안이호도 안은미 무용 공연에서 만난 인연이 있거든요.

저는 오랜 시간 이런저런 활동을 끊임없이 해왔는데 그 인연들이 한번에 모인 거죠. 연령 구성도 다채로워서 지금 멤버 일곱 명이 50대, 40대, 30대, 20대에 고르게 분포돼 있어요. 소리꾼들은 밴드를 하면서도 각자 판소리 완창 등 전통 작업도 충실히 병행 중이고요.

레퍼런스가 있었습니까?

아니요. 그냥 자라면서 들었던 모든 음악의 영향을 받았어요. 특별히 1980년대 팝음악 색채가 많아요. 당시 다들 록을 들었는데 저는 신스팝을 들었어요. 그 리듬이 몸 안에 남아 있어요. 제 목표는 춤출 수 있는 판소리를 만들자였어요. 거기에 시장이 있다고 본 거죠.

외국인들은 3억 뷰가 넘은 한국관광공사의 홍보 영상 〈Feel the Rhythm of Korea〉를 〈강남스타일〉처럼 코믹한 움직임으로 받아들이는 것 같더군요.

전 다르다고 봐요. 〈강남스타일〉은 작정하고 B급을 만들어서 센세이셔널이 됐어요. 이날치는 팝인데 들어본 적이 없는 새로운 팝 밴드 음악으로 이해가 되고 있어요. 춤도 스트리트 댄스 같지만 자세히 보면 아니에요. 발레와 현대 무용, 전통 움직임이 뒤섞여 있죠. 쉽게 볼 수 있는데 쉽게 따라 할 수는 없어요. 막춤 같지만 구성이 치밀하죠. 재밌고 호기심을 자극하지만 따져보면 우발적이지 않아요. 그런 지점에서 이날치의 음악과 앰비규어스의 춤은 닮았어요.

썩지 않기 위한 협업

협업에 대해 이야기해 보지요. 현대무용그룹인 앰비규어스 댄스팀과는 안무를 맞춰보지도 않고 첫 무대에 올랐다고요.

이날치의 30초 영상을 보여줬더니 재밌어하더라고요. 그런데 마침 그 팀이 바로 해외 장기 공연을 떠나야 해서 '무대에서 만나요!'가 됐어요. 돌아오는 날 함께 무대에 섰는데 무리가 없었어요.

실제 무대 느낌도 난입에 가까웠습니다. 갓과 투구, 한복과 트레이닝복, 선글라스…… 유머러스한 스타일링에 고도로 절제된 막춤이 판소리 그루브를 쫀득하게 쪼개더군요.

그 정도로 믿고 가려면 사전에 그 팀의 장점이 뭔지 정확한 판단이 서 있어야 해요. 저는 앰비규어스 팀에 아무런 주문을 안 했어요. 그런데 그 팀에서도 한 단원이 마이클 잭슨의 〈스릴러〉 아이디어를 냈대요. 김보람 단장이 내키진 않아했지만 일단 해봤는데 그게 또 재밌게 어울렸어요. 우연을 배제하지 않으면 흥미로운 의외성이 나와요. 그래서 저는 제 취향이 아니라도 일단 '해보자'고 해요.

한때 백남준과 활동했던 존 케이지의 음악을 들으면서 우연이 뭘까를 생각했다고 했다. 우연이 발생하는 지점을 예민하게 감지하고, 그것을 소중하고 의미 있게 쓰고 있다고.

팝아트 수준의 뮤직비디오는 오래오 스튜디오 팀의 작품이지요? 조금 과장하자면 핑크 폴로이드의 〈더 월〉 이후 가장 신선한 비주얼이었습니다.
　　서로 어울리는 팀을 만나면 굉장한 시너지가 나요. 오래오는 저희 첫 공연을 보고 포스터를 만들어줬어요. 이날치 음악을 재미있어하길래 모든 노래를 뮤직비디오로 만들어 달라고 했죠. 돈이 없으니 돈 안 들이고 아트워크 필름처럼 해달라고요.
결과적으로 코로나 때문에 공연을 못 해도 굿즈와 동영상이 끊이지 않고 나오면서 확장성이 커졌어요. 결과물이 좋으면 저는 그게 그들의 것이라고 확실하게 크레디트를 줘요.

'Tiger is Coming' 아트워크도 그렇고, 토끼와 범이 날아다니는 민속적인 팝아트가 이날치를 더 힙하게 만들어줬죠.
　　그건 저의 디렉션과는 다른 작업이었어요. 저는 그래픽은 안 좋아해요. 그런데 그분들이 그렇게 하고 싶다고 해서 또 흐르듯이 그런 결과물들이 나온 거죠.

사람이든 음악이든 섞을 때 원칙이 있나요? 메인과 서브 구분 없이 모두가 주인공인 것 같은 느낌을 받습니다.

섞을 재료의 장점을 파악하는 게 중요해요. 요것만 드러나면 된다는 포인트가 있죠. 그래야 서로가 빛나요. 다행히 그 지점을 선택하는 직관이 저한테 있는 것 같아요. 오랫동안 음악 감독으로 선택당하는 삶을 살다 보니 체득된 능력입니다.

장영규와 함께 작업하는 협력자들은 다 몰아지경에 빠져서 자기 일처럼 자기 흥으로 일한다는 느낌을 받아요. 더 잘하고 싶어서 즐거운 경쟁을 합니다. 파트너를 탁월한 협업자로 만드는 비결이 있나요?

제가 일민미술관에서 '탁월한 협업자'라는 전시를 했어요. 저는 밴드 일도 하지만 영화계에서 원하는 사운드를 만들어주는 일도 하잖아요. 어떤 일을 할 때 한 번 하고 인연이 끝나는 사람도 있고 같이 자주 하는 사람도 있어요. 그 차이가 뭘까를 생각했어요. 일단 협업이 잘되는 사람들은 상대가 무엇을 잘하는지 알고 있어요. 주문한 작업을 컨펌할 때도 중요해요. 특정 장면에 맞는 음악은 사실 수천 가지가 나올 수 있거든요. 그런데 제가 제안한 음악 결과물이 상상과 달라도 큰 방향이 맞고 역할을 잘하고 있다고 판단하면 오케이를 하는 분들이 있어요. 저는 그런 감독들과 기분 좋게 일했죠. 반면 내 그림과 맞지 않다고 계속 다른 것을 요구하면 결국 평소 자기가 익숙하게 듣던 수준의 음악이 나옵니다. 가요만 듣던 사람은 가요가 나와야 오케이를 하거든요.

결국 탁월한 협업은 탁월한 낯선 것을 받아들이는 태도군요.

맞아요. 그러기 위해서 첫째는 잘하는 사람과 일할 것. 둘째는 협업자의 결과물이 내 상상과 다르더라도 방향이 맞으면 그냥 가요. 내 취향은 여러 방법 중 하나일 뿐이니 열어두자는 거죠. 그러면 다들 신나게 일하고 새로운 게 나와요. 저는 영화 음악을 작업하면서 남의 입맛을 맞추다 보니 자연스럽게 훈련이 됐어요.

박찬욱, 김지운, 최동훈, 나홍진, 연상호, 이경미, 함께 일한 감독들은 다들 탁월한 협업자들이었나요?

그렇죠. 그분들도 저한테서 몰랐던 것, 신선한 것을 얻어내야 이익이잖아요. 자기 머릿속에 원래 있던 것을 꺼내주는 사람에게 왜 음악을 부탁하겠어요? 저는 그 과정을 밴드의 협업에 적용했어요. 그러면 좋은 작업이 안 나올 수가 없어요. 충돌은 있지만 목표는 같으니까요.

1990년대 중반부터 어어부 프로젝트로 홍대 인디 밴드의 뿌리가 됐던 백현진과 장영규. 그들은 각자의 스타일대로 영화 음악을 만들었다. 이후 백현진은 시장에 구애받지 않는 자기 길을 갔고, 장영규는 시장을 만들어냈다. 장영규는 최고의 음악 작업으로 가장 최근에 작업한 넷플릭스 드라마 〈보건교사 안은영〉을 꼽았다. 현재는 최동훈 감독의 영화 〈외계인〉을 작업 중이라고.

들어보면 이 모든 게 축적의 힘이라는 생각이 드네요. 화제가 됐던 넷플릭스 드라마 〈보건교사 안은영〉 음악 크레디트에도 장영규 이름이 나와서 놀랐어요.

어쩌다 보니 단계별로 끊김 없이 나오고 또 나오네요.

소통의 기쁨이 정말 크겠습니다.

속도와 반응이 너무 빨라 당황스러울 정도예요. 〈보건교사 안은영〉은 시나리오를 읽었을 때 이야기보다 그림이 먼저 그려졌어요. 젤리 괴물, 무기 등 다른 상상력이 필요한 작업이라 이경미 감독에게 비주얼 디렉터를 소개해 줬어요. 저는 판타지를 음악적으로 어떻게 도와줄까, 빠져들어 가게 할까를 연구했죠.

〈보건교사 안은영〉도 이날치 음악만큼이나 중독성이 강합니다. 자연스러운 중독성은 어떻게 만들어지나요?

저는 음악에서 화성보다 구조에 매력을 느껴요. 작업 방식도 화성보다 구조에 많은 신경을 씁니다. 리듬으로 구조를 설계하는데 거기서 중독적인 흥이 터지는 거죠.
〈수궁가〉의 한 대목인 〈범 내려온다〉도 5분 정도의 곡에 '범 내려온다'라는 후렴구가 수십 번이 나오죠. 멤버들이 이렇게 많이 반복해야 하냐고 했는데 저는 이만큼은 해야 한다고 했어요. 나를 믿으라고.
영화 음악도 화성보다 리듬을 중시하는 감독들이 저를 많이 찾았어요. 특히 2000년대 초에 작업했던 최동훈 감독의 〈전우치〉는 지금도 많은 분이 찾아 듣고 있어요. 〈전우치〉 작곡가가 이날치에 있대……. 이렇게 계보를 찾으며 즐거워해요. 저도 모르는 사이 〈전우치〉가 이날치의 상위 개념으로 있더라고요.

대중들은 이날치의 조상이 전우치라고 생각해요(웃음). 20년 전에 이미 궁중 음악에 뽕짝을 섞어서 스윙하듯 비벼냈으니! 요즘은 〈보건교사 안은영〉에서 〈전우치〉까지 장영규의 리듬을 타고 스타일을 추적해 가는 사람들이 많더군요.
　　지금 영화 음악계에서 가장 나이가 많은 사람이 저예요. 세대 교체가 빠른 업계에서 계속 일할 수 있으니 감사하죠.

자기다움을 유지하면서 외부의 새로운 것을 잘 섞었기에 가능했겠지요?
　　뻔하지 않게 하려고 했어요. 장영규라는 스타일이 드러나지 않으면 무슨 소용이 있겠어요? 감독은 그들이 원하는 걸 찾아가고, 저는 제 색깔을 유지하면서 균형을 맞춰온 거죠.

EDM과 판소리가 서로 섞여 노는 것처럼

장영규에게 리듬이란 무엇이죠?
　　제 자신. 저는 리듬에서 시작해서 리듬으로 끝나요. 음악을 섞기 시작할 때 발생하는 리듬이 있어요. 그건 장르로서의 리듬이 아

뻔하지 않게 하려고 했다.

나의 색깔을 유지하면서 균형을 맞춰왔다.

니라 소리 안에 이미 들어 있는 리듬이에요. 그게 충돌되면서 새로운 리듬이 만들어지는데 저는 그 재미에 푹 빠져 있어요. 가령 드럼을 칠 때 리듬과 자동차 바퀴의 리듬, 인쇄기 돌아가는 리듬…… 그런 걸 음악적으로 정리하고 새롭게 배열시키는 게 제 관심사예요. 판소리 리듬도 정말 이상해요. 미디도 박자도 없어요. 말이 나오는 대로 흐르죠. 소리꾼 네 명이 어우러지면서 5박을 4박으로 좁히기도 하고 끼워 넣기도 해요. 그렇게 신비한 엇박이 만들어져요. 악보도 없고 글자로 표시해 가면서 하죠. 희한해요. 규칙이 없는데 또 규칙이 있어요. 리듬이 몸 안에 있으니 몸을 조금씩 바꾸는 거예요.

그 리듬에 취해 '1일 1범 한다'는 말을 들으면 기분이 어떤가요?

이런 날이 올 줄이야! 판소리를 하루에 한 번씩 듣는 날이 올 줄 누가 알았겠어요? 저는 단지 밴드가 살아남아 오래 활동하기 위해서 시장이 필요했어요. 이날치로 전통 음악을 알리겠다는 게 목표는 아니었어요. 그런데 결과적으로 고리타분한 포장을 걷어내니 전통이 이 시대에 가장 앞선 팝이었어요. 다들 신나게 춤을 추니 소리꾼들도 더 자극을 받고요.

K흥이라는 말도 생겼어요. 저는 그 흥이 장영규가 뽑아낸 새로운 음악 리듬인 동시에 팀원과 파트너들이 흥이 나게 일하게 만드는 장영규만의 공존의 리더십이라는 생각도 들었습니다.

일단 한보다는 흥이라서 너무 좋고요. 흥을 내서 협업해야 좋은 게 나와요. 재밌어야 시작할 마음이 동하고 즐거워야 결과물이 좋아요. 그런데 다들 지나치게 열심히들 하더라고요. 하하.

사람들을 그토록 몰입시키는 정체는 새로움인가요?

저는 새로운 건 없다고 생각해요. 있을 수도 있지만 저는 없다고 생각해요.

어찌 됐든 과거와 현재가 만나 새로운 하이브리드 리듬의 세계가 열렸잖아요?

그게 바로 동시대성이죠. 저는 판소리를 듣기 힘든 옛날 음악이라고 생각하지 않았어요. 현재의 음악으로 즐길 수 있다고 생각했어요. 출발부터 그랬어요. 사실 소리꾼들이 수련한 판소리를 팝으로 만드는 게 쉬운 작업은 아닙니다. 한편에선 전통을 이용한다고 오해도 받죠. 하지만 저는 갑자기 퓨전 국악을 한 게 아니에요. 오랫동안 지켜보고 연구하면서 결국 다른 접근법을 만들어낸 거죠.

양극단을 충돌 없이 붙이는 것. 개성을 해치지 않고 조화를 만들어내는 것. 그것이야말로 지금 같은 다양성의 시대가 원하는 최고의 새로움이 아닐까. 전통 공예와 디지털 그래픽, EDM과 판소리가 서로 환대하며 섞여 노는 것처럼. 서로 다른 것들이 위계를 이루지 않고 환상의 협업을 이뤄낸 이날치의 비주얼과 사운드처럼.

요즘엔 어떤 고민을 하나요?

하하. 저는 고민은 별로 없어요. 고민을 많이 하지 않아요. 작업

속도도 빨라서 많이 만든 후에 과감하게 버립니다. 고민하지 않고 잘 버리는 게 저의 창작 루틴이에요.

고민이 없다니 믿어지지 않네요.

네. 타고나기를 그렇게 타고났어요. 심각하지 않아요. 매사 편안합니다. 영화 음악은 마감 직전에 클릭해서 보내기도 해요.

촉이 좋은 편이지요?

그냥 제 귀에 들려요. 이거랑 저거랑 붙이면 좋겠다. 다 주변의 좋은 사람들 덕이죠. 그들 옆에서 마음을 열고 수용 범위를 넓히는 게 훈련이 됐어요. 그런데 좋은 인연도, 황홀한 우연도 포착하지 않으면 사라져요. 저는 매끄럽지 않은 희귀한 사람들을 많이 만나서 영향도 받고 도움도 받았어요. 음악만 생각했다면 지금처럼 넓어지지 못했을 거예요.

일하는 게 즐거운가요?

네. 저는 일하면서 놀아요. 일하는 즐거움이 크죠. 감독들과도 따로 만나 놀아본 적이 없어요.

미니멀리스트인가요? 맥시멀리스트인가요?

미니멀리스트예요. 여러 장르 사람을 만나도 가지치기를 잘하지요. 작곡할 때도 만족이 안 되고 발전 가능성이 없는 부분은 초반에 미련 없이 버려요. 긴 시간 공들여 수정하지 않습니다.

고여서 썩지 않고 시장에서 새롭게 살아남고 싶어 하는 이 시대의 창작자들에게 조언을 부탁합니다.

익숙한 경험, 자기만의 장르에 갇혀 있으면 금세 낡아버립니다. 의도적으로라도 다른 장르의 공간, 사람, 분위기에 자신을 자주 노출하세요. 저는 다행히 특이하고 대담한 취향의 사람들과 섞여 지냈고, 그때 만난 사람들의 이야기와 퍼포먼스가 큰 자산이 됐어요. 뻔한 말 같지만 영화, 연극, 패션, 건축 다 모여서 어울리고 그 다양성을 수용한 경험이 엄청난 창작의 재료가 될 거예요. 어떤 형태든 소셜 믹스의 씨앗을 뿌리세요. 연극은 대학로, 밴드는 홍대, 패션은 청담동…… 한곳에 머물지 말고 다른 동네에서 어울리고 섞이세요.

장영규와의 대화는 고요하고 흥이 넘쳤다. 탁월한 낯선 것을 향한 열린 태도가 그의 성정의 기본값이었다. 그러고 보면 내 취향을 기준으로 타인의 잠재력을 통제하는 것은 얼마나 무시무시하게 무용한 일인가. 양극단을 충돌 없이 붙이는 리듬의 마법사, 그의 출현이 더없이 반갑다.

		장	영	규	의		
		일	터	의			
		문	장	들			

오래 하다 보니 뭔가가 계속 만들어지는 것 같다.

우연을 배제하지 않으면 흥미로운 의외성이 나온다.
내 취향은 여러 방법 중 하나일 뿐이다.

섞을 재료의 장점을 파악하는 게 중요하다.
그래야 서로가 빛난다.

협업이 잘되는 사람들은
상대가 무엇을 잘하는지 알고 있다.

흥을 내서 협업해야 좋은 게 나온다.
재밌어야 시작할 마음이 동하고 즐거워야 결과물이 좋다.

자기만의 장르에 갇혀 있으면 금세 낡아진다.
의도적으로라도 다른 장르의 공간, 사람, 분위기에
자신을 자주 노출해야 한다.

한곳에 머물지 말고 다른 동네에서 어울리고 섞여라.

선택의 순간에 더 큰 그림을 그려보라

사브리나 코헨 해턴

영국 웨스트서식스 소방 구조대 소방대장.
'결정 제어 프로세스'를 고안한 심리학 박사.
20년간의 현장 기록을 담은 『소방관의 선택』의 저자.

"맷, 퇴거 명령이 내려진 사실을 알고 있나?" 아이가 우는 소리가 무전기를 통해 들려온다⋯⋯. "이 아기가 죽으면 저도 같이 죽습니다. 누군가의 딸이에요. 제게도 같은 나이의 딸이⋯⋯"
—사브리나 코헨 해턴, 『소방관의 선택』 중에서

재난은 예고 없이 온다. 소방서 비상종이 비명을 지르면 소방대원들은 간이 침대에서 벌떡 일어나 봉을 타고 내려가 순식간에 사이렌을 울리며 도로를 질주한다. 단 몇 초에도 생사를 오가는 사람들을 위해. 방화복, 헬멧을 쓰고 2인 1조가 된 소방대원들은 불길이 치솟는 건물로 주저 없이 뛰어든다.

한 명은 관창을 잡고 한 명은 호스를 당기며. 연기와 화기로 보이지 않는 앞을 더듬어 가며.

'구해 달라'는 절규, 뛰어내리는 사람들, 흥분한 구경꾼들로 현장은 아수라다. '아이가 있을지도 모른다'는 단서는 소방관을 흥분시킨다. 타인의 고통을 자기 자신의 것으로 느끼는 초인적인 공감력에 그들의 가슴뼈는 후진을 모른다. 부족한 공기통을 메고, 출구도 알 수 없는 현장을 향해 다가선다.

사브리나 코헨 해턴(Sabrina Cohen-Hatton, 이하 사브리나 코헨)은 영국의 첫 여성 소방관이다. 20년간의 현장 기록을 담은 그의 책 『소방관의 선택』에는 재난 현장의 긴박감이 생생하게 기록돼 있다. 사이렌 소리에 격하게 반응하는 신체 아드레날린, 불길보다 더 뜨거운 동료애, 한 번도 본 적 없는 아기를 위해 화염 속으로 뛰어드는 일상적 헌신, 구하지 못했다는 죄책감에 움츠러드는 마음까지. 때로는 테러 사건 등 긴급 재난현장에서는 누구를 살리고 포기할 것인가 힘겨운 결정도 내려야 한다.

사브리나 코헨은 현재 영국에서 가장 높은 소방공무원(웨스트서식스 소방대장)이자 동시에 심리학 박사다. 155센티미터, 48킬로그램 작은 체구에서 뿜어나오는 투지로 현재 영국은 물론 여러 나라의 긴급구조 시스템에서 의사 결정에 관한 혁신적인 기법인 '결정 제어 프로세스'를 전파하고 있다.

그는 열다섯 살에 노숙자가 됐으며 거리를 떠돌다 열여덟 살부터 소방대원으로 활동했다. 카디프대학교에서 「압박감 속에서의 의사 결정법」으로 박사 학위를 받았다.

너무 많은 소방관이 매년 목숨을 잃는 것이 안타까워 행동심리학 공부를 병행했다는 이 의지의 여인을 이메일로 인터뷰했다. 그는 "소방관은 슈퍼 히어로가 아니"라며 "누군가를 구하는 용기는 슈퍼 파워가 아니라 공감의 힘"이라고 했다.

청소년기 노숙자 생활이 당신이 소방관이 되는 데 영향을 미쳤나요?

물론입니다. 아버지는 항상 말씀하셨어요. 건물 밖으로 모든 사람이 뛰쳐나갈 때 건물 안으로 뛰어 들어가는 사람은 특별한 사람이라고.

아버지가 병으로 돌아가시고 집을 나와야 했어요. 2년간 어려운 일들이 너무 많이 벌어졌습니다. 비 오는 거리, 다리 밑에서 덜덜 떨면서 자다가 오줌 세례를 받기도 했죠. 거친 노숙자의 공격에 밤마다 죽기 살기로 도망 다녔어요. 그 어느 곳도 안전한 느낌이 들지 않았습니다. 열일곱 살이 되기 전에 가까운 사람의 장례식에 일곱 번이나 참석했을 정도죠.

비참한 나날이었어요. 날마다 가장 큰 야심은 《빅이슈》를 팔아서 그날 먹을 음식을 사는 돈을 버는 것이었어요. 저는 압니다. 추워서 떠는 것이 어떤 건지, 배고픈 것이 무엇인지, 취약함을 뼛속까지 느끼는 것이 무엇인지. 거기서 온 힘을 다해 빠져나왔죠.

주변에서 아무런 도움을 받을 수 없었나요?

어떤 도움도 받지 못했어요. 나이가 너무 어려 복지 수당을 받을 수가 없었어요. 2주일에 15파운드씩 받는 비상 수당이 다였습니다. 이미 노숙자로 살고 있었기 때문에 저소득층 임대 주택 대상에서도 우선순위에서 밀려났어요.

제가 잡지를 팔던 뉴포트에서는 비슷한 처지의 사람들이 많아서 매상을 올리는 것이 불가능했습니다. 그래서 한 시간 떨어진 민머스라는 타운으로 가서 잡지를 팔기 시작했어요.

능동적으로 환경을 바꿨군요!

다행히 민머스에서는 《빅이슈》를 파는 사람이 저 혼자였어요. 새벽 6시에 버스를 타고 가서 저녁 7시까지 잡지를 다 팔 때까지 거기 있었습니다. 비가 오나 눈이 오나 거리에 있었죠. 그러다 보니 누구에게도 신세 지지 않고 살아갈 수 있다는 자신감이 생기더군요. '내 상황을 변화시킬 수 있는 사람은 오직 나뿐'이라는 상황 인식도.

그는 마침내 사우스 웨일스 밸리에 작은 원룸을 얻을 돈을 모으는 데 성공했다. 머리 위에 지붕이 생겼다고 모든 게 해결되지는 않았지만 다행히 이 투지가 강한 소녀에겐 소방관이 되고 싶다는 꿈이 있었다. 최악의 상황에서 최선을 상상하는 긍정 정서. 그리고 그것을 이루려는 의지력은 사브리나 코헨이 가진 놀라운 정신 자원이었다.

왜 소방관을 꿈꾸었나요?

인생 최악의 날을 경험하는 사람들이 의지하는 사람들이 바로 소방관입니다. 저는 매일을 인생 최악의 날이라고 느끼며 살았어요. 제 끔찍한 경험과 공감력이 소방관 일에 잘 맞을 거라고 생각했죠.

그러나 소방관이 되고 나서는 엄청난 성차별을 겪었다. "너는 고추가 없어 승진을 못할 것"이라고 조소하는 상사에게 더 큰 목소리로 쏘아붙여야 했다. 그는 다른 사람의 기준에 맞춰 자신의 한계를 설정할 생각이 애초에 없었다고 했다. 일을 사랑했고 점차 동료들에게 인정받았다. 그리고 함께 일하던 소방대원 마이크와 결혼했다.

압박감 속에서 결정을 내리는 법

현장에 출동할 때 두렵지 않나요?

늘 두려웠습니다. 두려움을 모르면 위험을 이해하지 못하고 그러면 사람들이 다쳐요. 두려움을 느낀다는 것은 위험이 무엇인지 이해했다는 뜻입니다. 소방대원들은 두렵지만 해결책을 찾아 나서는 사람들이죠.

가장 위험한 현장은 어디였나요? 클럽, 터널, 좁은 주택가, 공장, 맨홀?

사실 출동하는 현장은 거의 모두 극한 상황입니다. 그래서 위험에 무뎌지지 않도록 경계를 늦추지 않는 게 중요해요. 평범해 보이던 곳에서 엄청난 폭발이 일어날 수도 있어요.

제가 가장 두려웠던 현장은 소방차 한 대만 출동한 작은 사고 현장이었어요. 먼저 나간 대원이 맨홀 폭발로 큰 부상을 당했고 그가 제 약혼자일 수도 있다는 얘기를 들은 상태에서 추가 출동을 해야 했습니다.

그 4분 37초는 제 인생 최악의 시간이었어요. 방화 부츠를 신고 멜빵을 걸치면서도 사람들 목소리가 윙윙거렸죠. 영화에서 카메라가 한 사람의 주위를 빙빙 도는 그런 느낌…… 제가 있던 일상의 우주가 찢어지는 느낌이었습니다. 대원으로 출동하면서 동시에 피해자 가족의 마음이었죠. 다행히 다친 사람은 마이크가 아니었지만 그날 저는 엄청난 죄책감에 시달렸습니다.

2년간의 노숙 생활을 소방관이라는 꿈을 이룬 자원으로 삼았듯, 4분 37초의 혼돈의 시간을 겪은 후 사브리나는 카디프대학교 심리학과에 들어가 '압박감 속에서 결정을 내리는 법'을 연구했다.

통계적으로 부상을 당하는 소방관은 1년에 수천 명이다. 압박감이 큰 사건의 경우 팀원들 간의 신뢰가 재난 대응의 성패를 좌우할 수도 있다고 사브리나 코헨은 설명했다. 그는 소방관들이 자신을 지키면서 다른 사람의 생명을 구할 확률을 높이는 법을 알아내기 위해 실험을 거듭했다.

의외로 재난 현장에서 지휘관들이 의사 결정 마비 현상을 자주 겪는다고요. 무슨 의미죠?

뭔가 잘못될지 모른다는 우려와 압박 때문에 아무 결정도 내릴 수 없는 상태입니다. 인지 마비 현상과 비슷해요. 회피하기 위해 지휘권을 내던지기도 합니다. 대통령, 군인, 의사, CEO…… 어떤 직업, 어떤 상황, 누구에게나 생길 수 있어요. 하지만 긴급 구조 상황에서는 인명 손실이 커지죠.

소방 헬멧에 카메라를 부착하고 검토한 결과 소방관들이 사고 현장에서 이성보다 본능에 따라 행동했다는 대목이 인상적이었어요.

화재는 대단히 큰 스트레스를 유발해서 뇌의 정보 처리 용량을 줄이고 결정을 방해합니다. 연구 결과, 현장의 지휘관들은 의사 결정을 할 때, '지금, 여기'에만 집중했어요. 30분 후 상황이 어떻게 변할지 전혀 예측하지 않았죠. 그래서는 전체 그림을 볼 수 없어요. 그걸 감안해서 제가 고안한 사고 테크닉이 '결정 제어 프로세스(decision control process)'예요. 행동에 옮기기 전 자기가 내린 결정을 신속하게 재확인하는 방법입니다.

10년간 뇌를 연구하며 사브리나 코헨이 고안한 '결정 제어 프로세스'는 직관과 이성을 동시에 작동시키는 사고 기법이다. 방법은 어떤 결정을 내리기 전에 세 가지 질문을 빠르게 던져보는 것.
첫 번째 질문은 목표 확인. 이 결정으로 내가 이루고자 하는 것은?
두 번째 질문은 예측. 이 결정으로 펼쳐지는 구체적 상황은? 세 번째 질문은 비교. 이 결정이 감수해야 하는 위험과 얻는 혜택은?
이런 과정은 목표를 재확인하고, 상황인식력을 구체화하고, 위험과 이득을 저울질해서 더 나은 결정을 유도한다. 단순해 보이지만 효과는 놀랍다. 긴급 구조 부문에서 '결정 제어 프로세스'를 적용한 지휘관은 직관에 의존해 급하게 결정한 지휘관에 비해 다섯 배나 높은 상황인식력을 보였다. 더군다나 세 가지 절차를 거쳐도 의사 결정 시간은 지연되지 않았다. 이 사고법은 현재 영국은 물론 전 세계 긴급 구조 현장에서 표준으로 활용되고 있다.

긴급 상황에서 누구를 살리고 포기할 것인가의 판단 기준은 무엇인가요?
　　가장 덜 나쁜 선택지를 찾는 겁니다. 모두를 살리지는 못해도 최대 다수의 생명을 구한다는 게 기준이죠. 그런 상황에서 내린 결정은 죽을 때까지 못 잊어요.

완전히 믿고 의지하는 마음으로

아무리 긴박한 상황에서도 재난 지휘관은 권위보다 신뢰를 먼저 확보하라고 했는데요. 왜 권위보다 신뢰가 중요한가요?

간혹 효율적인 지휘를 한답시고 권위로 윽박지르는 지휘관이 있습니다. 그렇게 얻는 것은 침묵이에요. 고함과 모욕을 참아가며 일을 잘할 사람은 없습니다. 재난 현장에 가장 먼저 도착하는 것은 어떤 정보도 아닌 지휘관의 평판입니다. 팀원에게 의문을 제기할 기회를 박탈해서는 안 됩니다. 제대로 된 정보를 얻고 기민한 작전을 펼치기 위해서 대원들의 신뢰와 공감을 사야 합니다.

동료는 어떤 존재인가요? 엄청난 장비를 메고 불 속으로 함께 뛰어들 때는 어떤 기분인가요?

함께 일할 때면 우리는 동료의 손에 자기 목숨을 맡겨요. 살기 위해서 완전히 믿고 의지해요. 동료가 화상을 입을까 봐 장갑으로 피부를 덮어주고 길을 내주고 마지막까지 끌고 나와요. 위험을 혼자서 감당할 수 있는 사람은 없습니다.

게다가 소방관은 극심한 스트레스 환경에 노출되어 있어요. 정신 질환을 앓을 확률은 높지만 도움을 청하긴 어렵죠. 타인을 구해야 한다는 의식이 너무 강해 자신이 도움이 필요하다는 사실을 받아들이기 힘들 때도 많아요. 정신적으로 문제가 생길 때 가장 먼저 눈치채고 도움의 손길을 내미는 사람도 동료예요.

함께 일할 때면 우리는 동료의 손에 자기 목숨을 맡긴다.
살기 위해서 완전히 믿고 의지한다.

많은 소방대원이 트라우마에 시달립니다. 살리지 못했다는 자책이 가장 괴로운 감정인가요?

　죄책감보다 더한 건 상실에 대한 감각이죠. 누군가를 잃은 사람들에 대한 생각. '사랑하는 이가 다시는 집에 돌아올 수 없다'는 소식을 들으면 그 마음이 어떨지 고스란히 느껴집니다. 잠 못 이루는 밤이 많아요. 상실은 아무리 겪어도 익숙해지지 않습니다.

그런 공감력은 타고나는 것인가요?

　글쎄요. 재난 현장이 우리에겐 평범한 일상입니다. 우리는 도움이 필요한 사람에게 다가가고 싶어 조바심치는 일종의 흥분감이 몸에 밴 사람들이죠. 인생의 가장 어두운 시간을 지나는 사람들의 신뢰를 받는다는 것은 사실 엄청난 특권이라고 생각해요.
대체로 제 동료들은 연민과 인정이 넘쳐서 타인의 고통을 못 참습니다. 불길을 마다하지 않고, 짙은 연기를 참아내고, 발길을 돌리라는 본능에 저항하죠. 특히 어린 아이들이 있으면 앞뒤 가리지 않고 뛰어들게 돼요. 극한 상황일수록 공감력이 극대화되는 것 같습니다. 중요한 건 우리는 임무 완수 후 출구를 찾아 살아나갈 거라는 믿음도 포기하지 않는다는 거죠.

현재 사브리나 코헨의 임무는 소방차 11대 이상이 출동해야 하는 대형 사건을 지휘하는 일이다.

선택의 순간에 항상 결정 제어 프로세스를

현장에 출동하는 소방관에게 가장 중요한 자질은 무엇인가요?

공감입니다. 공감이야말로 우리가 임무를 계속할 수 있게 만드는 힘이죠. 그러기 위해선 압박 속에서도 흔들리지 않는 침착함, 무엇보다 자신을 다양함의 한 부분으로 인식하는 자세가 필수예요. 소방관은 팀으로 일하고, 가장 좋은 팀은 서로 다른 강점을 가진 멤버들로 이루어져 있으니까요.

영국에서 소방관의 직업적 위상은 높은 편인가요?

영국의 소방관은 좋은 조건과 평판을 누려요. 아쉬운 건 소방관은 강해야 한다는 고정관념 때문에 잠재력 있는 보통 청년이 지원하지 않는다는 거죠. 우리는 최고 중의 최고를 원해요. 그리고 재난 현장에서 고통에 빠진 사람들이 의지하는 쪽은 힘이 센 사람이 아니라 침착하고 단호하게 행동하는 사람입니다.

남편도 소방대원이지요? 가족이 다 목숨을 걸고 일해야 하는 상황이 심리적으로 버겁지는 않습니까?

남편 마이크도 소방관이라는 사실이 큰 도움이 돼요. 고된 현장에서 돌아온 날이면 우리는 함께 안도하고 차를 타주고 따스한 말을 주고받아요. 모든 사람은 누군가의 가족이죠. 제 가까운 사람이 어딘가에서 곤경에 빠진다면 그들을 구조해 줄 누군가가 있기를 저는 진심으로 바라요.

이 일을 하면서 배운 것이 하나 있어요. 삶이 정말 깨어지기 쉽다는 거죠. 소방관 일을 하면서 내 삶 안에 있는 사람들에게 더 깊게 고마워할 줄 알게 됐어요. 낭비할 시간이 없다는 것을 확실히 보여주는 직업입니다.

아이는 이런 환경을 어떻게 느끼나요?

제 딸 가브리엘라는 부모가 다 소방관이라는 사실을 자랑스러워해요. 우리는 아이에게 좋은 모범이 되고 있어요. 세상에 끼치는 선한 영향을 딸아이가 이해하고 있다고 믿습니다.

지금도 호출 전화가 오면 아드레날린이 솟구칩니까?

심장 박동이 빨라지고 구조 의욕이 일어납니다. 웨스트민스터 테러 사건, 핀스베리 공원 테러 사건 등 굵직한 사건이 터졌을 때도 저는 상황 조정실에서 지휘했습니다.

요즘은 호출기가 울리면 잠시 숨을 가다듬어요. 목욕탕으로 가서 찬물로 세수를 하고 두세 번 깊이 숨을 들이켜서 아드레날린에 반응한 몸을 안정시킵니다. 그다음 펜을 들고 앉아서 제어 센터에 전화해서 지휘를 하죠. 실수를 줄이기 위해 의식적으로 숨을 돌리고 큰 그림을 그리려고 해요.

당신이 고안한 의사 결정의 기술을 우리가 일상에 어떻게 적용할 수 있을까요?

화재 현장에서든 아니든 저는 선택의 순간엔 항상 '결정 제어 프로세스'를 적용하길 권해요. 작은 선택이라 해도 더 큰 그림을 그려보는 습관을 들이세요. '지금, 여기'에 안주하지 말고 행동의 파급 효과를 떠올려보세요. ① 목표 점검 ② 행동 예측 ③ 혜택과 위험 비교. 가령 초콜릿 케이크 한 조각을 더 먹고 싶을 때가 있죠. 제 목표는 체중 감량이고, 저걸 먹으면 한 시간을 뛰어야 한다는 예측이 나오죠. 먹는 혜택이 위험을 감수할 만한 가치가 있나 자문해 보면 케이크가 별 매력이 없어 보일 겁니다.

사브리나 코헨은 긴급 상황에서의 의사 결정과 지휘 기술에 관한 연구로 카디프대학교의 '심사위원 우수연구상'과 미국심리학회의 '신진연구자상'을 받았다. 그녀는 노숙자 자활잡지 《빅이슈》의 명예 홍보대사로도 활동하고 있다.

현실의 곤란에 굴하지 않고 나의 고난과 타인의 고난을 연결하는 공감이 그녀 인생에 감정의 빅데이터 자산으로 쌓였다. 알다시피 누구에게나 인생은 선택의 연속이다. 크고 작은 선택의 순간에 현재와 미래를 촘촘히 이어주는 사브리나 코헨의 '결정 제어 프로세스'가 당신이 인생의 큰 그림을 그리는 데 도움을 줄 것이다.

사	브	리	나		코	헨	의
		일	터	의			
		문	장	들			

내 상황을 변화시킬 수 있는 사람은 오직 나뿐이다.

두려움을 느낀다는 것은 위험이 무엇인지 이해했다는 뜻이다.

평범해 보이던 곳에서 엄청난 폭발이 일어날 수도 있다.

권위로 윽박지르는 지휘관이 얻는 것은 침묵뿐이다.
고함과 모욕을 참아가며 일을 잘할 사람은 없다.

누군가를 구하는 용기는 공감의 힘이다.

가장 좋은 팀은 서로 다른 강점을 가진 사람으로 이루어져 있다.

함께 일할 때면 우리는 동료의 손에 자기 목숨을 맡긴다.
살기 위해서 완전히 믿고 의지한다.
위험을 혼자서 감당할 수 있는 사람은 없다.

실수를 줄이기 위해
의식적으로 숨을 돌리고 큰 그림을 그린다.

4장

자아

내 삶의
컨트롤 타워는
바로 나

2021년 아카데미의 선택을 받은 영화에서 특별히 눈길을 사로잡은 두 명의 여성이 있다. 영화 〈노매드랜드〉로 여우주연상을 수상한 프랜시스 맥도먼드(Frances McDormand)와 〈미나리〉로 여우조연상을 수상한 윤여정이다. 장르의 차이, 배역의 경중과 상관없이 두 사람은 전 세계인에게 깊은 인상을 남겼다. 감동의 실체는 좋은 시나리오, 사려 깊은 연출, 소울풀한 연기와 함께 스크린을 뚫고 나오는 두 사람 특유의 자기다움이었다.

프랜시스 맥도먼드와 윤여정은 〈노매드랜드〉와 〈미나리〉에서 바퀴 달린 집에 산다. 맥도먼드는 개조한 밴을 타고 전국을 떠도는 유랑자 '펀'의 삶을, 윤여정은 딸의 가족을 따라 트레일러로 들어온 이민자 '순자'의 삶을 연기한다. 길 위에서 허허벌판에서 남루한 라이프를 사는데도 펀과 순자는 조금도 주눅들어 보이지 않는다.

펀은 "나는 homeless가 아니라 houseless"라고 말하며 '선구자'라고 이름 붙인 밴을 타고 전국을 유랑한다. 펀을 연기한 배우 맥도먼드는 평소 남편 조엘 코헨에게 "내가 예순다섯 살이 되면 배우 생활 그만두고, '펀'이라고 이름을 바꾸고 전국을 떠돌며 살고 싶다"고 버릇처럼 얘기했었다.

〈노매드랜드〉의 판권을 사고 감독을 찾아 연출을 맡긴 사람도 그녀였다. 영화 속에서 운전하는 맥도먼드의 옆 얼굴을 볼 때마다 나는 그가 그토록 원했던 자기 삶의 한때를 살고 있다는 생각이 들었다. "미나리 이즈 원더풀!"이라는 놀라운 이중 언어를 구사하는 윤여정은 어떤가. 젊은 시절 이민의 고단함을 경험했던 자신의 특별한 서사와 '윤여정'이라는 한 개인의 사적 매력이 스며든 이 귀여운 방문객을 보며 나는 크게 위로받았다. 자기다움이 살아 있는 연기는 이러하구나. 이토록 싱그럽게 위엄있구나.

한때 완전히 자기 껍질을 벗어버린 듯한 신들린 연기가 최고로 칭송받던 시절이 있었다. 하지만 시간이 지날수록 나는 자기다움을 바탕으로 캐릭터를 녹여낸 연기, 이를테면 나와 타인의 얼굴을 조화롭게 콤비네이션 한 배우들의 연기에 더 마음이 갔다.

그럴 때 연기는 기술의 전시가 아닌 인격의 향연이 된다. 자기 인생을 잘 살아온 사람만이 그 몸 안에 상상 속의 타인을 품어 섞을 수 있다. 마치 나이테가 무르익은 한 그루 나무를 보듯, 이해받은 타인을 품은 배우의 빛나는 얼굴을 본다.

그 얼굴은 잘나가거나 못나가거나 한 인간을 함부로 판단해 보지 않은 자의 얼굴이다. 잘나갈 때나 못나갈 때나 타인의 인정에 목매지 않고 오직 자기 자신이 삶의 컨트롤 키를 쥔 채로 당당했던 자의 얼굴이다. 그리하여 자기를 기특해하고 타인을 애틋해하는 결과적으로 독특하게 귀여워진 개인의 얼굴이다.

이번 장에서는 그렇게 자기 삶의 컨트롤 타워를 쥐는 법에 대한 힌트를 주는 일터의 현자들을 초대했다. 일터의 영원한 주제인 압박감과 인정 강박을 어떻게 다룰 것인가에 대해서는 영국의 압박감 전문가 데이브 알레드와 교토대학교 경제학 박사 오타 하지메가 도움을 줄 것이다. 타인을 어떻게 믿을 것인가와 나를 어떻게 믿을 것인가의 길은 사회심리학자 데이비드 데스테노 박사와 정신과 의사 전미경이 안내할 것이다.

압박과 강박, 신뢰와 자존감의 터널을 지난 당신이 부디 어제의 당신보다 더 유능하고 귀여워지기를! 어떤 외로운 순간에도 '나는 잘못되지 않았다'는 지적 각성으로 자기 삶을 탄탄하게 방어해 내길!

도망가지 마라, 압박감 앞에서

데이브 알레드

스포츠 선수나 팀이 최고의 기량을 발휘할 수 있도록 도운
영국의 압박감 전문가이자 스포츠 코치.
결정적인 순간에 해내는 사람들을 분석한 『포텐셜』의 저자.

『시모어 번스타인의 말』이라는 책을 보면 세계적인 피아니스트 시모어 번스타인이 영화 배우 에단 호크와 함께 무대 공포, 즉 자신이 실수할지도 모른다는 어마어마한 압박감에 대해서 나눈 이야기가 나온다. 시모어 번스타인은 말했다.

"음악가는 엄청나게 복잡한 음악 작품을 많은 사람 앞에서 외워서 연주해야 해요. 배우의 경우 셰익스피어의 『맥베스』 대본을 외워야 할 뿐 아니라 감정을 한껏 살려야 합니다. …… 그 책임감이란 말로 다 할 수 없어요. …… 미천한 인간은 그래서 긴장할 수밖에 없어요. …… 쉽게 말해서 갑자기 기억이 나지 않는 거죠. …… 이겨내려면 열심히 연습해서 무대 공포증에도 불구하고 최선의 연주를 하면 됩니다. 이걸 없앨 수는 없어요. 자신이 하는 일의 일부로 받아들여야 합니다. 여러분은 초인적인 무엇을 해야 해요."

시모어는 몇 가지 예화를 더 이야기했다. 바이올리니스트 마이클 라빈(Michael Rabin)은 무대에서 활을 떨어뜨릴 거라는 공포에 시달렸다. 그렇게 시달리던 어느 날 그는 무대에서 의도적으로 활을 놓쳤다. 청중이 깜짝 놀라 얼어붙자 그는 허리를 숙여 활을 잡고는 자신에게 이렇게 말했다. "거봐, 나는 아직 건재해." 그는 아무 일도 없다는 듯 다시 완벽한 연주를 해냈고, 기립 박수를 받았으며 이후 다시는 무대 공포에 시달리지 않았다고 한다.

그 이야기를 들은 에단 호크는 몇 주 후 무대에서 대사를 잊어버렸을 때 비슷한 대응을 했다고 한다. "연극을 하고 있었는데 갑자기 대사가 생각나지 않아 소름 끼치는 비명을 내질렀습니다. 그러고 다시 연극에 몰입했죠. 청중 모두 내 비명이 연극의 일부라고 생각했죠. 아무도 내가 대사를 잊었다는 것을 모르더군요. 이제 공포증이 사라진 것 같아요."

스포츠 무대에서도 압박감은 무척 중요한 성패의 요소로 이야기되어 왔다. 피겨 스케이트 선수로 국제 무대에서 활약했던 김연아 선수는 어떤 심리적 압박에도 흔들리지 않고 매 경기 탁월한 기량을 선보이는 걸로 유명했다. 그의 이름에는 언제나 '강심장'이란 별명이 따른다.

예술가나 스포츠 선수는 아니지만 매일 아침 우리도 100미터 달리기의 스타트 라인에 서는 기분이다. 앞날은 예측할 수 없는 변수로 가득하고, 평범한 우리 '소심장'들은 늘 긴장하며 산다.

일상적으로 '늦으면 어쩌나' 하는 사소한 걱정부터 주변의 '기대에 부응하지 못한다'거나 남들 앞에서 '창피를 당할 수도 있다'는 두려움이 종종 우리를 지배한다. 가장 최악은 결정적인 순간에 자기 통제력을 잃고 실수를 범하는 것이다.

면접에 대한 긴장감, 프레젠테이션에 대한 공포, 성과에 대한 부담감 등 많은 이들이 다양한 이유로 압박감에 시달린다. 어떤 순간에도 흔들리지 않는 강심장은 과연 어떻게 만들어지는 걸까? 평범한 우리도 실수할지도 모른다는 극심한 스트레스 상황에서 우아하게 평정심을 유지할 수 있을까?

영국의 압박감 전문가 데이브 알레드(Dave Alred)를 서면으로 인터뷰했다. 세계 최정상의 스포츠 코치이기도 한 데이브 알레드는 유명 선수들의 훈련을 전담하며 "직접 압박이 가해지는 순간 정면으로 돌파하는 선수들이 도망치며 편한 길을 택한 선수에 비해 성과가 높다"고 말한다.

그는 압박감을 다룬 저서 『포텐셜』에서 "중요한 건 당장 보이는 실력이 아니라 압박감 속에서 잠재력을 발휘하는 힘"이라고 설파했다. 데이브 알레드는 영국 코칭 명예의 전당에서 수여하는 무사비니 메달과 대영제국 훈장을 받았고, '압박감을 느끼는 상황에서의 수행'이라는 주제로 러프버러대학교에서 박사 학위를 받았다.

인생에서 압박감은 필연적인가요?

무엇인가 도전 과제가 있고 그것을 달성하려고 할 때 동반되는 에너지의 격렬한 회오리가 압박감입니다. 살아가면서 우리는 모두 저마다의 상황에서 다종다양한 압박감과 맞닥뜨리죠.

어린아이라면 새 친구를 사귀어야 할 때, 부모라면 좋은 어른이 되고 싶을 때 스트레스를 받아요. 신규 고객 유치를 해야 하는 영업사원, 사업 확장을 앞둔 경영자도 압박감에 시달립니다.

기질적으로 압박감을 잘 느끼지 않는 사람도 있지 않나요?

저는 심리적 압박을 더 많이 느끼고 못 느끼고가 그 사람의 성향 때문이라고 생각하지 않아요. 중요한 건 그들이 처한 환경이죠. 인간은 기질적으로 안전하고 편안한 컴포트 존에 머무르길 좋아하지만 성장을 위해서는 어글리 존에서의 불안과 좌절, 시행착오를 극복하는 훈련을 해야 합니다.

하지만 압박감이 닥쳐오면 본능적으로 회피하고 싶은 마음이 드는 게 일반적입니다.

회피는 항상 더 큰 문제를 만들어요. 가령 당신이 사람들 앞에서 이야기하는 걸 어려워하는 사람이라고 칩시다. 만약 당신이 회피 동기로 움직이는 사람이라면 당신은 남 앞에 서는 일 자체를 피하려고 들 거예요. 회피 동기로 움직이는 사람들은 자기가 원하는 일이 아니라 원하지 않는 일에 많은 시간을 허비해요. 자신의 잠재력도 믿지 않아요. 그러면 어떻게 될까요? 삶의 반경이 줄어듭니다.

회피하지 않는다면 어떤 일이 벌어지나요?

그 상황을 정면 돌파하기 위해 계획을 세우고 실행하겠죠. 미리 어떤 이야기를 할지 시나리오를 짜서 여러 번 리허설을 한 후 상황에 임할 수도 있잖아요. 실제로 많은 명강사들이 그렇게 하고 있어요. 목표 의식이 뚜렷하면 훈련의 성과도 높습니다.

저는 세계적으로 유명한 운동 선수들의 코치로 오래 일해 왔지만 노련한 선수도 매 경기에 앞서 압박감에 시달려요. 놀라운 것은 아드레날린이 증가할 때 동반되는 심박 수 증가, 발한, 근육 긴장 등의 신체 증상은 킥 거리를 늘리거나 펀치력을 강화하는 등 최상의 기량을 끌어내는 데 도움을 줍니다.

사실 두려워하지 않는다면 어떻게 용감해질 수 있겠어요? 우리를 압박하는 불안감을 극복하고 통제할 수 있다면 우리는 내면에 잠들어 있는 무한한 잠재력을 깨워 더 멋지게 성취할 수 있을 겁니다

나만의 길잡이 언어를 계속 속삭여라

압박감이 그렇게 쉽게 다뤄질 수 있는 감정은 아닌 것 같은데요.

물론이죠. 압박감은 완전히 제거될 수 없어요. 훈련을 통해 어느 정도 통제할 수 있을 뿐이죠.

어떻게 시작해야 하나요?

우선 압박감에 대해서 새롭게 정의하는 태도가 필요해요. 예

를 들어 보죠. 2011년 말, 영국 골프 선수 루크 도널드가 유러피언 투어에서 상금왕을 타기 직전이었어요. 도널드는 이미 두바이 월드 챔피언십에서 좋은 성적을 거뒀지만 상당한 압박감을 느끼고 있었죠. 나는 경기 직전 도널드에게 짧은 편지를 썼습니다.

그 편지의 끝은 이래요. "초조하고 불안할 거야. 어쩌면 불편할 수도 있지. 그건 멋진 감정이야. 그 감정이야말로 훌륭한 경기, 명승부를 펼치게 해줄 에너지원이야."

다행히도 도널드는 정말 중요할 때 제 실력을 발휘했어요. 놀라운 성취였습니다.

안타깝지만 우리는 결정적인 순간에 당신같이 멋진 조언을 해주는 좋은 코치를 곁에 두지 못했어요.

가장 근본적인 기술은 긍정적인 언어예요. 근거 없는 칭찬이나 모호한 단어를 쓰지 말고 '만약 내가 이렇게 하면 이렇게 될 것이다'와 같이 현재 시제로 써보세요. 강력한 말로 감정을 자극하는 자기만의 확신의 문장을 만들어보길 권합니다.

저는 그것을 나만의 '길잡이 언어'라고 불러요. 계속 속삭여야 해요. "나는 천천히 성과를 거두고 있고 시간이 좀 걸릴 것이라는 걸 알아"라고.

믿을 만한 친구나 동료를 격려자로 두는 것도 방법입니다. 가령 혼자서 운동을 하고 있다면 당신이 약해질 때 다그치고 격려할 트레이너를 두는 것이 방법이죠.

월드컵 결승전을 앞둔 골 키커라면 "나는 대부분의 선수보다 더 열

초조하고 불안할 수 있다.
하지만 그건 멋진 감정이다.
그 감정이야말로 훌륭한 경기를 펼치게 해줄 에너지원이다.

심히, 더 집중해서 훈련해 왔고 이렇게 강도 높게 연습한 이상 나는 성공할 자격이 있다. 나는 이 경기를 위해 정말 열심히 노력했고 충분히 이길 만하다"라는 문장을 외워두는 식입니다.

쓸데없는 생각을 대체할 방법들

반대로 실패에 대한 예감이 압박감을 부추기는 경우도 많지 않나요?

그래서 마크 트웨인은 "골프는 산책 잘하고 기분 망치는 운동"이라고 말했죠. 골프 선수들이야말로 공을 향해 걸어가는 시간 동안 너무 많은 부정적인 생각을 하거든요. 쓸데없는 걱정을 대체할 자기만의 방법을 찾아야 합니다.

하나부터 열까지 셀 수도 있고, 좋아하는 노래를 흥얼거릴 수도 있어요. 혹은 하고 있는 일의 가장 사소한 특징에 몰두해 보는 것도 방법입니다. 예를 들어 골프공을 치려 한다면 당신이 마주한 공의 재질이나 동그란 무늬 등에 집중하는 거예요.

벤 리틀턴(Ben Lyttleton)이 쓴 『12야드(Twelve Yards)』라는 글을 보면 독일 축구선수 슈테판 쿤츠가 1996년 잉글랜드를 상대로 한 유럽 축구 선수권 대회 준결승에서 다섯 번째 선수로 승부차기를 준비하는 순간이 나옵니다. 쿤츠는 당시 다섯 살, 일곱 살이었던 아이들을 떠올리면서 자기가 승부차기에서 실축하면 학교 친구들이 아이들을 얼마나 놀릴지 생각했어요.

그는 '가족들이 그런 꼴을 당하게 두지 않겠어!'라고 생각했습니다.

불안을 분노로 바꾼 순간 놀랍게도 집중력 있는 공격성이 나타났죠. 그는 승부차기에 성공해 팀을 승리로 이끌었습니다. 쓸데없는 생각을 대체할 수 있는 자신만의 방법, 쿤츠의 경우에 그건 가족이었어요.

저처럼 글을 쓰는 사람은 원고 마감을 앞두고 극심한 압박감을 느낍니다. 수많은 정보를 앞에 두고 카오스 상태에 빠질 때가 한두 번이 아니에요. 조언을 부탁합니다.

모든 걸 좀더 단순화하세요. 기억해야 할 항목이 적을수록 압박감을 느끼는 상황을 더 잘 극복할 수 있어요. DIY 조립 가구를 떠올려 봅시다. 구성 부품과 단계별 설명을 자세히 열거한 책자를 본 적 있죠?

이런 가구를 조립할 때 설명서를 처음부터 끝까지 다 읽고 한 번에 조립하는 건 어려운 일이에요. 정보를 쉽게 이해할 수 있는 조각으로 나눠서 사용하세요. 모든 일이 그렇습니다. 전체를 통제하려 하지 마세요. 차근차근 한 단계를 완성하고 나서, 다음 단계로 넘어가 보세요.

그럼에도 불구하고 두려움이 커지는 상황에서 평정심을 유지할 수 있는 구체적인 가이드를 준다면요?

저는 해군항공대 조종사와 함께 탑승 체험을 한 적이 있는데 거기서 많은 아이디어를 얻었어요. 한 번의 실수로 고꾸라질 수 있는 곡예 비행을 하면서도 그는 앞으로 자신이 무엇을 할지 쉬지 않고 설명했어요. 중력 가속도의 압력에 시달리는 상황에서도 커피 마시며 얘기하듯 담담한 어조로. 마치 자기와 대화하듯이. 이런 스캐닝 절차를 통해 육체와 정신이 혼미해지는 감각 정지를 막을 수 있습니다.

처음 운전할 때 "여기에서 왼쪽으로 꺾고…… 파란 불이 켜졌네" 이런 식으로 소리 내 말하세요. 연사로 강연장에 섰다면 "원고 보고, 관중과 눈을 맞추고, 발언해야지"라며 순서를 상기하는 것도 방법입니다. 일단 자기가 처한 상황을 실시간 해설하면 집중력을 높이고 앞으로의 상황을 예측할 수 있어요.

이런 자기 암시를 더 효과적으로 할 수 있는 방법이 있나요?

여기서 더 중요한 포인트를 알려드릴게요. 마감 기한이 있는 중대한 프로젝트를 맡았다면 일상생활의 사소한 규칙을 벗어나면 안 됩니다. 정기적인 운동이나 이메일 확인, 가족과 보내는 시간 등 평소의 잘 짜인 루틴을 수행해야 상황을 통제하고 있다는 감각이 유지될 수 있어요.

자세도 중요해요. 구부정한 자세 대신 몸집을 크게 만들고, 숨을 크게 들이마시고 천천히 내뱉는 여유를 가지세요. 출근 첫날이나 면접을 앞둔 상황에서도 이런 작은 행동이 큰 효과를 발휘할 것입니다.

압박감을 잘 견뎌내면 어떤 사람이 되나요?

하고 싶은 일에 완전히 몰두할 수 있고 그 결과로부터 큰 부담을 느끼지 않을 수 있습니다. 그러면 인생의 목적이 성공이나 실패냐가 아니라 자신이 알고 있던 한계치를 넘어서 자신의 몰랐던 최대치를 향해 나아가는 일이라는 것을 깨닫게 될 거예요.

아카데미에서 여우조연상을 수상한 윤여정 선생도 고백했다. "나는 영원히 긴장하려고 한다"고. 그래서 "편해지고 싶어하는 나를 시의 적절하게 불편하게 만들어주는 감독들이 고맙다"고. 그렇게 어글리 존과 컴포트 존을 오가며 인간은 죽을 때까지 성장한다는 사실이 경이롭다.

데	이	브		알	레	드	의
		일	터	의			
		문	장	들			

압박감은 완전히 제거될 수 없다.

훈련을 통해 어느 정도 통제할 수 있을 뿐이다.

초조하고 불안할 수 있다. 어쩌면 불편할 수도 있다.

하지만 그 감정이야말로

훌륭한 경기를 펼치게 해줄 에너지원이다.

"나는 천천히 성과를 거두고 있고
시간이 좀 걸릴 것이라는 걸 알아"라고
자신에게 계속 속삭여보자.

모든 걸 좀더 단순화하라.
기억해야 할 항목이 적을수록
압박감을 느끼는 상황을 더 잘 극복할 수 있다.

전체를 통제하려 하지 마라.
차근차근 한 단계를 완성하고 나서 다음 단계로 넘어가라.

타인의 기대를 떨어뜨려라

오타 하지메

20여 년간 인정 욕구를 연구해 온 일본의 조직경영학자.

인정 욕구의 빛과 그림자를 담은 『인정받고 싶은 마음』의 저자.

유명 인사를 인터뷰할 때 으레 건네는 인사가 있다.

"이번 영화도 기대하겠습니다." "다음 작품도 정말 기대되네요." 이 상한 건 그 의례적인 덕담에 당사자들이 과하게 손사래를 친다는 것이다. "절대로 기대하지 말라!"고 간곡하게 당부하는 이도 많았 다. 요는 "부담 없이 봐달라"는 것. 안 그래도 흥행의 기대를 한몸 에 받는 그들에게는 가벼운 말 한마디조차 과적이었던 것이다.

때때로 나조차 "이번 주 인터뷰도 기대하고 있겠습니다"라는 말을 들으면 마음이 무거워진다. 상대를 실망시키지 않으려는 마음 기 저에 인정받고 싶은 마음이 자리 잡고 있기 때문이다.

문제는 기대를 하는 사람이 아니다. 실제 기대보다 과도하게 기대 를 느끼는 마음의 저울이다. 인지된 기대는 한없이 크게 느껴지고 그에 비해 효능감은 떨어질 때 당사자는 심리적 감옥에 갇혀 몸부 림친다. 인정 강박이다.

인정하든 인정하지 않든 현대인들은 깨닫지 못하는 사이 크고 작은 인정 강박의 감옥을 경험한다. 인정받기 위해 과로하다 번아웃에 빠지며, 인정받기 위해 학업에 매달리고, 인정받으려 애쓰다 우울증 에 시달리고, 인정받지 못해 가출하거나 자살하기도 한다. 성실하 고 책임감이 강한 사람일수록 삶 자체가 끝없는 인정 투쟁이다.

"기대를 저버릴 수가 없어서."

때로는 이 말처럼 애처롭고 서글프게 느껴지는 말도 없다. 우리는 왜 타인의 기대에 인생을 '몰빵'하는가. 기대를 받고 기대를 이뤄가 는 것은 분명 삶의 건강한 엔진이지만 기대의 노예가 되지 않기 위 해서는 자기 조절력이 필요하다.

교토대학교 경제학 박사로 『인정받고 싶은 마음』이라는 책을 쓴 오타 하지메를 서면으로 인터뷰했다. 그는 인정 강박의 실체를 인지된 기대와 자기 효능감의 격차로 풀어낸 심리 공식을 발표했다.

"인정 강박에 빠지지 않으려면 기대에 적당히 부응하는 연습이 필요하다"며 "너무 커진 기대를 조절해 자기 능력에 맞게 떨어뜨릴 것"을 조언했다. "직장인은 임금이 오른 만큼만 부담감을 가지라"는 현실적인 조언도 덧붙였다. 그렇지 않으면 "인정 욕구가 우리의 뒤통수를 치게 될 것"이라고.

20년 동안 그가 인정 욕구를 연구하면서 알게 된 사실은 놀랍게도 인간은 자아실현 욕구보다 인정 욕구가 더 강하다는 것.

인정 욕구란 무엇인가요?

타인에게 자신이 가치 있는 존재라는 인정을 받고 싶은 욕구입니다. 인정 욕구가 있기에 인간은 노력하고 건전한 성장을 이뤄갑니다.

주체는 타인이군요!

그렇습니다. 인정은 타인이 존재해야 해요. 서로에게 의존하는 가운데 충족되는 욕구예요. 다른 사람과 협력하고 돕는 이유도 인정받고 싶어서죠.

'나는 가치 있다'라고 스스로 인정하는 자존감 강한 사람은 인정 욕구가 덜한가요?

자존감과 인정 욕구는 연결돼 있어요. 성공을 거듭해도 스스로 그 가치를 모를 때도 있습니다. 그때 주위에서 "대단하다!" "전과 비교해서 성장했다" 알려주면 불안이 줄면서 자기 확신이 생기죠. 일본인의 경우 자기 능력을 스스로를 인정하는 데 약한 편입니다. 주위에서 인정해 줘야 비로소 자기효능감을 깨닫죠. 인정은 자존감을 도와주는 피드백, 거울입니다.

왜 우리는 인정 욕구에서 벗어날 수 없을까요?

공동체의 인정과 평판은 생존과 직결되기 때문이죠. 사회적 동물인 인간은 누구나 주위의 기대에 부응하고 싶어 해요. 특히 일본인과 한국인은 자신이 속한 공동체로부터의 인정을 각별하게 여겨요. 체면이 깎이고 인정이 훼손되면 자기 붕괴가 일어나 자살로까지 이어집니다.

선생은 인정 욕구로부터 자유로운가요?

저 또한 자유롭지는 않습니다. 그래서 인정 욕구를 부정하는 게 아니라 그것을 삶의 보람이나 동기부여로 이어가려 합니다. 독이 아니라 약으로 쓰려는 것이지요.

실제 기대와 인지된 기대 사이

인정 욕구는 언제 독이 됩니까?

배후에 숨어 있는 강박이 커질 때죠. 대학교에서 한 대학원생을 지도할 때였어요. 높게 평가하고 기대를 거는 순간 갑자기 자퇴했어요. 그런 일들은 의외로 많았어요. 한 대기업은 신입사원 시절 마음을 무겁게 한 상사의 말로 "앞으로 더 기대하고 있겠네"를 3위로 뽑았습니다. 사람들은 인정받을수록 거기에 매달리죠.

하지만 기대하고 기대받는 건 자연스러운 일인데요.

실제로 기대를 받는 것은 문제가 되지 않아요. 정확히 말하면 그 기대에 얼마나 부담을 느끼느냐입니다. 인지된 기대 즉 스스로 느끼는 부담감이 인정 강박의 실체예요.

일례로 대학 입시에서 낙방한 학생들은 떨어졌다는 사실보다 주위 사람에게 '실망을 안겼다'는 사실에 더 괴로워해요. 사람들이 기대를 거두자 부담에서 벗어나 비로소 원하는 대학에 합격하기도 하고요.

실제 기대와 인지된 기대 사이의 부조화가 심각하군요!

대다수는 실제 기대보다 기대를 더 무겁게 받아들이는 경향이 있습니다. 기대하는 쪽보다 기대를 받는 쪽이 나이가 젊고 인생 경험이 적어서죠. 또 기대하는 쪽은 다른 사람 일이지만 기대를 받는 쪽은 바로 나의 일, 즉 자신의 평가와 자존심이 걸려 있기 때문이에요.

실제 기대와 인지된 기대 사이의 부조화가 강박을 초래한다. 오타하지메의 설명에 따르면 강박에서 벗어나기 위해 우리는 본능적으로 자기불구화 전략을 취한다. 큰 시험을 앞두고 어딘가 아프거나 컨디션이 나빠지는 사람, 경기를 앞두고 부상당했으니 이기기 어렵겠다고 엄살을 떠는 선수가 그 예다.

자기불구화 전략이 매우 인상적입니다. 일종의 방어기제라고 할 수 있겠지요?

그렇습니다. 표창장을 받고 사직하는 사람, 기대에 눌린 아이가 학교에 가지 않는 것도 일종의 자기 불구화 전략이죠. 주위 사람에게 '기대하지 마세요'라는 메시지를 보내는 겁니다.

중요한 프레젠테이션이 있기 전날 일부러 숙취 상태를 만드는 사람도 있어요. 아이가 시험 전날 "TV를 많이 봤다"라거나 "잠만 잤다"고 하는 것도 미리 평가 하락을 막아두는 행위죠. 주위를 낙담시켜 자신을 보호하려는 겁니다. 심하면 일부러 반항적인 행동을 하거나 무능을 가장해서 자신의 가치를 깎아내리기도 합니다.

기대를 저버리면 안 된다는 의식은 일본인이 특히 더 강한 것 같은데 그건 왜 그런가요?

일본 사회에서는 표면적인 인정보다 이면의 인정이 더 중요합니다. 성과를 보이는 것보다 조화를 해치지 않는 것, 실수하지 않는 게 더 중요하죠. 왜냐? 사회나 조직이 모두 제로섬 게임을 벌여서죠. 한정된 자원(돈이나 직책 등)을 구성원들끼리 빼앗는 구조이기 때문입니다. 그런 사회에서는 '무엇을 해야지'가 아니라 '무엇을 하지 않으면 안 돼'라는 태도가 나와요. 수동적이죠.

때때로 사회적으로 큰 성취를 이룬 부모의 자식들이 인정 욕구의 희생양이 되더군요. 흙수저 금수저 이분법을 들추면 강한 부모 밑에서 존재감을 잃어버린 투명수저들도 많아요. 삶 전체가 인정 투쟁이 되는 거죠.

부모가 너무 대단하면 아이는 부모와 쉽게 비교당해요. 웬만큼 노력해도 칭찬을 못 받죠. 견디기 힘든 것은 가정에서 존재감이 낮다는 거예요. 아이들은 사춘기 무렵부터 인정을 두고 부모와 갈등을 일으켜요. 평범한 부모와의 힘겨루기도 버거운데 위대한 부모라면 그 존재감 앞에서 무력감을 느낄 수밖에요.
성장기 청소년에게 자신을 모른 채 살아가는 것만큼 불안한 일은 없습니다. 노력해도 인정을 못 받으면 나쁜 짓을 해서라도 존재감을 드러내려고 하죠. 혼나는 게 무시당하는 것보다 낫거든요.

가정이 인정 투쟁의 장이 되지 않으려면 어떻게 해야 합니까?

아이는 부모의 인정이라는 거울을 통해 자신의 존재를 인지해요.

그런데 한국과 일본은 여전히 학력 사회라 성적이 곧 자녀의 정체성이라는 착각에 빠져 있는 것 같습니다. 가정이 '우수함'을 다투는 장이 되지 않도록 해야 해요. 성과를 통해 입증되는 존재가 아니라 커갈수록 자율적인 존재 그 자체로 인정받는 경험을 만들어 주세요.

안 돼도 그만, 괜찮아

기질적으로 인정 욕구의 강박에 빠지기 쉬운 사람이 있나요?

책임감이 과도하게 강한 사람입니다. 자기 기준이 높은 사람들이죠. 이런 유형은 타인의 기대가 고스란히 스트레스가 돼서 자신을 궁지로 몰고 갑니다. 모범생들이야말로 인정 욕구 강박의 최대 희생자예요.

성실한 사람이 인정 욕구의 희생양이 되는 경우도 많더군요.

성실은 삶의 큰 무기입니다. 그러나 타인의 기대는 통제하지 않으면 괴물처럼 커지고, 성실만으로 감당할 수 없는 지경이 오지요. 일의 결과뿐 아니라 성실한 사람이라는 인격에 대한 인정까지 있어 이중 감옥에 갇혀버립니다.

더 열심히 노력하는 사람들이 인정 욕구의 감옥에 갇힌다는 게 아이러니입니다.

인정에 민감할수록 조종되기 쉬워요. 엘리트들은 아이 때부터 기대에 부응했고 인정 경험을 쌓아왔어요. 주어지는 과제에만 대응하고 평가를 받아서 공부도 일도 수동태죠. 그들 사전에 '할 수 없어요' '무리입니다'라는 단어는 없어요. 그 말에 수치심을 느끼죠. 최근 직장이나 학교에서 혼나는 일이 줄어든 것도 문제예요. 과대평가가 지속되면 자기객관화가 불가능해지죠.

왜 자신을 망치면서까지 좋은 평판을 이어가고 싶어 할까요?

원치 않았다 해도 한 번 인정받으면 내려놓기 어렵습니다. 『넛지』를 쓴 행동경제학자 리처드 탈러(Richard Thaler)는 이를 '보유효과'라고 불렀어요. 같은 것이라도 얻을 때의 가치보다 잃을 때의 가치가 더 크게 느껴지죠. 게다가 평판을 잃는 건 공동체에서 거부당하는 느낌을 주지요.

오타 하지메는 좋은 대학교를 나오고 대기업에 취직한 엘리트들이 세 가지 불행을 겪고 있다고 지적했다. 첫째는 주위의 기대 자체가 크고, 둘째는 그에 비해 학력과 업무 능력의 상관관계가 줄었으며, 셋째는 그런데도 그들이 자신의 기대치를 낮추지 못하기에 오는 불행이다. 해법은 어떤 방법으로든 자신의 행동 기준을 낮춰야 한다는 것. 그는 인정 욕구가 주는 부담감의 크기를 측정하는 방법을 하나의 공식으로 제시했다.

인정 강박을 수학 공식으로 설명한 부분에 무릎을 쳤습니다. 어떻게 발견했지요?

인간 관찰입니다. 학생, 직장인, 스포츠 선수와 연예인 등을 주의 깊게 보면서 인정 강박은 이 공식으로 설명할 수 있다는 것을 깨달았어요. 인지된 기대와 자기효능감의 격차가 크면 부담감이 커져요. 평판에 비해 실력이 모자란데 도망칠 수도 없다면 머리가 아득해지겠죠. 반대로 격차가 커도 그 상황이 자신에게 그리 중요하지 않다면 부담감은 적습니다.

부담감은 결정적인 순간에 큰 변수로 작용한다. 일례로 대형 학원의 케이스 스터디를 보면 입시 커트라인 위에 있는 아이보다 조금 아래 있는 아이들의 합격률이 높다고 한다. 실력은 큰 차이 없어도 위에 있는 아이는 기대를 지키려는 불안이 강한 반면, 아래 있는 아이는 부담 없이 '안 돼도 그만'이라는 공격적인 태도로 임해서 역전 현상을 일으킨다는 것.

기대에 적당히 부응하는 연습

부담을 줄이려면 구체적으로 어떻게 해야 하나요?

기대에 적당히 부응하는 연습을 해야죠. 너무 커진 기대를 스스로 조절해 자기 능력에 맞는 기준으로 떨어뜨려야 해요. 첫 번째 열쇠는 인지된 기대 수준을 적정 수준까지 낮추는 것이고, 두 번째 열쇠는 자기효능감을 높이는 거죠. 세 번째 열쇠는 상황의 중요성을 낮추는 거예요. '이것 말고도 소중한 게 많아' '도망쳐도 괜찮아'라고 생각하면 부담감이 줄어듭니다.

사려 깊은 사장이 "이 상은 과거에 대한 포상이니 부담 가질 필요 없다"라거나 노련한 학원 강사가 "이 문제는 까다로워서 풀지 못하는 게 당연하다" 같은 말이 강박을 완화해 주는 보험 같은 역할을 한다고요.

요컨대 조직의 리더는 인정을 잃어 자존감을 다칠 거라는 공포를 제거해 주면 좋아요. 스스로 보험을 들 수도 있습니다. 종종 자신의 약점을 노출해서 기대 수준을 낮춰놓으면 실패해도 이해받을 수 있죠. 역설적으로 약점을 보여주면 강한 멘탈을 가질 수 있습니다.

여러 개의 스테이지에서 여러 개의 정체성을 갖고 사는 것도 강박을 낮추는 효과가 있나요?

능력을 발휘하는 장소, 평가받는 그룹이 많을수록 평가에 덜 심각해집니다. 한군데서 인정받으려고 올인하지 않죠. 정체성을 분산시켜 다원화하면 '이게 아니면 다음'이라는 대안이 생겨요. 할 수만 있다면 본업 이외에 부업이나 취미를 갖기를 권합니다. 일본은 남성보다 여성이 인정 욕구 강박에 덜 빠졌는데, 육아, 동호회, 자원봉사 등 여러 개의 스테이지에 자기를 세웠기 때문이었어요.

스포츠 선수, 영재 등 일찍 정상에 오른 사람들이 인정 욕구에서 자유로워지려면 어떻게 하면 좋을까요?

첫째, 남들의 반응이 아니라 자기 스스로 설정한 디테일한 평가 기준을 만드세요. 둘째, 더 큰 목표를 세워서 눈앞의 목표를 상대화하는 겁니다. 먼 미래를 생각하며 꿈을 품으면 당장 기대에 못

미쳐도 하늘이 무너질 만큼의 스트레스는 피해갈 수 있어요.

일본 오픈 골프 선수권 대회에서 우승한 시부노 히나코 선수는 팬들의 기대에 압박감을 느꼈지만 메이저 선수권 대회를 모두 제패하는 그랜드 슬램을 목표로 정신력을 다졌다고 해요.

직장인은 회사에서 임금이 오른 만큼만 부담을 느끼라는 말도 인상적이었습니다.

사회학자 게오르크 지멜(Georg Simmel)이 『돈의 철학』에서 지적했어요. 돈을 매개로 인간은 인격적 종속으로부터 자유로워졌다고요. 돈은 구체적이고 정량적이에요. 돈을 매개로 하면 여분의 심리적 부담을 느끼지 않게 되죠. 그러니 사원을 인정할 때도 칭찬에 해당하는 액수의 돈으로 보상하는 게 좋습니다.

적정한 인정 시스템을 학교나 기업 등에서 만들 수 있을까요?

다원화와 오픈화가 관건이에요. 공부하는 목적, 일하는 방식에 선택지를 여러 루트로 만들고 개인이 고를 수 있도록 하는 것. 핵심은 다양성입니다. 성별, 인종, 취업 형태 등 다양한 사람이 섞여 있어야 능률이 높아져요.

출세, 전문성, 워라밸 등 다양한 자기 목표를 가진 사람으로 팀을 구성하면 제로섬 부담 없이 서로를 인정할 수 있어요. 이때 리더는 시의적절한 피드백으로 존재감을 확인시켜 주어야 합니다.

나이가 들어도 자기효능감이 떨어지죠. 절필하는 작가, 은퇴하는 바이올 리니스트…… 하강 곡선을 유연하게 만들어갈 방법이 있습니까?

자신에 대한 평가 기준을 바꿔야죠. 화려한 기술, 겉모습보다 안정감과 포용력에 더 큰 가치를 부여해야죠. 중심축을 틀어 보는 것도 좋은 방법입니다. 소설가라면 다른 장르의 글을 써보거나 무용수라면 지도자, 스포츠 선수라면 방송인으로 경력을 전환해 보는 거죠.

부담을 토로하는 '잘나가는 사람'에게는 어떤 조언을 해주는 것이 좋은가요?

생각하는 만큼 타인은 그의 성과를 기대하지 않는다는 점을 알려주세요. 좀 못해도 다른 사람은 크게 신경 쓰지 않는다고요. 완벽을 도모하기보다 무리하지 않는 범위에서 일해야 오래 간다는 진리를 일깨워주면 좋습니다.

한국에서는 인정 강박과 열정 착취에서 벗어나겠다고 선언하는 청년들이 많아졌어요. 저성장 시대를 먼저 경험한 일본 청년들은 어떻습니까?

일본 청년도 비슷해요. 최근에는 회사에서 승진하지 않으려는 사람이 늘고 있어요. '부자 되기'보다는 '연봉 200만 엔으로 살기' 같은 생활 방식에 호응도가 높아요. 자동차나 고가의 가전제품, 명품 옷이 없어도 자기답게 살면 충분하다는 거죠.

페이스북의 '좋아요'에 집착하는 것은 거의 본능적인 인정 욕구인 것 같습니다. 벗어나기 위한 팁이 있을까요?

SNS도 일종의 인정 공동체입니다. 당장의 '좋아요'로 시간을 낭비하지 않으려면 시야를 넓히세요. 인정받으려 하는 범위와 기간을 넓히는 겁니다. 변방에 있는 의외의 나라, 더 다양한 직업군의 사람과 연락하면서 공동체의 범위를 넓혀보세요. 인류라는 가족을 경험하는 거죠. 폭넓게 교류하면 인정 욕구의 강박에 빠질 위험성도 낮아집니다.

오타 하지메는 "기대하고 있네"라는 말보다 가정과 일터에서 수시로 "잘했다" "괜찮아" "멋지네" 가벼운 수긍과 인정을 주고받으라고 조언한다.

문득 궁금하군요. 인정은 노력으로 얻을 수 있습니까?

　없습니다. 애초에 인정은 상대의 의지에 달린 것입니다. 자신이 아무리 인정받고 싶어도 아무리 노력해도 상대가 인정해 주지 않으면 인정 욕구는 채워지지 않지요.

인정 강박에 진땀 흘리며 사는 사람들을 위해 조언을 부탁합니다.

　일방적으로 인정받는 처지라면 인정 욕구의 강박에서 벗어나기 힘듭니다. 인정은 쌍방향으로 이루어지는 게 바람직해요. 가정에서는 아이가 부모에게, 학교에서는 학생이 교사에게, 회사에서는 구성원이 리더에게 감사나 인정의 메시지를 전해주세요. 다른 사람에게 피드백을 주면서 인정하는 기회를 늘리면 자기 가치감이 생겨서 강박을 이길 힘이 생길 겁니다.

(인지된 기대 – 자기효능감) × 상황의 중요성 = 인정 강박. 오타 하지메의 인정 강박 공식을 알고 나서 나는 유레카를 외쳤다. 타인의 인정에 민감할수록 조종되기 쉽다. 가정에서 일터에서, 강박을 낮추고 자기조절력을 회복하려면 의식적으로 노력해야 한다. 타인의 인정보다 나의 즐거움을 앞에 세우고, 상황을 좀더 가볍게 만들기 위해.

일찍이 『나를 지키며 일하는 법』을 쓴 강상중 전 도쿄대학교 교수도 충고하지 않았던가. "올인하지 말라, 스스로를 궁지에 몰지 말라, 여러 개의 스테이지에서 여러 개의 정체성을 갖고 살라."

오	타		하	지	메	의	
		일	터	의			
		문	장	들			

성과를 통해 입증되는 존재가 아니라
커갈수록 자율적인 존재 그 자체로 인정받는 경험이 필요하다.

기대에 적당히 부응하는 연습을 해야 한다.
너무 커진 기대를 스스로 조절해
자기 능력에 맞는 기준으로 떨어뜨려야 한다.

'이것 말고도 소중한 게 많아' '도망쳐도 괜찮아'라고
생각하면 부담감이 줄어든다.

한군데서 인정받으려고 올인하지 마라.

사람이 아닌 상황을 보라

데이비드 데스테노

사회심리학자이자 노스이스턴대학교 심리학과 교수.

신뢰란 무엇이고 그것이 우리 삶을

어떻게 좌우하는지 알려주는 『신뢰의 법칙』의 저자.

우리는 배신하고 배신당하며 살아간다.

내 등을 긁어주리라 기대했던 사람은 그 손으로 내 뒤통수를 치고, 나 또한 가까운 친구에 대한 험담을 죄책감 없이 풀어놓는다. 결혼한 사람은 불륜을 저지르면서 배우자 앞에서 미소 짓고, 믿었던 지인은 빌려 갔던 돈을 갚지 않고 소식 두절이다. 전도유망한 젊은 연예인은 문란한 행동을 일삼다 꼬리를 잡히고, 청렴한 줄 알았던 정치인은 남몰래 했던 투기가 들통나 곤욕을 치른다.

세상은 배신자들의 천국이니 대체 누가 누구를 비난할 것인가. 남을 무조건 신뢰하는 것은 가슴팍에 '나를 이용하시오'라는 팻말을 달고 다니는 것과 같다고 세계적인 사회심리학자 데이비드 데스테노(David Desteno) 박사는 말했다.

『신뢰의 법칙』의 저자인 그는 "세상에 믿을 만한 사람과 못 믿을 사람은 고정된 것이 아니"며 "각자의 욕망이 충돌하면서 신뢰는 그때그때 이익에 따라 움직이는 것뿐"이라고 한다.

하지만 우리는 지금도 타인을 믿고 크고 작은 결정을 내리고, 동시에 생의 여러 길목에서 배신감에 몸을 떤다. 자책과 원망으로 부상당한 마음을 추스르면서도 다시 한번 관계와 조직 속으로 뛰어드는 건 우리가 어쩔 수 없이 신뢰와 배신이 뒤엉킨 초연결 사회를 살고 있기 때문이다.

"타인을 믿는 것은 위험하지만 믿지 않는 것은 더 위험하다"고 주장하는 노스이스턴대학교 심리학과 교수 데이비드 데스테노를 이메일로 인터뷰했다.

그는 "일상에서 신뢰의 문제는 생활 곳곳에 스며 있으며, 누구를 어떻게 신뢰하는가는 삶의 행복에 중대한 영향을 미친다"고 설명했다. 요는 덜 배신당하고 더 현명하게 믿기 위해서는 신뢰의 메커니즘을 알아야 한다는 것.

신뢰와 배신의 지뢰밭에서 성공적인 발걸음을 내딛기 위해 그의 사려 깊은 조언을 들어보자.

신뢰란 무엇인가요?

신뢰는 도박입니다. 당신이 나를 정직하고 공평하게 대할 거라는 믿음에 거는 도박이죠. 예를 들면 결혼은 대표적 신뢰 게임입니다. 남편과 아내가 가정에서 서로의 책임을 다하면 싱글로 살 때보다 경제적, 정서적 만족도가 높아요. 그러나 만약 한쪽이 그럴 준비가 되어 있지 않거나 실생활에서 자기 중심적으로 룰을 위반한다면 다른 배우자는 고통을 받습니다. 신뢰는 고정 불변의 심리가 아니라 우리가 타인과 협력했을 때 잃는 것보다 얻는 게 많다는 쪽에 거는 훈련된 베팅입니다. 그러나 누군가 상대의 이익을 교활하게 착취하고 부정 행위를 한다면 한쪽이 얻는 만큼 한쪽이 잃게 됩니다.

어쨌든 신뢰가 도박이라면 왜 사람들은 위험을 감수하며 도박을 하나요?

타인을 불신해서 혼자 지내는 것보다 일단 믿고 함께 하는 것이 평균적으로 더 많은 것을 얻을 수 있기 때문이죠. 가령 보스턴 마라톤 폭발 사고로 방문객들의 발이 묶였을 때 주민들은 위험을 감수하고 낯선 사람들에게 집과 소파, 자동차와 자전거를 내줬어요. 서로 의존해야 한다는 절실함이 놀라운 신뢰를 끌어냈고 지역 주민들은 재앙에서 일어날 수 있었습니다. 인류 공동체는 그런 신뢰를 바탕으로 사회경제 자본을 공유하고 생산력과 회복력을 키워왔어요.

신뢰와 신용은 어떻게 다른가요?

신용은 어떤 행위가 쌓여서 매겨진 구체적인 점수죠. 신용은 확인할 수 있지만 신뢰는 확인할 수 없습니다.

더 나은 삶을 위한 현실적인 선택, 신뢰

신뢰에 관한 연구에서 당신이 발견한 보편적인 진실은 무엇이죠?

　신뢰가 우리 삶의 중심에 있다는 거예요. 우리는 협력하면서 함께 진화했습니다. 인간의 가장 위대한 업적은 우리가 각자의 전문성과 능력을 공유하면서 이루어졌어요. 혼자 일했다면 우리는 결코 지금처럼 살 수 없을 거예요.

내 동료, 배우자가 나를 공정하게 대할 거라고 신뢰하지 않았다면 공동체는 진작에 붕괴됐겠죠. 삶의 만족을 높이기 위해 남편과 아내는 서로를 착취하지 않을 거라고 믿어야 합니다. 아이들은 부모님이 자신을 버리지 않을 거라고 믿어야 하죠. 청소년은 학교에서 배운 지식이 바르다고 믿고 직장인은 보스가 자신을 공정하게 대우한다고 믿어야 해요.

상대의 말과 인격과 약속이 믿을 만한 것인지 매번 의심하고 검증하는 건 불가능합니다. 배반당할 우려에도 불구하고 신뢰는 더 나은 삶을 위한 현실적인 선택이죠.

하지만 당신은 일관적으로 신뢰할 만한 사람은 존재하지 않는다고 했어요. 신뢰는 움직이는 것이라는 결론은 우리가 늘 경계 태세를 취해야 한다는 말인데요.

　사실입니다. 신뢰는 선악이 아니라 이익의 균형점을 찾는 문제예요. 일례로 가난한 사람들은 부자들보다 남을 더 쉽게 믿어요. 타인의 협력과 선의가 있어야 원하는 자원을 얻을 수 있기 때문이죠.

내일 자신의 등을 긁기 위해 오늘 다른 사람의 등을 긁어주는 식입니다. 반면 부와 권력을 얻으면 사람은 수시로 말을 바꾸고 거짓말에 대범해집니다. 그렇게 해도 스스로 원하는 것을 얻을 수 있기 때문이죠.

'누군가를 믿을 만한 사람이다'라고 단정하는 건 위험하다는 건가요?

질문이 틀렸어요. 내가 연구한 건 어떤 사람이 항상 신뢰할 만하거나 그렇지 않다고 단정할 수 없다는 겁니다. '누군가가 이 시점에서 믿을 만한 사람인가?'로 바꿔서 사고해야 해요. 고정된 믿음은 심리적으로 안정감을 주겠지만 어리석은 판단입니다.

우리의 상황은 늘 가변적이고 그에 따라 그 사람이 얻거나 잃을 것들이 달라져요. 사람들은 눈앞의 돈과 권력에 즉각적으로 반응합니다. 부와 권력은 장기적 이익보다 단기적 충동에 집중하게 만들기 때문에 신뢰 예측에 주요 변수가 됩니다.

가령 갑자기 돈이나 권력을 얻을 만한 환경이 됐을 때 아마 당신도 놀랄 걸요. 스스로가 얼마나 천연덕스럽게 부도덕한 행동을 하는지 말이죠. 하버드 비즈니스 스쿨의 실험에서 게임 성적만큼 돈을 가져가게 했을 때 한 그룹만 성적을 부풀려 더 많은 돈을 챙겨갔어요. 게임에 앞서 돈다발을 구경한 그룹이었어요. 많은 다른 실험에서도 권력과 부를 맛본 사람들은 쉽게 신뢰를 저버렸어요. 사람은 당장 눈앞의 이익에 눈이 멀기 때문입니다.

핵심이 뭐죠?

성자가 죄인으로 타락할 수도 있고 죄인이 성자로 거듭날 수도 있습니다. 그만큼 신뢰는 역동적이에요.

우리는 빅토르 위고의 소설 『레 미제라블』에서 미리엘 신부가 은촛대를 훔친 장발장을 믿어준 데 감동받습니다. 누군가의 절대적 신뢰를 받는다는 것은 스스로 자기 신뢰를 회복하는 데 중요한 경험이 되겠지요?

맞습니다. 우리가 누군가를 신뢰하겠다고 결심하는 건 굉장히 중요한 결정이에요. 그리고 인간은 누군가가 나를 절대적으로 믿어준다고 느낄 때 좋은 사람으로 변화할 의지가 생기죠. 부모 자식 관계가 그 예입니다. 하지만 모든 인간이 미리엘 신부 같은 성직자가 될 수 없다는 것도 알아야 합니다. 안타깝지만 어떤 사람이 믿을 만한 가치가 있는 사람인지 예측할 수도 없죠.

저는 신뢰는 선악이 아닌 이익의 균형점을 찾는 행위라는 말에 동의해요. 그럼에도 믿었던 사람에게 돈을 떼이거나 뒤통수를 맞는 등 배신을 당했을 때의 상한 감정은 어떻게 처리해야 하나요?

다시 한번 얘기하지만 우리의 두뇌는 성자나 죄인이 되도록 진화하지 않았어요. 정글에서 생존하기에 최적화가 되도록 진화했을 뿐입니다. 당신을 이용해서 자기 이익을 실현하는 것도 그 사람의 적응력 있는 결정이죠. 그는 당신을 더 이상 볼 일 없거나 혹은 빚 독촉이나 앙갚음을 못할 만큼 당신을 연약한 사람이라고 판단했을 수도 있습니다.

물론 그런 속임수 방식은 장기적으로 유익하지 않아요. 인간은 다른 사람들과 정기적으로 관계 맺는 소그룹 형태로 살도록 진화했어요. 이 형태가 우리가 상대에게 정직을 유도하도록 하는 최선이었습니다. 당장은 배신감에 괴롭겠지만 시간이 지나면 신뢰를 저버린 사람은 그룹에서 서서히 아웃될 거예요. 단기적으로는 돈을 안 갚아서 이익을 취했지만 장기적으로는 구성원들이 그를 돕지 않을 테니까요. 하지만 그가 평판을 적절히 유지하는 속임수를 잘 쓸 수 있다면 그것 또한 그 사람의 적응력이니 인정해야 합니다.

그 사람의 의도와 능력을 분별하라

현대 사회에서는 평판에 많은 걸 의존합니다. 점점 더 과거의 평판뿐 아니라 미래의 평판에도 신경을 쓰면서 살죠. 그런데 평판이 환상에 불과하다는 당신의 결론은 좀 충격이었어요.

평판은 행동에 대한 좋은 예측 지표입니다. 단 상황과 환경이 동일하게 유지되는 게 전제예요. 예를 들어 함께 일하는 동료는 믿을 만한가? 특별한 변수와 변화가 없다면 그는 당신을 계속 나이스하게 대할 겁니다. 하지만 회사에 승진과 해고의 바람이 불어닥친다면 잠재적 이익과 손실이 극대화되겠죠. 어제까지 공정하고 평상심을 유지하던 동료는 오늘 이익을 얻기 위해 윗사람에게 아부하고 당신을 험담하려는 유혹에 빠질 겁니다.

평소 아내에게 충실했던 남편이 혼자서 출장을 떠나는 경우도 마찬가지죠. 낯선 곳에선 자신의 불륜이 드러나지 않을 거라고 착각하기 쉬워요. 상황이 변하면 사람도 변합니다. 변화 없는 인생이 없기에 어쩌면 평판은 무너지기 위해 존재하는 신화 같습니다.

그래도 좋은 평판을 일관되게 유지하는 사람이 있지 않나요?

드물 게 있습니다. 그건 그 주변의 상황이 크게 변하지 않고 안정적으로 유지됐기 때문이죠. 개인의 노력만큼이나 운이 따랐습니다.

그런 면에서 정치인은 가장 못 믿을 집단이 아닌가요? 도널드 트럼프와 김정은의 신뢰도는 어떻게 봅니까?

우리는 경험상 정치인을 신뢰하기 어렵다고 생각하는데 사실입니다. 특히 트럼프나 김정은처럼 자아 독존적인 삶을 유지한 사람들은 살면서 다른 사람들과 협력에 의존한 경험이 거의 없어요. 이런 부류의 정치인들은 위선과 위악을 극단적으로 오가는 경향이 있습니다.

현재 상황에서는 트럼프나 김정은이 거짓말을 한 것으로 밝혀져도 사실상 그들에겐 거의 어떤 위험도 발생하지 않을 겁니다. 어쩌면 그들은 신뢰를 쉽게 저버리는 태도로 행동해서 더 큰 자유를 누리죠. 여전히 사람들은 그들을 믿지 못해도 그들의 말을 경청할 테니까요. 저는 여러 실험에서 이런 사실을 파악했습니다. 사람들은 권력을 가지면 놀랄 만큼 위선적인 모습을 보여요. 다른 사람들을 신뢰할 수 없다는 이유로 비난하면서 자신의 신뢰할 수 없는 행동에 대해선 변명으로 일관하더군요.

위정자들은 단기적 이익을 장기적 이익보다 중요하게 생각합니다. 때문에 국민연금 같은 정책을 국민들은 불신하게 되는데요. 정부의 정책과 국민 기대 사이의 이런 불일치는 앞으로도 계속될까요?

아마도. 정치인들은 그 속성상 다음 선거에만 올인합니다. 세금 감면 등으로 단기간에 사람들을 만족시킬 방안만을 생각하기 쉽죠. 대부분의 사회 문제는 장기적인 플랜을 갖고 당장의 희생을 감수해야 하는데 안타까운 일입니다.

누군가를 믿고자 선택할 때 그의 의도와 능력을 분별해서 보라고 했습니다. 매우 중요한 지적으로 보여요.

선한 사람이 믿을 만한 사람은 아니에요. 정직하지만 무능해서 상대에게 폐만 끼치는 경우가 얼마나 많은가요. 의도와 능력은 신뢰의 두 가지 얼굴입니다. 사기꾼과 능력이 부족한 사람들은 완전히 다른 것 같지만 약속을 지키지 못한다는 점에서 실패와 손해라는 결과는 동일합니다.

생물학적 관점에서 우리 행위의 목표는 어떻게 최고의 이익을 얻을까예요. 가령 당신이 뇌 수술을 받아야 하고 당신에겐 신경외과 친구가 있다고 하죠. 친구를 믿지만 그가 그 분야의 최고 능력자가 아니라면 그에게 수술을 부탁하지 않을 겁니다. 누군가를 믿을까 말까를 결정할 때 반드시 그의 의도만큼이나 능력을 세심하게 계산해야 합니다.

아이들이 무언가를 배울 때 좋은 사람보다 전문가를 더 신뢰한다는 점도 인상적이었습니다. 일종의 생존 본능인가요?

그렇습니다. 어린아이가 지식을 배울 수 있는 유일한 방법은 누군가의 가르침을 통해서죠. 아이들은 부모님이나 선생님이 주는 정보를 받아들일지 말지 수시로 결정합니다. 신뢰와 관련된 일종의 소프트웨어가 탑재돼 있어요.

제가 발견한 것은 네 살 아이들도 이미 교사의 능력을 평가하고 있다는 사실입니다. 놀랍게도 아이들은 친절한 교사보다 유능한 교사의 정보를 훨씬 정교하게 받아들여요. 어른의 능력을 평가하는 건 아이들의 생존 본능입니다. 바꿔 말해 아이들에게 선하지만 무능한 사람이라고 무시당하지 않으려면 교사는 확실한 전문성을 드러내야 합니다.

사람은 정직하면서 동시에 부정직한 존재

제겐 남을 잘 믿는 친구가 있어요. 그 친구는 대체로 믿을 만한 사람들과 그룹을 이뤄 지금까지 큰 위험 없이 평화롭게 지냅니다. 잘 믿고 관대한 사람은 못 믿고 의심하는 사람보다 비교적 행복 지수가 더 높은가요?

일반적으로 그렇습니다. 남을 신뢰하고 정직하게 행동하는 사람은 인생에서 스트레스와 불안을 덜 경험하죠. 그들 또한 몇 번의 뼈아픈 경험을 통해 믿을 만한 상황을 선택하는 현명함을 배웠을 거라고 봐요.

그와 별개로 당신이 무턱대고 남을 잘 믿는 사람이라면 착취당할 가능성이 높아요. 당신이 성직자가 아니라면 조심하는 게 좋습니다. 그러나 신뢰 욕구가 높은 사람들은 확실히 다른 사람과 좋은 관계를 구축할 가능성이 높아요. 주변에 도움을 주는 사람도 많아서 결과적으로 행복 지수는 높아집니다.

그런데 같은 실수를 반복하면서 잘 속는 사람은 왜 그런가요?
어떤 형태든 잘 속는다면 내면의 결핍으로 의존적인 성향이 있을 수 있습니다. 더불어 현실 감각이 부족해서 환상을 좇고 있지는 않은지 점검해 봐야죠.

결혼 생활에서 남자가 더 자주 신뢰를 배반하는 이유는 뭔가요?
단순합니다. 진화론적 관점에서 보면 남성은 임신이라는 외부적 표식에서 자유롭기 때문이죠. 그들은 외도해도 겉으로 드러나지 않습니다. 덜미를 잡히지 않는 한 속이고 싶은 의지는 점점 커져요. 여성도 피임할 수 있지만 그건 진화의 역사에서 보면 최근 일입니다.

감정적이고 육체적인 사랑에 끌려 결혼했다가 낭패를 보는 사람들도 많습니다. 결혼 생활의 만족도를 높이기 위한 신뢰 전략이 있나요?
결혼 생활을 유지하려면 자신이 착취당하지 않는다는 믿음이 필요합니다. 부부생활에서 신뢰란 각자가 자신의 책임을 맡는다는 걸 의미해요.
가장 쉬운 방법은 할 일을 나누고 확인하는 겁니다. 설거지, 청소,

요리 등 가정 내에서 역할을 정확히 열거하고 몇 개월간 지속해서 그걸 해낸다면 서로가 상대의 필요를 예민하게 감지할 수 있어요. 그 절차를 거치면 신뢰는 삶의 다른 모든 영역으로 퍼져나갈 수 있습니다.

사기당하지 않기 위한 간단한 팁이 있다면 부탁합니다.

당신의 직감을 믿으세요. 욕심이 크면 사기당할 위험이 커집니다. 당신을 속이고자 하는 사람은 당신의 결핍과 욕망을 이용하죠. 당신의 뇌는 이미 알고 있어요. 께름직하다는 직감이 든다면 당장 냉정한 친구를 불러 자문을 구하십시오.

도덕성이나 성실성에 대해서는 나 스스로도 의구심을 느낄 때가 많습니다. '내가 믿을 만한 사람인가'는 어떻게 판단할 수 있나요?

자신의 기억에 의존해서는 안 됩니다. 남들이 보면 확실히 비난받을 행동인데도 본인은 그걸 자각하고 인정하기가 힘들어요. 연예인이나 정치인이 스캔들이 터져도 자신이 마녀사냥의 피해자라고 생각하는 이유죠. 내가 믿을 만한 사람인가, 알 수 있는 가장 좋은 방법은 정기적으로 상호 작용하는 다른 사람들에게 물어보는 겁니다.

나도 남도 사실은 믿을 만하지 않고, 잠재적 배반자라는 사실은 우리에게 어떤 깨달음을 주나요?

첫째, 우리가 좀더 괜찮은 사람이 되고 싶다면 진실을 알아야 해요. 인간은 너나없이 신뢰할 만한 존재가 아니라는 사실. 그 사실을 모른다면 나조차 다른 사람을 속이고 싶은 유혹에 처할 때 경계심이 흐려질 테니까요. 내가 규칙을 위반하고 부도덕해질 때 그 충동을 인지하는 건 중요해요.

둘째, 자신을 포함해서 타인들도 정직하면서 동시에 부정직한 존재라는 사실이 주는 위로입니다. 이걸 알 때 비로소 우리는 변화할 수 있어요. 후회할 일을 했더라도 노력하면 더 나은 사람이 될 수 있다는 겁니다.

나는 오랫동안 타인을 믿는 것이 믿지 않는 것보다 더 많은 이익을 가져다준다는 사실이 정말 믿을 만한지 궁금했다. 다행히도 데이비드 데스테노 박사는 그렇다고 답했다. 그는 오랫동안 신뢰를 배반하는 사람과 신뢰를 유지하는 사람에 대한 행동 사례를 수집해서 시뮬레이션했다.

처음에 발견한 사실은 속임수를 쓰는 사람들이 빠른 이득을 얻는다. 그러나 시간이 지나면 사람들은 그를 믿을 수 없다고 단정하고 그의 입지와 자원은 점차 줄어든다. 우리가 분별력 있게 신뢰하는 법을 체득하기 때문이다. 결국 정직한 사람이 역동적인 신뢰 게임의 승자가 된다. 오랜 시간을 두고 보면 인맥과 기회를 통해 가장 많은 자원을 얻는 사람은 정직한 사람들이다.

데	이	비	드			
		데	스	테	노	의
일	터	의		문	장	들

세상에 믿을 만한 사람과 못 믿을 사람은 고정된 것이 아니다.

배반당할 우려에도 불구하고
신뢰는 더 나은 삶을 위한 현실적인 선택이다.

신뢰는 선악이 아니라 이익의 균형점을 찾는 문제다.

인간은 누군가가 나를 절대적으로 믿어준다고 느낄 때
좋은 사람으로 변화할 의지가 생긴다.

누구를 신뢰하는가는 삶의 행복에 중대한 영향을 미친다.

사람은 정직하면서 동시에 부정직한 존재이다.

당신의 직감을 믿어라.

자신을 지키는 주문, '나는 잘못되지 않았다'

전미경

정신과 의사이자 굿모닝정신건강의학과 원장.
대학생과 직장인들에게 자존감을 기를 수 있는 솔루션을 제공하고 있다.
『나를 아프게 하지 않는다』의 저자.

세상엔 두 부류의 사람이 있다. 자존감이 낮은 사람과 자존감을 생각하지 않는 사람. 자존감이 낮은 사람은 깨어 있는 시간의 대부분을 타인과 과거에 몰두한다. 스스로에게 가장 가혹한 타자가 되어 "너는 왜 그 모양이니?"라고 마음의 채찍을 휘두른다. 타인의 칭찬은 일회용 반창고일 뿐이며 오히려 불안의 내성을 키우는 항생제가 된다.

정신과 의사 전미경은 하루빨리 그 낮은 자존감의 수레바퀴에서 빠져나오라고 조언한다. 그건 감정의 문제가 아니라 지성의 문제라고. "과거와 남에 몰두하면 자존감은 답이 없어요. 손상된 자존감을 정상화하는 것보다 지금 있는 위치에서 자존감을 끌어올려야 해요. 현재의 내가 할 수 있는 일을 찾아야 합니다."

그녀가 쓴 책 『나를 아프게 하지 않는다』는 '가짜 자존감과 진짜 자존감'이라는 카피로 눈길을 사로잡는다. 진짜 자존감은 인생이라는 광야에 자율성과 연대감이라는 두 날개를 펼쳐 지성과 도덕성의 연료를 태워 날아간다. 조종석엔 자기 효능과 자기 가치라는 두 개의 핸들이 있다.

트라우마와 대인 관계를 파고들었던 기존의 정적인 자존감과는 사뭇 다르다. 그녀는 자존감이 낮은 사람보다 자존감이 낮았다 높아진 사람에 주목했다. 스스로 이룬 성취의 경험이 있고 그 과정에서 좋은 사람을 만나 긍정적인 인간 관계를 경험하면 자존감은 자연스럽게 올라간다.

과거의 상처, 타인의 비난을 묵상하다 낮은 자존감의 도돌이표를 겪은 사람이라면 전미경의 말에 귀를 기울일 만하다. '나는 괜찮다'

는 자기 위로는 '나는 잘못되지 않았다'는 자기 판단으로 대체되어야 한다는 게 그의 주장이다. 그 판단을 위해선 합리적 지성과 도덕의 힘이 필요하다.

디즈니 프린세스와 마블의 히어로도 자기만의 가치를 주장하며 새로운 콘텐츠를 짜는 시대에 '행동주의 자존감 전도사' 전미경을 만났다.

자존감이란 무엇인가요?

내 안에 있는 좋은 본질에 집중하는 능력입니다.

정신과 의사인 당신은 자존감이 높은 편인가요?

낮은 줄 알았는데 아니었어요. 자라면서 엄마가 공부 못한다고 구박한 적도 없고 남과 비교도 안 했어요. 무엇보다 저 자신이 용 꼬리보다 뱀 머리로 사는 삶이 좋았어요. 일찌감치 저를 파악해서 대도시의 유명한 정신과 의사와 비교하지 않아도 되는 지금 삶을 선택했죠.

저는 소도시의 정신과 의사로 저만의 고유함을 누리며 자족하며 살아요. 환자들은 나쁜 일만이 아니라 좋은 일이 생겨도 진료실을 찾아요. 저는 저명한 교수님들보다 제가 덜 필요한 존재라고 생각하지 않아요. 자존감이 높은 편이죠. 깊게 들어가면 불안도도 높고 하고 싶은 말도 시원하게 못하지만 그게 자존감의 높낮이를 결정하진 않습니다.

무엇이 자존감의 높낮이를 결정합니까?

사실 자존감을 검색해 보면 나오는 논문이 없어요. 자존감은 측정할 수 없는 개념이죠. 프로이트, 융, 아들러 등이 자존감에 대해 언급했지만 해석 방식이 다 달라요. 자존감은 일종의 문화적인 용어라고 봐요. 다만 분명한 건 자존감이 높으면 행복하고 자존감이 낮으면 덜 행복합니다.

논문이 없다면 합의된 실체가 없다는 말이지요?

아니요. 심리학자인 너새니얼 브랜든(Nathaniel Branden)이 자존감의 실체를 두 가지로 규명했어요. '나는 능력 있다'라는 자기효능감과 '나는 괜찮은 사람이다'라는 자기가치감. 시장에 널린 물건 중에서도 실용적이고 가치가 있는 걸 보면 뿌듯하죠? 그 느낌이에요. '나는 쓸 만하고 나는 좋은 사람'이라는 셀프 개념. 나의 효용과 나의 가치에 대한 자기 판단, 그게 자존감입니다.

측정은 셀프군요!

맞아요. 자기 평가죠. 그래서 자존감을 고대로 뒤집으면 열등감이 됩니다. '나는 무능력하다'와 '나는 사랑받을 수 없다'. 이것을 찾아내고 교정하는 것이 인지 행동 치료예요.

낮은 자존감 즉 '나는 무능력하다'와 '나는 사랑받을 수 없다'는 생각은 교정될 수 있습니까?

여기서 중요하게 올라오는 게 자율성이에요. 자기효능감을 느끼려면 내가 주도적으로 살아야 해요. 삶의 컨트롤 타워가 내가 돼야죠. 거기엔 경제적인 독립, 능력도 포함돼요. 그래서 아버지가 강남에 집 사주고, 사사건건 간섭하면 자식의 자존감은 떨어집니다. 시어머니가 부당한 요구로 컨트롤 키를 건드리면 며느리는 무기력해져요. 부모 자식, 부부, 연인 사이에서 컨트롤 프릭(control freak, 통제광)이 상대방의 자존감 에너지를 뺏어갑니다. 낮은 자존감에서 빠져나오려면 자율성을 회복해야 해요.

『나를 아프게 하지 않는다』라는 책에서 그녀는 자존감은 감정 상태가 아니라 생각하는 능력이라고 거듭 강조했다. 자존감은 자율적인 존재로 살아가기 위한 사고 능력에 가깝다는 것.

스스로를 설득시킬 힘이 필요하다

자존감은 감정이 아니라고요?

감정은 자동 반응이에요. 수시로 고양되고 무너지죠. 톡 건드리면 와르르예요. 아무리 마음을 내려놓으라고 해도 안 내려져요. 자존감에서 감정과 이성은 톱니바퀴처럼 맞물려 돌아가요. 왜 불안하지? 왜 슬프지? 묻고 솔루션을 찾아야죠.

자존감이 낮은 분들은 대개 지성이 떨어져요. 지성은 지능이 아니라 합리적인 판단, 적극적 사고의 힘이에요. 실직했다고 인생이 끝장났다고 생각하는 분들이 있어요. 자기 콘텐츠를 기준 삼아야 하는데 없으니 사회가 내린 편견에 의존하는 거죠.

엄마 아빠가 "너 이혼했으니 큰일 났다"고 해도 "나는 잘못되지 않았다"고 나를 설득시킬 힘이 있으면 되거든요. 그게 지성이고 자아의 힘이에요. 사실 내적 갈등만 조절해도 세상이 얼마나 살 만합니까?

'나는 잘못되지 않았다'는 지적 각성이 나를 지키는 견고한 방패막이라는 거죠?

맞습니다. 모욕을 당했을 때 "나는 괜찮다"가 아니라 "나는 잘못되지 않았다"는 말로 바꿔야 해요. 자기 위로를 자기 판단으로 바꿔야죠. 승진에 밀렸어도 누군가 무례를 범해도 "나는 잘못되지 않았다"는 각성이 나를 보호합니다.

집이 가난해도 과거에 힘든 일(성폭행, 부모의 학대)을 당했어도 내가 잘못된 게 아니에요. 억지로 '괜찮다'는 것은 감정의 부정일 뿐. 행복해지려면 나만의 가치로 내 삶을 방어해야죠.

정당한 비판에 귀를 닫으라는 말이 아니라고 했다. '나는 잘못되지 않았다'는 비난과 편견에 대항하는 힘을 기르라는 말.

트라우마 이야기를 해보지요. 어떤 사람은 낮은 자존감 상태를 원하기 때문에 과거의 트라우마를 이용하고 있다고요. 무슨 말인가요?

아들러가 한 말이에요. 트라우마에 집착하면 모든 에너지를 '내가 문제 있다'는 결론을 내리는 데 써요. 지금 삶을 유지하기 위해서 과거를 핑계 대는 거죠. 일종의 방어기제예요. 누가 봐도 이혼이 해결책인데도 개과천선이 안 되는 배우자와 그냥 살아요. 과거 부모 이혼 트라우마를 대면서요.

자존감이 낮다고 여기는 분들은 자꾸 트라우마 뒤로 숨는데 아닙니다. 근본적으로 자율성이 부족해요. 나이가 들어서도 무책임한 사람은 대개 10대 수준의 자율성과 연대감에서 머물러 있어요. 이럴 때 자존감을 높이려면 용기를 내서 '일단 해!'가 답이에요.

자존의 등불, 긍정을 밝히기

일단 가짜 자존감과 진짜 자존감을 구분하라는 말이 솔깃하더군요!

인터넷에서 이런 댓글을 읽었어요. '요즘은 개나 소나 자존감 팔아먹네. 진짜 자존감은 벤츠에서 나온다!' 이게 전형적인 가짜 자존감입니다. 열심히 살다 보면 벤츠를 탈 수도 있겠죠. 하지만 벤츠에 기대는 건 가짜예요. 자존감의 기준이 타인과 환경과 과거에 있다면 그건 가짜입니다.

잘난 사람과 끝없이 비교하고 과거에서 한 발자국도 못 나간 채 산다면 가짜 자존감의 세상에 사는 거예요. 대인 관계와 트라우마만 파고 있으면 심리책 백날 읽어도 자존감은 도돌이표예요. 원인 분석은 그만하고 지금 있는 현실에서 자존감을 끌어올리는 전략을 취해야죠.

어떻게 끌어올릴 수 있습니까?

바꿀 수 없는 과거와 타인에 집착하지 말고 현재 상태에서 내가 할 수 있는 것을 찾아야 해요.

진짜 자존감의 세상엔 무엇이 있나요?

자존감 낮았다가 높아진 사람을 분석했더니 네 가지가 있었어요. 첫째 지성. 합리적인 정보로 쌓은 분별력이죠. 둘째 도덕성. 남이 보기에도 괜찮고 스스로도 정직하게 느낍니다. 셋째 긍정 정서. 의식적으로 네거티브를 덮을 수 있는 좋은 기억을 많이 쌓아요. 넷째 자기조절력. 인내와 몰입으로 작은 성취를 끌어냅니다. 이 네 가지는 내가 노력하면 길러지는 것들이에요.

우선순위가 있습니까?

　없어요. 하지만 자기조절력이 나머지 세 가지를 받쳐주는 엔진 역할을 해요. 뭔가를 해내는 힘이니까요. 자기조절력이 강하면 타인이 함부로 대할 수 없어요.

제 환자 중에 의상을 전공한 한 학생이 있었어요. 학창 시절 왕따 경험 때문에 공동 과제 하는 친구들에게 "빨리 모여!" 큰소리도 못 했대요. 가슴앓이를 하다 졸업 작품이 외국 공모전에 당선된 후부터 자존감에 날개를 달았어요. 긍정 정서도 높아지니 친구들 눈치 보던 과거가 그렇게 하찮게 느껴지더랍니다.

한편 어린 시절을 가난과 결핍 속에 보내고도 자존감이 높은 사람들이 있어요. 그 힘은 어디서 나온 걸까요?

　빈민가에서 학대를 받았어도 잘된 친구들이 있어요. 연구 결과를 보면 공통점이 있어요. 그 아이의 입장을 무조건 이해해 주고 사랑해 주는 어른이 적어도 그 아이 일생 중에 한 명은 있었어요. 이 모든 할머니든 선생님이나 옆집 아줌마라도 말이지요.

자신을 믿어주고 대가 없는 선의를 베풀어준 누군가가 자존의 등불이 된 거죠. 촛불이 어둠을 밝히고 햇볕이 옷을 벗기듯 긍정이 오면 부정이 없어져요.

무조건 이해해 주고 사랑해 주는 어른이
적어도 한 명은 필요하다.

반면 인생이 무난 평탄해도 자존감이 낮은 사람은 왜 그런가요?

직업도 좋고 남편과의 관계도 나쁘지 않은데 자존감이 낮은 환자가 있었어요. 알고 보니 삶의 컨트롤 타워가 내가 아니라 부모였어요. 내가 결정해서 가치를 찾아가면 인생이 마냥 무난 평탄할 수는 없어요. 굴곡도 있고 재미도 있죠. 반면 부모가 알아서 과외 시키고, 대학과 결혼까지 결정해 버리면 자존감이 낮아요. 자기 콘텐츠가 없으니 인생에 의미가 없는 거죠.

나만의 콘텐츠로 진정한 나에 도달하라

타인을 믿을 수 있는 능력도 자존감 있는 어른이 되는 데 중요하다고요?

맞아요. 호의의 기회를 더 많이 누릴 수 있어요. 환자 중에 결혼 폭력을 경험한 분인데 의외로 씩씩하고 자존감이 높아요. 장사도 잘하면서 자기 주도적으로 살더군요. 공적인 관계가 사적으로 오버랩이 되면서 어려울 때 일거리를 주는 단골들이 꽤 많았어요. 도움이 오가도록 마음을 오픈한 거죠. 타인에게 신뢰를 보이는 것도 심리적인 능력이에요. 부정적인 사람이었다면 세상은 무서운 곳이라고 문을 닫았을 거예요.

〈타인은 지옥이다〉라는 웹툰을 예로 들어 좋은 타인과 함께 할 수 있는 능력이 없으면 천국도 존재하지 않을 거라고 했다.

하지만 관계에서 실패하면 자존감이 더 떨어지지 않습니까?

　관계는 도전이고 경험이에요. 배신도 당하고 가해자도 돼보면서 반성도 하고 성장도 일어나죠. 웅크리고 있으면 아무 일도 일어나지 않아요. 세상에 공짜는 없어요. 높은 자존감을 얻으려면 비용을 치러야 해요. 그 비용이 바로 실패죠. 어른이 되면 알잖아요. 인생에 공짜가 없다는 걸.

그럼에도 불구하고 실패가 두려운 사람에게는 무어라고 조언합니까?

　같은 실패를 반복하는 경우를 '반복강박'이라고 해요. 자존감이 낮아서 자신에게 도움이 되지 않는 관계를 거절하지 못하고, 악순환의 고리에 갇히는 거죠. 빨리 깨닫고 끊어내야죠.
물론 실패를 겪으면 일시적으로라도 자존감이 떨어져요. 훼손이 덜 되려면 선택할 때 최선과 최악의 결과를 가정해 보세요. 최악의 결과라도 플러스가 있어요. 앞으로 그런 결정을 안 하면 되니까요. 성공과 실패의 이분법보다 플러스 마이너스의 축으로 보면 자존감에 더 낫겠지요.

자존감은 일평생 높아졌다 낮아졌다를 반복합니다. 그럼에도 불구하고 10대들은 아예 꿈이 없으며 20~30대가 되면 자존감이 가장 추락한다는 사실은 충격적이었어요.

　사실이에요. 요즘 한국의 10대는 초등 6학년 때 이미 고3 미적분 수학을 풀어요. 선행된 룰만 따라가기도 벅차죠. 그렇게 20~30대가 되면 역사상 최초로 부모보다 가난한 세대라는 운명을 받아들여야 해요. 경쟁이 심해서 성장기에 자율성과 연대감을 발휘할 기회도 못 가졌는데요. 당장은 취직을 못 하니 기본이 흔들려요. 밥벌이를 못 하는 성인이 자존감이 높을 리 없죠.

해결책이 있을까요?

자존감 높은 사람들 곁에는 반드시 자기 자존감의 내용을 채워주는 좋은 사람들이 있어요. 문제는 현재 20대 대부분이 멘토가 없다는 거죠. 부모, 스승, 직장 선배 누구도 멘토가 안 돼요. 부모는 단점만 파고들죠. 어떻게든 멘토를 찾아야 해요. 대단한 사람일 필요는 없어요. 자기 삶을 존중하며 살아가는 사람이면 됩니다. 주변에 없으면 어릴 때 읽은 위인전에서라도 자존감 모델을 접해야 해요.

부모는 어떻게 해야 합니까?

부모는 그 자신의 인품과 자식 존중밖에는 답이 없어요. 좋은 대학 못 가느냐고 다그치면 강남 아파트 한 채도 못 사주냐는 말 듣습니다. 너무 칭찬만 퍼부어도 남의 눈치 보고 휘둘리는 삶을 살아요. 어릴 때부터 자기결정권을 주고 무언가를 해내면 그냥 함께 기뻐해 주세요.

어쩌면 지금의 청년들은 자기 세대의 사회적 자존감을 표출하는 방식으로 공정성에 몰두하는 건 아닌가 싶은데요.

시대마다 추구하는 윤리적 가치가 한 사회의 자존감이에요. 어릴 땐 거지한테 쌀 퍼주고 공동체에선 부족한 사람을 품어줬죠. 지금은 모든 걸 개인 탓 능력 탓으로 몰아갑니다. 공동체의 자존감이 떨어지니 그 반작용으로 청년들이 '공정성'이라는 사회적 자존감을 내세웠어요.

공정무역 커피 마시고, 에코백 쓰고, 위안부 기부 브로치를 사고⋯⋯. 그런 사회 참여로 어른 세대보다 자기 가치감을 높이는 거죠. '나는 괜찮은 사람이야'라고. 인간은 어떻게든 본능적으로 자기 안의 좋은 본질을 찾으려고 하거든요.

현대 사회에서는 도덕성이 갈수록 자존감에 더 큰 영향을 미치는 것 같습니다만.

맞아요. 윤리가 약하면 스스로를 후진 사람이라고 생각해요. 심지어 비윤리적인 사람과 있거나 사악한 기업에서 일해도 자존감이 떨어집니다. 내가 부족해서 이 관계를 끝내지 못한다'는 생각이 들거든요.

반대로 윤리적인 조직은 역경을 이겨내는 힘도 강해요. EBS가 초등학생 3백 명을 대상으로 한 도덕성 지수 실험 결과가 있어요. 도덕성 지수가 높은 아이들은 집중력이 높고 공격성이 적으며 낙관적 태도를 갖고 있지만, 도덕성 지수가 낮은 아이들은 어른과 맞먹을 정도로 편견이 강하고 지레 실망하고 체념하는 삶의 태도를 보였어요.

결정적으로 도덕성에 문제가 있으면 타인에게 인생의 고삐를 넘겨주게 됩니다. 바람 피우거나 사기를 친 사람들은 발각될까 불안해 끊임없이 눈치를 보며 살지 않습니까?

진정한 나로 살기 원하는 사람들을 위해 조언을 부탁합니다.

과거에 사로잡히지 마세요. 과거의 나를 불쌍한 나로, 오늘의 나를 거짓된 나로 설정하면 결코 진정한 나에 도달할 수 없어요. 트라우마를 확대 해석하지 말고 오히려 그 에너지로 작은 성취와 몰입을 경험해 보세요.

책 많이 읽고 여행하세요. 독서는 지적인 콘텐츠를, 여행은 환대의 콘텐츠를 쌓을 수 있어 좋습니다. 나만의 콘텐츠를 만드는 일이 곧 지성입니다. 그 과정에 타인을 존중하고 무엇보다 언제든 자신을 덥석 안아줄 편안한 멘토를 삶에 초대하세요. 나 자신도 오지랖을 부려 약자에게 그런 멘토가 되어주세요. 자존감이 쑥쑥 올라갈 겁니다.

전미경은 베스트셀러 작가도 아니고 유명 인사도 아니고 달변가도 아니었다. 가녀린 얼굴은 인터뷰 내내 상기되어 있었고 목소리는 가볍게 떨렸다. 그럼에도 불구하고 그녀가 한 모든 말은 힘이 있었다. 기질적으로 높은 긴장도에도 불구하고 그녀는 정신과 의사로서 자신의 효능감과 가치감으로 충만했다. 자기 콘텐츠로 채워진 자기 인생을 살았기 때문이다.

		전	미	경	의		
		일	터	의			
		문	장	들			

'나는 잘못되지 않았다'는 각성이 나를 보호한다.

바꿀 수 없는 과거와 타인에 집착하지 말고
현재 상태에서 내가 할 수 있는 것을 찾아야 한다.

최악의 결과라도 플러스가 있다.
앞으로 그런 결정을 안 하면 된다.

선택할 때 성공과 실패의 이분법보다
플러스 마이너스의 축으로 봐라.

인간은 어떻게든 본능적으로
자기 안의 좋은 본질을 찾으려고 한다.

일에 몰두해 땀 흘리는 순간, 인간은 빛난다

　시아버지 초상을 치르다 검은 옷을 입은 채로 돌아와 마감하는 데스크를 보고 엄숙해진 적이 있다. 출산이 임박해서 마감하던 한 선배는 양수가 터져 병원으로 실려 가면서도 아기 배변 구별법에 관한 한 페이지 기사의 취재 수첩을 놓지 않았다. 마감을 사수하려던 데스크의 노력이 밀린 인쇄 공정 때문에 물거품이 됐다 해도, 배변 구별법의 오류로 독자들의 항의 엽서를 받았다 해도, 그들은 해야 할 일을 했다는 데 안도감을 느꼈다. 그것이 일의 신성함이었다.

　알랭 드 보통은 그의 에세이 『일의 기쁨과 슬픔』에서 이렇게 썼다. "일은 우리의 가없는 불안을 상대적으로 규모가 작고 성취가 가능한 몇 가지 목표로 집중시켜 줄 것이다. 우리에게 뭔가를 정복했다는 느낌을 줄 것이다. 품위 있는 피로를 안겨줄 것이다. 식탁에 먹을 것을 올려놓아 줄 것이다. 더 큰 괴로움에서 벗어나 있게 해줄 것이다."

불안, 성취, 정복, 피로…… 알랭 드 보통은 몇 가지 근사한 철학적 단어를 제시하지만 기실 우리가 일하는 이유는 더욱 사소하고 절실하다. 내 가족을 잘 돌보고 싶다, 이 사회의 생산적인 구성원이 되고 싶다, 내가 가진 기술을 유용하게 써먹고 싶다, 납세자들에게 부담을 주지 않고 일을 해서 번 돈으로 떳떳하게 생활하고 싶다…….

도널드 웨스트레이크(Donald Westlake)의 추리 소설 『액스』에는 그런 일자리를 박탈당했을 때 우리가 느끼는 실의와 분노가 고스란히 드러난다. 1990년대 자동화 바람에 해고된 미국 중산층 가장이 주인공이다.

"혹시 일자리를 찾고 계십니까?"

"네 그래요, 그걸 어떻게 아셨습니까?"

"저도 같은 처지거든요. 이젠 척 보면 압니다……. 하얀 셔츠에 넥타이를 매고 몇 년 일하다가 어느 날 갑자기 잘렸죠."

"그때가 그리우신 모양이군요."

서로의 처지를 공감하는 대화를 나눈 지 불과 몇 시간 후, 주인공은 상대방을 찾아가 자동차로 머리통을 짓이겨 버린다. 자신과 유사 이력을 가진 취업 경쟁자들을 찾아가 차례로 살해한 후 그는 말한다.

"이 사회는 가장 생산적인 사람들을 마구잡이로 폐기 처분시키고 있습니다. 이게 미친 게 아니면 뭐겠습니까?"

문득 유발 하라리의 예언이 생각난다. 생명공학과 인공지능의 발달로 기계에게 노동의 권리를 박탈당한 쓸모없는 계급이 홍수처럼 쏟아질 거라고. 머지않아 우리도 그 무지막지한 무직의 시간, 실직의 시간 앞에 놓일 거라고.

외신은 한때 600명의 트레이더로 바글거리던 뉴욕 월가의 골드만삭스에 단 두 명의 트레이더만 남았다고 전한다. 텅 빈 사무실과 그 적막 속에서 조용히 돌아가는 자동화 프로그래밍 소리를 떠올려보니 열대야에도 모골이 송연해진다.

일찍이 1만 시간을 채우지 못했던 월가의 '철부지 엘리트들' 때문에 금융 위기가 왔다고 했던 경영사상가 맬컴 글래드웰은 골드만삭스의 텅 빈 사무실을 보고 뭐라고 할까? 한 분야에 숙련되기 위해 1만 시간(하루 3시간씩 무려 10년)을 보냈던 성실한 아웃라이어들이 AI가 늘어선 길목에서 길을 잃다니!

협박은 여기까지.

공포는 고통에 대한 과한 상상력에서 나온다는 말도 있다. MIT 미디어 랩 소장인 조이 이토는 "기계는 멍청하고 이미 세계를 정복했다"는 선언으로 상황을 새롭게 정리했다. 기술이 정복한 세계는 이미 과거이고, 미래는 우리 손에 있다고. 기계야말로 인간의 아이디어로 생명을 불어넣기 전까지 꼼짝없는 '쓸모없는 계급'일 뿐이라고. 그는 『더 빨라진 미래의 생존 원칙 9』에서 기하급수적 진화 시대의 인간 대응법을 제시했는데, 꽤 설득력이 있다.

복잡성의 시대지만 우리가 지도보다 나침반, 안전보다 리스크, 순종보다 불복종, 견고함보다 회복력, 능력보다 다양성, 이론보다 실제 등의 태도로 무장한다면 충분히 돌파해 갈 수 있다고. 왜 아니겠나. 인류는 그 누구보다 일의 신성함을 알고, 아무도 그토록 몸 바쳐 일하라고 요구하지 않아도 그 일을 해내야 직성이 풀리는 이상한 생명체가 아니던가.

1만 시간을 가뿐하게 추월한 AI도 천재적 어린아이에 불과하다. 나도 어쩌다 기자 직군으로 20년 넘게 2만 시간 같은 일을 반복하고 보니, 맬컴 글래드웰이 말한 1만 시간은 단지 내가 하는 일이 얼마나 갈 길이 멀며, 이 일을 즐겁게 잘 해내는 것이 얼마나 어려운 일인가를 깨닫는 중간 시간에 불과했다.

1만 시간이든 2만 시간이든 일하는 시간 동안 우리는 고뇌한 만큼 행복했다. 퇴행의 슬픔도 성장의 기쁨도 누렸다. 외로워 풀죽었다가도 동료애로 싱싱하게 살아나기도 했다. 1만 시간은 미숙련에서 숙련이 되는 시간이기도 하지만 한 인간이 노동 공동체에서 추억과 고락을 쌓는 관계의 시간이기도 했다.

그것은 멍청한 기계의 시간이 아닌 살아 있는 생물의 시간, 선명한 알고리즘의 시간이 아닌 새로운 문이 열리는 시행 착오의 시간이었다.

문득 영국의 역사가 토머스 칼라일(Thomas Carlyle)의 말이 생각난다. "마땅히 해야 하는 일은 모두 존귀한 것이며, 일을 하는 시간 동안 노동자는 고상해진다". 어쩌면 우리는 이미 다 알고 있는지도 모른다. 정작 1시간이든 1만 시간이든 한 가지 일에 몰두해 땀 흘리는 순간, 인간은 그 자체로 빛이 난다는 것을.

『일터의 문장들』이 그렇게 자기다운 노동으로 빛나는 당신 옆에서 착실한 응원군이 될 수 있다면 더없이 기쁘겠다.

2021년 8월
김지수

김미경

연남타운크리에이티브 대표다. 죽어가는 꿈을 구출하러, 새로운 도전을 응원하러, 성장을 붇돋우러 다양한 플랫폼에서 소통하는 국민 언니이자 누나다. 28년간 강연장을 누비며 수많은 청중에게 전했던 지식을 이제 온라인에서 나누고 있다. 코로나19로 당겨진 미래를 살게 된 우리가 즉시 공부를 할 수 있도록 MKYU 유튜브대학을 열었다. 약 138만 명의 구독자 수를 보유한 김미경TV를 비롯해 다양한 채널을 통해 언택트 시대를 헤쳐갈 방법을 알려주고 있다. 『김미경의 리부트』, 『언니의 독설』 등의 책을 썼다.

김용섭

날카로운상상력연구소 소장이다. 날카롭게 분석하고, 새로운 관점으로 해석하고, 독창적인 상상력으로 문제를 풀어가는 트렌드 분석가이자 경영 전략 컨설턴트다. 코로나19로 원격 근무, 온라인 개학, 비대면 상황에 맞닥뜨렸을 때 비대면 사회의 변화를 깊이 있게 진단하고, 코로나 이후 드러날 진짜 위기에 대비할 수 있도록 조언하는 일을 하고 있다. 『언컨택트』, 『펭수의 시대』 등의 책을 썼다. 《세계일보》《한겨레》 등에서 칼럼니스트로 활동했으며 현재 《한국경제》에 칼럼을 연재하고 있다.

송길영

바이브컴퍼니 부사장, 한국BI데이터마이닝학회 부회장, 고려대학교 겸임교수다. 수많은 사람들의 일상적 기록이 담겨 있는 소셜 빅데이터에서 인간의 마음을 읽고 해석하는 일을 하는 빅데이터 전문가다. 실제 컨설팅 사례를 기반으로 수많은 데이터를 통해 인간의 삶을 이해하고 가치 있는 대안을 찾아내는 법을 알려주고 있다. 사람의 마음을 캐는 마인드 마이너(mind miner)로서 그동안 쌓은 혜안과 통찰을 강연으로도 나누고 있다. 『상상하지 말라』, 『여기에 당신의 욕망이 보인다』 등의 책을 썼다.

알베르토 사보이아(Alberto Savoia)

구글 최초의 엔지니어링 디렉터, 『아이디어 불패의 법칙』의 저자다. 구글의 명예 혁신 전문가로서 다수의 공동 프로젝트를 진행하고 있으며, 사내 혁신 워크숍을 이끌고 있다. 시장에서 '될 놈'을 테스트하는 혁신적인 시장조사법인 프리토타입(pretotype)을 고안했다. 이를 정리한 '프리토타이핑하라'는 실리콘밸리 창업자들의 경전이 되었다.

옥주현

가수이자 뮤지컬 배우. 1998년 4인조 걸그룹 핑클의 메인 보컬로 데뷔했다. 〈내 남자 친구에게〉 〈영원한 사랑〉 등으로 활발히 활동하는 동안 파워풀한 가창력으로 사랑받았다. 핑클 해체 후 〈아이다〉의 히로인으로 활약하며 뮤지컬 배우로 전향했다. 이후 〈캣츠〉 〈시카고〉 〈브로드웨이 42번가〉 〈엘리자벳〉 〈레베카〉 등의 작품에서 공연하며 관객에게 최상의 '귀르가즘'을 선사하고 있다.

백현진

인디음악가, 화가, 배우, 무경계 예술가다. 장영규와 결성한 어어부 프로젝트, 방준석과 함께한 프로젝트 그룹 방백으로 20년 넘게 지치지 않고 사운드를 만든 인디 음악계의 아웃라이어다. 영화와 드라마를 넘나들며 개장수, 사채업자, 재벌 2세, 지방대 교수를 연기한 연기파 배우로 익숙한가 싶더니 국립현대미술관 '올해의 작가상' 후원 작가인 현대미술가로도 활약하고 있다. 《Csimplex 04》 앨범을 내고, '백현진 : 핑크빛 광선'을 전시하고, 〈악마 판사〉에서 연기하며 '백현진'으로 산다.

정구호

패션디자이너이자 크리에이티브 디렉터. 제일모직 크리에이티브 디렉터로 10여 년간 일한 후 더 넓은 세상으로 나와 종횡무진 누비고 있다. 휠라의 브랜드 리뉴얼을 완성했나 하면 서울패션위크 총감독이 되어 있다. 국립 오페라단의 오페라 〈동백꽃 아가씨〉를 연출하고, 밀라노 디자인 위크에서 '한국 공예 법고창신' 전시도 했다. 삼성의 빈폴과 롯데백화점 본점 공간 리뉴얼을 진행했다. 제이에스티나의 부사장 겸 CD이자, 현대홈쇼핑의 제이 바이, 코스맥스의 화장품 제품 개발도 맡고 있다.

장기하

일상생활에서 문장을 추출해 가사를 쓰고 실제로 말하는 억양을 음계로 표현하는 싱어송라이터다. '눈뜨고 코베인'에서 드러머로 활동했고 '장기하와 얼굴들'의 보컬과 리더로 활동했다. 못하는 것은 과감히 단념하고 잘하는 것은 전념하다 보니 맹렬히 자신과 세계를 관찰하게 되었다. 이것이 밑거름이 돼 〈싸구려 커피〉 〈삼거리에서 만난 사람〉 〈달이 차오른다, 가자〉 〈그건 니 생각이고〉 〈우리 지금 만나〉 등 장기하만의 개성적이 담긴 노래를 만들었다. 『상관없는 거 아닌가?』 등의 책을 썼다.

백종원

더본코리아 대표, 요리연구가, 골목식당 수호자다. 자신의 이름을 내건 TV쇼의 메인 호스트이자, 사업가, 음식탐구가, 컨설턴트로 일한다. '원조 쌈밥집'을 시작으로 '한신포차' '새마을식당' '빽다방' '인생설렁탕' '롤링파스타' 등의 프랜차이즈 브랜딩을 성공시켰다. 〈골목식장〉에서는 전국 곳곳의 골목 상권 사장님들에게 솔루션을, 〈맛남의 광장〉에서는 지역 특산물을 활용한 조리법을 알려주며 우리 시대 멘토가 되었다. 유튜브 〈백종원의 요리비책〉을 통해 가정에서도 손쉽게 만들 수 있는 다양한 요리 비법을 직접 전수하고 있다.

대니얼 코일(Daniel Coyle)

탁월한 스토리텔링과 치밀한 취재력을 인정받은 저널리스트이자 베스트셀러 작가다. 《앵커리지타임스》 《아웃사이드》에서 기자로 활동하며 내셔널 매거진 어워드(NATIONAL MAGAZINE AWARD) 최종 후보에 두 번이나 선정되었다. 방대하고 집요하게 취재한 결과를 집대성한 두 책, 『탤런트 코드』 『최고의 팀은 무엇이 다른가』로 베스트셀러 작가가 되었다.

조수용

카카오 공동대표이사. 프리챌 디자인 센터장으로 일하며 세계 최초로 포털 사이트에 배너 광고를 달았다. NHN에서 디자인과 마케팅팀을 총괄하며 네이버 초록 검색창을 만들고 사옥 그린팩토리 건축을 맡아 완성했다. 제이오에이치(JOH)를 설립해 대표이사 겸 크리에이티브 디렉터로 활동하고 있다. 홍성태와 함께 『나음보다 다름』을 썼다.

봉준호

독창성과 대중성을 겸비한 영화감독이다. 〈기생충〉으로 칸 영화제 황금종려상, 아카데미 감독상, 각본상, 작품상, 국제영화상을 받았다. 데뷔작 〈플란다스의 개〉부터 〈살인의 추억〉 〈괴물〉 〈마더〉 〈설국열차〉 〈옥자〉 〈기생충〉에 이르기까지 가진 자와 못 가진 자, 변방과 중심, 유토피아와 디스토피아의 아우성을 사려 깊게 담아냈다. 스태프에게, 배우에게, 존경하는 감독에게 공덕을 돌리는 그는 한결같이 '우리는 연결되어 있고 상생해야 한다'는 메시지를 작품으로 전하고 있다.

장영규

이날치 밴드의 리더, 영화 음악 작곡가, 베이시스트다. 판소리와 신스팝, 한복과 선글라스, 공예와 그래피티, 막춤과 현대 무용을 섞고 비빈 조선의 리듬 〈범 내려온다〉로 세계인을 열광시켰다. 연극, 무용, 영화, 미술 등 타 장르 사람들을 만나면서 '탁월한 협업'을 체득했다. 어부 프로젝트, 씽씽, 이날치 밴드를 이끌며 희한하게 익숙하고 아름답게 낯선 리듬을 만들었다. 〈전우치〉〈타짜〉〈도둑들〉〈곡성〉〈부산행〉〈보건교사 안은영〉 등의 영화 음악으로도 '리듬과 섞임'의 즐거움을 선사했다.

사브리나 코헨 해턴(Sabrina Cohen-Hatton)

영국 웨스트서식스 소방 구조대 소방대장이다. 부모님을 잃고 15세에 노숙자가 되었지만 《빅이슈》를 팔아 자립에 성공하고 영국 최초의 여성 소방관이 되었다. 20년 동안 소방관으로 일하면서 웨스트민스터 테러 공격, 홀본 지하 터널 화재 등 여러 대형 사건에 참여했다. 소방관들이 자신을 지키면서 타인을 구할 확률을 높이는 방법을 연구해 긴급 구조 상황에서 의사 결정을 내리는 기법인 '결정 제어 프로세스'를 만들었다. 이를 토대로 『소방관의 선택』을 썼다.

데이브 알레드(Dave Alred)

영국의 압박감 전문가, 스포츠 코치다. 세계 일류 스포츠 선수 및 스포츠 팀과 함께 일하면서 결정적인 순간에 최고의 기량을 발휘할 수 있도록 도왔다. 압박감을 극복하고 통제하면 무한한 잠재력을 깨워 더 멋지게 성취할 수 있음을 전파한다. 수십 년에 걸쳐 현장 경험으로 체득한 노하우를 토대로 어떤 압박의 상황에서도 최고의 성과를 얻을 수 있는 원칙을 『포텐셜』에 담았다. 영국 코칭 명예의 전당 회원으로 뛰어난 성과를 올린 스포츠 코치에게 수여되는 무사비니 메달을, 잉글랜드 웨일스 크리켓 연맹 엘리트 코칭 협회 회원으로 대영제국 훈장을 받았다.

오타 하지메

20년간 인정 욕구를 연구해 온 일본의 조직경영학자이자 도시샤대학교 정책학부 교수다. 기업, 사회기관, 학교, 병원 등에서 실증 연구를 하며 인정 욕구가 사람을 성장시키고 일의 성과를 올리는 원동력이 된다는 것을 밝혔다. 인지된 기대와 자기효능감의 격차가 크면 부담감이 커져 실패하는 사례를 관찰하며 인정 강박을 수학 공식으로 설명했다. 인정 강박의 위험성을 알리고 강박에서 벗어나 자기조절력을 회복할 수 있는 방법을 제시한 『인정받고 싶은 마음』을 썼다. 『진심으로 움직이는 조직론』 『열심히 할수록 민폐가 되는 사람』 『개인이 행복할 수 없는 일본』 등도 출간했다.

데이비드 데스테노(David Desteno)

노스이스턴대학교 심리학과 교수, '사회적 감성 연구실'을 이끌고 있는 사회심리학자다. 오랫동안 신뢰를 배반하는 사람과 신뢰를 유지하는 사람에 대한 행동 사례를 수집해서 시뮬레이션했다. 우리가 분별력 있게 신뢰하는 방법을 알 수 있도록 신뢰란 무엇이며 그것이 우리 삶을 어떻게 좌우하는지 알려주는 『신뢰의 법칙』을 썼다. 피에르 카를로 발데솔로와 함께 쓴 『숨겨진 인격』도 있다.

전미경

행동주의 자존감 전도사. 정신과 의사이자 굿모닝정신의학과 원장이다. 자존감과 감정 능력을 연구하며, 합리적 지성과 도덕의 힘으로 '나는 잘못되지 않았다'는 자기 판단을 내리면 자존감을 기를 수 있다고 솔루션을 준다. 『솔직하게, 상처 주지 않게』 『나를 아프게 하지 않는다』 등의 책을 썼다. 'DR.전미경의 닥전TV'를 통해 정신 건강과 감정에 관한 다양한 주제로 정보를 나누고 있다.

『일터의 문장들』 인세의 30%는 선교단체 엠에이지넷에 기부, 극빈국 지원활동에 쓰입니다.

일터의 문장들

초판 1쇄 2021년 8월 30일
초판 4쇄 2022년 3월 5일

지은이 | 김지수
펴낸이 | 송영석

주간 | 이혜진
기획편집 | 박신애 · 최미혜 · 최예은 · 조아혜
외서기획편집 | 정혜경 · 송하린 · 양한나
디자인 | 박윤정
마케팅 | 이종우 · 김유종 · 한승민
관리 | 송우석 · 황규성 · 전지연 · 채경민

펴낸곳 | (株)해냄출판사
등록번호 | 제10-229호
등록일자 | 1988년 5월 11일(설립일자 | 1983년 6월 24일)

04042 서울시 마포구 잔다리로 30 해냄빌딩 5 · 6층
대표전화 | 326-1600 **팩스** | 326-1624
홈페이지 | www.hainaim.com

ISBN 979-11-6714-008-1